新文科背景下的外语教学与研究

（2025）

刘 影 王 擎 刘明宇◎主编

首都经济贸易大学出版社
Capital University of Economics and Business Press
·北 京·

图书在版编目（CIP）数据
新文科背景下的外语教学与研究. 2025 / 刘影，王擎，刘明宇主编. -- 北京 : 首都经济贸易大学出版社，2025. 7. -- ISBN 978-7-5638-3917-9
Ⅰ. H09-53
中国国家版本馆 CIP 数据核字第 2025S3G508 号

新文科背景下的外语教学与研究（2025）
XINWENKE BEIJING XIA DE WAIYU JIAOXUE YU YANJIU（2025）
刘 影 王 擎 刘明宇 主编

责任编辑 杨丹璇
封面设计 砚祥志远·激光照排 TEL: 010-65976003
出版发行 首都经济贸易大学出版社
地 址 北京市朝阳区红庙（邮编 100026）
电 话（010）65976483 65065761 65071505（传真）
网 址 https://sjmcb.cueb.edu.cn
经 销 全国新华书店
照 排 北京砚祥志远激光照排技术有限公司
印 刷 北京九州迅驰传媒文化有限公司
成品尺寸 170毫米×240毫米 1/16
字 数 356千字
印 张 23.25
版 次 2025年7月第1版
印 次 2025年7月第1次印刷
书 号 ISBN 978-7-5638-3917-9
定 价 98.00元

目 录

教学类

人工智能背景下高校英语听力教学改革探索…………………… 艾丽娜 3
商务英语在大学英语课程教学中的作用与实践………………… 陈秀珍 9
基于大语言模型的大学英语读写课程教学实践探究
——以《新标准大学英语综合教程 4》为例 …………………范惠璇 12
博物馆实践课教学探索…………………………………………赖 花 16
如何在四六级翻译中做到句式多样化…………………………刘江红 20
数智赋能高校外语课程思政路径探析…………… 刘 影 吴 濛 24
“premium”在商务语境中的多维度应用 ……… 陆 敏 王 淳 28
数智赋能大学英语跨文化教学研究
——以数字故事为例……………………………………………马晓彤 31
AI 在二语写作书面反馈中的应用案例分析 …… 任睿琪 田 芳 36
英语阅读思辨能力培养…………………………………………史 云 43
汉语普通话韵母与西班牙语元音对比研究……………………索 雅 47
浅谈英文报刊阅读在大学英语教学中的意义…………………汤惠敏 54
大二学生英语作文开头模式特点研究
——以“毕业后该就业还是考研”话题为例…………………王秀贞 58
以读促写，提升大学生英语写作词汇的丰富性………………王秀珍 62
商务西班牙语课程思政的融合路径初探………………………肖云逸 66
积极心理学视角下大学英语课堂互动的引导与促进…………许兰贞 70

人工智能时代大学英语四要素课程模式的探索与思考……… 杨雪莹 75
数智时代大学外语教师的角色创新……………………………郑昊霞 79
人工智能对外语教学的影响研究综述…………… 梅湘悦 史岩林 84
生成式人工智能助力翻译教学研究……………… 丁晓雯 苗天顺 88
生成式人工智能赋能大学英语口语教学的研究
——以 DeepSeek 为例 ……………………… 李冰纯 苗天顺 94
人工智能助力大学英语词汇教学…… 赵佑辰 苗天顺 刘明宇 101
生成式人工智能在写作教学中的
应用…………………………………… 宋姗姗 刘明宇 苗天顺 108
人工智能在教育领域的应用与影响研究
综述………………………………………………刘国香 史岩林 115
智能工具辅助高校西班牙语专业学生学习及其
对教师的挑战…………………………………………… 张馨予 119
小组合作学习的思辨能力培养实践与
思考…………………………………… 王晓庆 吴 梦 葛 薇 123
跨文化能力培养融入大学英语课程的路径探索………… 董 玥 127

翻译和语言学类

文学翻译汉译英过程中的词性转换
——以《英译中国小小说选集（一）》为例…… 张 娟 关 涛 135
生态翻译学视角下商务文本翻译策略探析
——以《小米集团 2023 年度报告》汉译英为例 … 张文颖 关 涛 142
《安阳投资指南》外宣英译的话语分析………… 贺晓爽 刘 婧 149
汉西网络用语的词汇构成对比……… 洪嘉琦 朱 婕 张馨予 153
翻译美学视角下 AI 翻译与人工翻译的
对比分析……………………………………… 王梦宇 孔海龙 156

商务英语课堂教学中的意识形态问题探析………………… 孔海龙 161
大学英语四六级翻译中中国文化内容翻译的技巧研究…… 李 洁 165
纽马克翻译理论视角下法律纪实文学翻译策略研究
——以《无罪辩护》为例………………………… 李宛真 田 莉 169
中英思维差异和汉英翻译策略
研究……………………………… 李学勤 李文娟 朱 娟 176
中国法治话语的对外翻译传播
——以《习近平谈治国理政》为例……………………… 刘 婧 181
生成式人工智能（AIGC）赋能商务英语笔译
教学案例研究……………………………………………… 刘思含 185
翻译转换理论在商务文本翻译中的应用
——以阿里巴巴 2024 年 ESG 报告为例 ………… 郭丁裴 刘 影 189
知识翻译学理论视角下企业年度报告翻译研究
——以《小米集团 2024 年度报告》为例 ……… 李雨欣 刘 影 196
国际传播视域下中国文化影视翻译研究………………… 马丽君 203
人工智能时代下高校翻译人才的培养…………………… 马丽君 208
人工智能语音翻译的局限性研究………………………… 石宝华 213
时政文献中四字格英译策略研究………………………… 陶 爽 216
试论同声传译的核心技巧和训练策略…………………… 王致虹 220
中国科幻小说的对外译介与海外传播…………………… 吴 濛 223
从文化适应的角度分析《英译中国小小说
选集》……………………………………………… 许怡娜 刘 婧 227
媒体中我国形象的语言学研究述评……………………… 杨增成 232
多模态话语框架分析下的电影英文字幕翻译
——以《哪吒之魔童降世》为例……………… 郑丽媛 刘 婧 237
商业影视剧作品的幽默翻译策略研究
——以《怪奇物语》为例……………………… 刘 琳 史岩林 242

基于语料库词频统计看《政府工作报告》中英翻译的重点
——以 2025 年《政府工作报告》为例 ………… 郑钟霄　苗天顺　248
接受美学视角下微型小说的英译研究
——以英译中国小小说为例………………… 葛　薇　王晓庆　257
海底捞《2024 中期报告》翻译实践初探
——基于李长栓“CEA 框架”　………………… 朱　娟　李学勤　262
基于语义和交际翻译的产品使用说明书翻译
——以《九号电动滑板车使用说明书》为例…… 吴　梦　王晓庆　268

文学、文化、教育、社会类

线上中国文化传播新模式探索
——以“云游龙江”冬令营项目为例………… 蔡　杨　李海洋　275
新媒体助推中国文化海外传播的机制
与优化路径……………………………… 蔡　杨　高　飞　286
论符号互动理论视角下虚拟仿真平台对大学生跨文化
交际能力的培养…………………………………… 陈怡君　294
家校社医协同视角下青少年心理支持的
家长认知研究………………… 霍汉哲　王冰玉　陈思伊　298
非洲法语国家与国际中文教育研究……………… 吉　山　302
高校非通用语种课程思政建设研究综述
——以法语为例…………………………………… 吉　山　310
拔尖创新人才培养中思政引领机制的作用研究…… 李雯玉　314
社交媒体影响下大学生思想行为特征与思政对策
研究………………………………………………… 李雯玉　320
日本动漫对日语学习的影响………… 李晓晴　李香春　326
均势相关理论综述………………………………… 刘思含　330

《仲夏夜之梦》与《逍遥游》浪漫精神实质比较………… 全凤霞 333
教育人工智能系统中的性别偏见：表现形式、
成因机制与治理策略…………………………………… 唐亦庄 337
文化资本与阶级壁垒
——《了不起的盖茨比》中“美国梦”的幻灭…… 余慧敏 赵嘉竑 343
国家法律形象建构的研究现状及展望…………… 张冬雪 田 莉 347
孤独的抗争
——萨冈的世界……………………………………… 赵 聃 352
二十世纪欧洲流亡诗歌中的故乡重构与身份困境………… 赵嘉竑 356
美国特朗普政府和拜登政府的拉美非法移民
政策对比……………………………………………… 朱 婕 360

教学类

人工智能背景下高校英语听力教学改革探索

艾丽娜 ①

摘　要：2018年4月教育部印发《高等学校人工智能创新行动计划》的通知，标志着人工智能（AI）技术正以前所未有的速度渗透至高等教育领域，推动教学、科研、管理与服务等全面、深度的变革。根据教育部发布的《大学英语教学指南（2020版）》，大学英语教学的根本目标是培养学生的英语应用能力，增强跨文化交际意识与能力，同时发展自主学习能力和提高综合文化素养。这就要求学生拥有主动思辨的能力，根据个人诉求把英语当成工具来进行主动探索。大学生有不同的学习需求，比如学术英语、四六级考试、雅思托福或者专业领域的英语。面对多样化的学习诉求，传统教学的弊端就显而易见了，比如大班教学的一刀切、教师资源有限、学生练习机会不足、教师反馈不及时等。这时候，人工智能便可以大展身手，弥补这些不足。随着人工智能技术的飞速发展，大学英语听力教学迎来了前所未有的机遇与挑战。本文探讨了人工智能在大学英语听力教学中的应用现状、优势以及面临的挑战，并提出了相应的创新策略。

关键词：人工智能；大学英语；听力教学

① 艾丽娜，女，北京工商大学语言与传播学院讲师，主要研究方向为英语教育。

1　传统的大学英语听力教学面临的问题

传统的大学英语听力教材提供的录音多采用标准发音（如美式/英式标准发音），缺乏真实场景中的语言变体（如不同口音、语速、背景音），导致学生难以适应现实交流（如国际会议、日常对话）；材料主题偏重学术或考试导向，缺乏实用性（如新闻、影视、职场对话），学生难以将所学迁移到实际场景中；内容更新滞后，未能及时融入当下社会热点、流行文化或科技发展，降低了学生的兴趣和参与度。除此以外，传统的教学方法比较单一，学生缺乏主动参与，一味重复"听录音→做题→对答案"，缺乏互动，学生的积极性不高。而且学生的水平参差不齐，无法做到个性化教学。

人工智能技术的出现为解决这些问题提供了新的思路和方法。人工智能技术以其强大的数据处理能力、智能分析能力和个性化推荐功能，正在深刻地改变教育领域的各个方面。在大学英语听力教学中，人工智能的应用不仅可以丰富教学资源、优化教学过程，还可以根据学生的学习特点和需求提供个性化的学习方案，从而提高教学效果和学生的学习兴趣。

2　人工智能在大学英语听力教学中的应用现状

随着人工智能技术的不断发展和普及，越来越多的大学英语听力教学开始尝试引入人工智能工具和平台。目前，人工智能在大学英语听力教学中的应用主要体现在以下几个方面：

（1）智能听力学习平台。比如可栗口语 App，将人工智能情感交互与二语习得理论深度融合，支持发音纠错、语法漏洞识别、真实情景模拟等。EnglishMind 是一个基于依存语法的智能英语学习系统，旨在引领自适应英语学习的全新时代。该系统利用动态知识追踪算法和先进的大语言模型，实时分析用户的语法、词汇、阅读、听力和写作能力，提供个性化的学习体验。每日英语听力提供海量听力资源（如新闻、影视、考试真题），支持智能语音高亮跟随、离线下载及跟读评测。扇贝听力通过分阶听力训练，结合听写与填空练习，AI 动态调整难度。这些平台利用人工智能技术为学生提供丰富的听力材料和个性化的学习体验。

（2）虚拟现实（VR）与增强现实（AR）技术。VR/AR 技术能通过虚拟场景还原英语国家的文化、生活或学术环境，帮助学生在近似真实的语境中练习听力，例如生活场景模拟、学术与职场环境模拟、文化背景融入等。上述技术通过实时互动与反馈，帮助学生精准纠错与强化。这种沉浸式的学习方式能够有效提高学生的听力理解能力和语言运用能力，增加学生的学习兴趣和参与度。

（3）智能语音助手。智能语音助手在大学英语听力教学中也发挥着重要作用。学生可以通过语音指令与智能语音助手进行互动，比如通过科大讯飞智能语音助手，学生可以询问单词的发音、语法规则、听力材料的背景知识，还可以实时将听力材料转为文字来降低难度等。智能语音助手还可以根据学生的指令播放听力材料，并在播放过程中根据学生的反馈调整语速、音量等，帮助学生更好地理解和学习听力内容。

3　人工智能在大学英语听力教学中的优势

（1）个性化学习体验。人工智能技术可根据学生的专业、兴趣及水平差异，为其定制专属听力训练方案，从而提供个性化学习体验。系统通过大数据分析功能，能够精准评估学生的优势和薄弱点，并推荐适合的学习材料和学习方法。例如，对于听力词汇量不足的学生，系统可以推荐更多的词汇听力练习。这种个性化的学习体验能够充分调动学生的学习积极性，提高学习效率，满足不同学生的学习需求。

（2）丰富的教学资源。人工智能技术可以整合全球范围内的英语听力资源，为教师和学生提供海量的优质听力材料。这些材料不仅包括传统意义上的英语新闻、广播、电影、音乐等，还包括各种专业领域的英语听力资源，如学术讲座、行业报告、国际会议等。教师可以根据教学目标和学生的水平选择合适的听力材料进行教学，学生也可以根据自己的兴趣和需求自主选择听力材料进行学习。

（3）智能评估与反馈。人工智能系统可以通过语音识别、自然语言处理等技术对学生的学习过程和学习成果进行全面、客观的评估。在听力练习中，系统可以实时监测学生的答题情况，分析学生的听力理解能力、词汇运用能力、语法掌握情况等方面的表现，并给出详细的评估报告。这种智能评估与反馈机制能够及时发现学生的学习问题，促进学生学习，提高教学效果。

4 人工智能在大学英语听力教学中面临的挑战

（1）技术设备与网络环境限制。尽管人工智能技术在大学英语听力教学中具有诸多优势，但在实际应用中仍面临一些技术设备和网络环境方面的限制。例如，一些学校可能缺乏足够的计算机、耳机、麦克风等设备设施，导致学生无法充分利用人工智能听力学习平台和工具进行学习，从而降低学生的学习兴趣和学习效果。

（2）对学生的要求。AI 介入听力教学，对学生的学习能力、学习态度和学习方式都提出了新的挑战。学生需要具备较强的自我管理能力，课前要深度预习，在教师提供的海量资料中选择。课堂上要主动提问讨论，互助学习。由于 AI 生成的内容可能存在错误和片面性，因此学生还要具备思辨能力。

（3）教师角色与能力的转变。人工智能在大学英语听力教学中的广泛应用，对教师的角色和能力提出了新的要求。教师不仅是知识的传授者，还要成为人工智能技术的引导者、学习过程的组织者和学生学习的指导者。目前部分教师对人工智能技术的了解和应用能力有限，缺乏将人工智能与大学英语听力教学深度融合的经验和方法。教师需要花费更多的时间和精力去学习和掌握人工智能技术，并将其有效地应用于教学实践中，这对教师的专业发展提出了更高的挑战。

（4）数据安全与隐私保护问题。在人工智能教学过程中会涉及大量的学生学习数据的收集、存储和分析。这些数据包含学生的个人信息、学习习惯、学习成果等敏感内容，一旦数据泄露，可能会对学生造成严重的隐私侵犯和安全隐患。因此，如何确保学生数据和隐私的安全，是利用人工智能进行大学英语听力教学中需要重点关注和解决的问题。

5　人工智能时代大学英语听力教学的创新策略

（1）优化教学模式，促进线上线下融合。在人工智能时代，大学英语听力教学应积极探索线上线下融合的教学模式，充分发挥人工智能技术的优势和传统课堂教学的优势。教师可以利用人工智能听力学习平台为学生提供丰富的线上学习资源和个性化的学习任务，让学生在课前自主进行听力预习和练习。在课堂上，教师可以根据学生的学习情况和线上学习数据，有针对性地进行讲解、讨论和互动活动，解决学生在听力学习中遇到的问题，提高课堂教学的针对性和实效性。课后，教师还可以通过人工智能平台对学生的学习情况进行跟踪和评估，及时调整教学计划和学习方案，形成一个完整的线上线下教学闭环。

（2）加强教师培训，提升教师信息素养。为了应对人工智能时代大学英语听力教学的挑战，学校和教育机构应重视师资队伍建设，通过系统培训提升教师运用 AI 技术的能力，帮助教师掌握 AI 技术在听力教学中的应用原理和具体实施方法；同时，鼓励教师开展人工智能教学实践研究，探索符合学生水平的听力教学模式和方法，并在教学实践中不断总结经验、加以改进。

（3）注重数据安全与隐私保护，建立完善的安全管理体系。在将人工智能技术应用于大学英语听力教学时，必须严格保障数据安全与隐私。学校及相关教育机构须建立健全安全管理体系，规范数据的采集、存储、使用和共享流程，强化存储设备与网络系统的安全防护，并定期开展安全检查与漏洞修复。

6 结论

人工智能技术正在迅速推动大学英语听力教学的变革，通过合理应用该技术，可以实现大学英语听力教学的个性化、互动化和高效化，提高学生的参与度和听力能力。然而，在实际应用过程中，也需要解决技术设备限制、教师能力提升、数据安全与隐私保护等问题。未来，大学英语听力教学应继续探索人机协同的教学模式。

参考文献

[1] 教育部高等学校大学外语教学指导委员会．大学英语教学指南（2020版）[M]．北京：高等教育出版社，2020.

[2] 中华人民共和国教育部．高等学校人工智能创新行动计划[Z].2018-04-02.

商务英语在大学英语课程教学中的作用与实践

陈秀珍 ①

摘　要：随着经济全球化的深入发展和社会对国际型人才的大量需求，商务英语在大学英语课程教学中的重要性越来越突出。本文初步探讨了商务英语在大学英语课程教学中的作用，包括提升学生语言应用能力、培养学生的跨文化交际意识、增加学生在商务专业素养等方面的知识储备等，并且结合实际教学情况，阐述了商务英语在大学英语课程中的具体实践方式，旨在为优化大学英语教学、培养适应社会需求的复合型人才提供参考。

关键词：商务英语；大学英语课程教学

1　引言

在经济全球化背景下，国家间的商务交流日益频繁，社会对具备良好英语能力和一定商务知识的复合型人才需求随之增加。大学英语作为高校基础

① 陈秀珍，女，北京工商大学语言与传播学院讲师，主要研究方向为应用语言学、跨文化交际。

课程，承担着培养学生综合语言能力和跨文化交流能力的重任。将商务英语融入大学英语课程教学，不仅能够拓宽学生的知识面，还能提高他们在商务领域的英语应用能力，使他们更好地适应未来职业发展的需求。

2 商务英语的定义

《牛津商务英语词典》[1]（*Oxford Business English Dictionary*）中这样定义商务英语：Business English refers to the language used in commercial contexts，emphasizing clarity，precision，and cultural appropriateness in communication。而在《剑桥商务英语教程》[2]（*Business Vocabulary in Use*）中有以下描述：Business English focuses on practical language skills for workplace scenarios，such as presentations，negotiations，and correspondence。

综上所述，商务英语是指专门用于商业环境中的英语语言变体，涵盖商务沟通所需的词汇、表达、写作规范及文化惯例。其核心目标是促进跨国商务活动中的高效、专业交流，其内容通常包括商务文书、专业术语和跨文化交际技巧等。

3 商务英语在大学英语课程教学中的作用

3.1 提升学生的语言应用能力

商务英语具有明确的语言目的和特定的交际场景，与传统通用英语相比更注重语言在实际商务活动中的运用。在大学英语课程中引入商务英语内容，学生能够在模拟商务情境中进行听、说、读、写、译等语言技能的训练，使语言学习更加贴近实际需求，从而有效提高语言应用能力。

3.2 培养学生的跨文化交际意识

商务活动往往涉及不同国家和地区的文化交流。商务英语教学中包含丰富的跨文化知识，通过学习商务英语，学生可以了解不同文化背景下的商务礼仪、沟通方式和价值观念。通过对这些内容的学习，学生能够增强跨文化交际意识，避免因文化差异而产生的误解和冲突，提高在国际商务环境中的适应能力和沟通效果。

3.3 增强学生的商务专业素养

商务英语课程涵盖了商务领域的各个方面，如市场营销、国际贸易、金融等。学生在学习商务英语的过程中，能够接触到相关的专业知识和术语，了解商务领域的运作模式和发展趋势。这不仅丰富了学生的知识储备，还为他们未来从事商务相关工作打下了坚实的基础，增强了学生的商务专业素养。

4 商务英语在大学英语课程教学中的实践

大学英语教学通过多种方式提高学生的商务英语素养：通过商务英语视听说、阅读、写作等模块，增强学生商务英语基础技能的储备；在教学中引入实际案例，让学生通过分析真实的商务情境来学习和运用英语知识；利用多媒体资源，如商务英语视频、音频、图片等，丰富教学内容和形式。教师可以在教学中播放商务英语电影、纪录片、商务访谈节目等，让学生在轻松愉快的氛围中学习商务英语，从而为培养高素质复合型人才奠定基础。

5 结论

商务英语在大学英语课程教学中具有重要的作用，它不仅能够提升学生的语言应用能力、培养跨文化交际意识，还能增强学生的商务专业素养。通过在教学方法和实践教学环节等方面的积极探索和实践，高校教师能够更好地将商务英语融入大学英语课程教学中，培养适应社会经济发展需求的复合型英语人才，从而为学生的未来发展和社会的进步做出更大的贡献。

参考文献

[1] Oxford business English dictionary [M].Oxford：Oxford University Press，2005.
[2] MASCULL B.Business vocabulary in use [M].Cambridge：Cambridge University Press，2017.

基于大语言模型的大学英语读写课程教学实践探究
——以《新标准大学英语综合教程 4》为例[①]

范惠璇[②]

摘　要：随着人工智能技术的高速发展，大语言模型在英语教学尤其是阅读与写作教学中展现出巨大潜力。本文以《新标准大学英语综合教程 4》为例，以 DeepSeek 为平台，探讨了大语言模型在大学英语阅读与写作教学中的应用与实践。

关键词：大语言模型；DeepSeek；大学英语读写课程

在信息技术快速发展的背景下，受大数据和算法技术驱动，大语言模型（large language models，LLMs）在教育领域的应用日益广泛。凭借其强大的语言理解与生成能力，大语言模型为大学英语教学注入了新活力。

---

① 本文系北京工商大学校级重点教改项目“数智赋能与思政引领下的大学英语课程教学体系创新与实践路径研究”（项目号：jg245114）的阶段性成果。

② 范惠璇，女，北京工商大学语言与传播学院讲师，主要研究方向为外国语言学及应用语言学、英语教育。

1 大语言模型对外语教学的作用

大语言模型也称大型语言模型，是一种人工智能模型，旨在理解和生成自然语言文本。自 2022 年 OpenAI 推出 GPT-3.5 之后，各平台陆续发布了多种交互式问答系统，如豆包、文小言、讯飞星火和智谱清言等[1]。基于大量文本数据的训练，大语言模型可执行多模态信息处理任务，如语篇分析、音视频处理、机器翻译和生成文本等。因此，将其应用于大学英语教学，有助于优化教学过程并提高学生的学习效率。

在融入外语教学的过程中，大语言模型充当了“语言顾问”、“语伴”和“语言测评专家”等三大角色。“语言顾问”是指大语言模型能够提供大量语言知识，并结合具体语境分析字词句的确切含义，使学生精准把握英语的实际用法。“语伴”是基于大语言模型实时反馈和交互学习的特点，协助学生开展多元语言交际任务，学生在观察、修正、模仿和运用中不断提高语言灵敏度。“语言测评专家”是指通过审阅并解析输入语言，大语言模型能够识别其中语法、逻辑和体裁等方面的差误，并提供行之有效的改善策略[2]。在实际教学过程中，三大角色往往协同作用，以显著提高智慧课堂教学质量，丰富学生学习体验。

2 大语言模型在大学英语读写课程中的应用与实践

在备课阶段，借助大语言模型庞大的语料库和灵活的生成能力，教师得以高效整合教学资源、深入拓展教学内容。以《新标准大学英语综合教程 4》（以下简称《综 4》）第七单元第一篇课文“The Eiffel Tower”为例，笔者在筹备教学资料时，在 DeepSeek 输入关键词“the Eiffel Tower”，即刻便获取了历史背景、发展历程、设计特色乃至趣闻轶事等详尽资料。教师不必再忙于烦琐且低效的文献检索和数据收集，大语言模型的融入极大地提升了备课效率。

在英语阅读教学阶段，传统的词汇知识难以满足学生理解长难句的需求。依托大语言模型“语言顾问”的角色，学生可输入长难句和指令，在模型帮助下分析复杂的句式结构、逻辑关系和语用意义（如表 1 所示）。

表 1　DeepSeek 对课文长难句的分析

例句：When my father showed me his battle jacket，I used to slip my finger through the hole，and as he told his stories of what he was thinking on that beach in Normandy in 1944，I was thinking of what he said，“Five centimeters to the right...” and I wouldn’t be here today.（摘自《综 4》第三单元 Active Reading 1）
指令：Please analyze the given sentence and explain the syntactic relationships between its different parts.
DeepSeek 的解析（有删减） 1.Main Clause（Independent Clause） “I used to slip my finger through the hole” 2.Dependent（Subordinate） Clauses “When my father showed me his battle jacket” （Adverbial clause of time） 3.Quoted Speech & Final Clause “Five centimeters to the right...” （Direct speech acting as noun phrase，object of “said” ） “and I wouldn’t be here today.” （Independent clause，linked by coordinating conjunction “and” ）

大语言模型凭借其广博的语言知识，清晰地解析了例句各部分的语法功能和语义关系。以分析结果为参考，教师进一步明确教学重难点，辅以仿写练习，强化学生对句式的认识与运用。

在英语写作教学阶段，受限于班级规模大和学生语言水平参差等客观情况，教师难以实时向学生提供有针对性的个性化指导。在课后作业环节，学生完成初稿写作后，依靠大语言模型“语言测评专家”的角色，在 DeepSeek 录入初稿和指令“Please review the given paragraph from an essay，identifying any errors or unnatural expressions.For each issue found，offer a detailed explanation and revision to improve the version.”。根据分析结果，学生一方面及时纠错、提高语言流畅度，另一方面在教师引导下不断修改指令，在鉴赏生成文本的过程中培养思辨能力。

3 结语

数字化时代教育教学方式的变革对大学英语教学提出了更高要求，尤其是英语阅读与写作能力的培养呈现出长期化、持续性的特点。快速更新迭代的大语言模型为大学英语读写课程的教学创新提供了可能性。为此，教师应不断提升数字素养，善用活用巧用大语言模型，以实现大学英语阅读与写作教学的个性化与智慧化。

参考文献

[1] 朱炫鹏，姚海东，刘隽，等. 大语言模型算法演进综述［J］. 中兴通讯技术，2024（2）：9–20.

[2] 许家金，赵冲. 大语言模型在英语教学中的角色［J］. 外语教育研究前沿，2024（1）：3–10.

博物馆实践课教学探索

赖　花[①]

摘　要： 中国式教育现代化要求教育创新人才培养方式，着力培养学生实践能力。探索实践课创新、着力实践育人是对外语类专业课程教学的要求，也是对课程教学的指导。"西方文化概论"课程通过博物馆实践课探索实践课教学新模式，将课程教学内容与博物馆展览内容相结合，将知识、思辨和思政融合以培养学生各种实践与创新能力，从而有效提高学生学习和探索的兴趣与主动性，提升教学的效率和效果。

关键词： 实践教学；英语教学；文化；博物馆

1　引言

《中国教育现代化2035》要求教育创新人才培养方式，"推行启发式、探究式、参与式、合作式等教学方式"以培养学生创新精神与实践能力[1]。数智时代背景下，探索实践课创新、着力实践育人是对外语类专业课程教学的要求，也是对课程教学的指导。"西方文化概论"是北京工商大学商务英语专业二年级本科生的专业选修课程。课程教学将知识、思辨和思政融合，

① 赖花，北京工商大学语言与传播学院讲师，主要研究方向为英语教学。

将理论课讲授和实践课教学相结合，是培养学生语言能力、思辨能力和跨文化交际能力的重要课程。实践教学是课程教学的重要组成部分，是将知识与能力连接的关键环节，对于课程教学目标的实现、学生实际的各项能力的炼成至关重要。目前，课程实践教学面临实践教学课时有限、教学形式单一和学用结合成效有待加强等问题。因此，课程须着力改进实践教育环节。

2 博物馆实践课的设计

“西方文化概论”课程的博物馆文化课设计在于发挥博物馆专业化、立体直观互动、沉浸式体验的突出优势，激发学生学习和参与的兴趣与热情，通过构建启发式、探究式的实践教学助力学生实践能力与创新能力的培养。

在课程教学计划中依据教学内容与目标，结合北京现有的博物馆西方文化展，设置基于单元或专题的博物馆实践课。博物馆实践课将教学地点从教室换到博物馆，通过实地参观博物馆让学生直观感受西方文化之丰富和多元，深化对课堂内所学西方文化概论知识的理解，激发学生对西方文化的兴趣，培养学生的文化鉴赏能力和跨文化意识。授课教师在带领学生线下看展时通过启发式提问引导学生参与，设计探索式、研究式的产出任务实施教学，旨在培养学生观察分析、自主探究的能力，即学生能从博物馆展品中提取与参观任务相关的西方文化信息，进行思考、解读、综合与评价。小组合作完成实践课任务能促进学生之间的交流与合作，提升学生的沟通能力和团队协作能力。

3 博物馆实践课实施的问题与解决方法

博物馆实践课是“西方文化概论”课程教学中实践教学环节的新探索，因此不可避免地遇到了一些困难和问题，其中最为核心的问题是：如何保障“西方文化概论”博物馆实践课的教学质量和效果？

首先，通过严格挑选和评估优质博物馆的文化展与教学主题和内容的契合度来保证教学内容的质量和水平。北京的优质博物馆资源丰富，时常有优质的西方文化特展，但如何进行博物馆实践课的展览挑选，要从展览本身的质量、特色和与教学主题、内容的契合度等方面来衡量。

以该课程2024年12月开展的古希腊文化主题的首都博物馆实践课为例，当时北京有三个与古希腊文化教学内容有关的展览：国家博物馆的“美的多元——古希腊的艺术与生活展”、首都博物馆的“希腊人——从阿伽门农到亚历山大”和三山五园艺术中心的“邂逅爱琴海：那不勒斯国立考古博物馆文物精华展”。前两个展的文物数量远多于第三个，质量也更可观，其中，首都博物馆的古希腊文化展因为以希腊历史发展的时间线布展，且包含更多门类的展品，所以成为“西方文化概论”博物馆实践课线下看展的首选。

其次，提前探展，合理设计探究式、产出性任务以保证教学质量。

以上述首都博物馆的古希腊文化展为例，作为“世界文明交流互鉴”系列展览中的重磅展览之一，该展览汇聚了希腊国家考古博物馆、塞萨洛尼基考古博物馆等希腊国内14家博物馆和文物机构的270件（套）藏品。这些珍贵展品跨越了从公元前5800年希腊新石器时代至公元前1世纪希腊化时代的漫长历史，全面涵盖古希腊文明各个时期，生动展现了古希腊社会和文化风貌[2]。授课教师提前到博物馆现场看展，拍摄记录所有展品和解说词作为备课材料。

在设计产出性任务时，考虑到该展览以实物形式为课程教学和学生学习展开一部全景式古希腊历史画卷，因此设计了看展时的古希腊文化发展笔记作业和发现探索展品中的古希腊神话要素任务，并在展后安排学生进行课下研究和后续课上汇报讨论。同时在导览过程中进行启发式提问，带领学生关注重点展品，进行互动式讲解，引导学生思考，使学生直观领略古希腊文明成果，追溯现代西方文明之源；通过对比同时期的中国历史文化理解文明多样性与共同性，深刻体会人类命运共同体的内涵。

此外，与博物馆沟通交流博物馆实践课的相关事项，对于参展中可能发生的意外情况准备应急方案，确保参观日的实践课顺利进行。

4 结语

“西方文化概论”课程通过博物馆实践课探索实践课教学新模式，将课程教学内容与博物馆展览内容相结合，增加学生学习和探索的兴趣与主动性，提升教学的效率和效果，从而解决了课程实践教学面临的难题，扭转了传统教学重理论讲授而轻实践育人的倾向。该课程进行的博物馆实践课教学探索充分利用博物馆文化教育与传播的优势，对学生开展学习、实践与创新能力进行融合培养，可以作为文化类、语言类课程和其他相关课程开展博物馆实践课的参考与借鉴。

参考文献

[1] 中华人民共和国中央人民政府．中共中央、国务院印发《中国教育现代化 2035》[EB/OL]．(2019-02-23) [2025-04-16] .https：//www.gov.cn/zhengce/2019-02/23/content_5367987.htm.

[2] 首都博物馆．“希腊人——从阿伽门农到亚历山大”展在首都博物馆开幕 [EB/OL]．(2024-11-21) [2025-04-16] .https：//www.capitalmuseum.org.cn/zjsb/content/2024-11/21/content_69242.htm.

如何在四六级翻译中做到句式多样化

刘江红 ①

摘　要：四六级考试中，翻译部分是考查学生语言综合运用能力的重要环节。句式单一会导致译文呆板、得分较低。而实现句式多样化能够提高译文水平，从而取得理想的成绩。本文深入探讨了在四六级翻译中达成句式多样化的策略，涵盖运用多种句型，如非谓语动词、各种从句、同位语结构以及使用被动语态等，并结合实例阐述具体方法，目的在于帮助考生在翻译中取得更好成绩。

关键词：句式多样化；翻译技巧

四六级考试作为衡量大学生英语水平的重要标准，其翻译部分对考生的语言运用能力提出了较高要求，评分标准包括准确性、流畅性和句式多样性。很多考生在翻译时习惯使用简单句，导致译文单调，难以获得高分。而丰富多样的句式能够增强译文的表现力和流畅性，从而体现考生对英语语言结构的灵活掌握[1]。因此，掌握在四六级翻译中实现句式多样化的方法至关重要。

---

① 刘江红，女，北京工商大学语言与传播学院讲师，主要研究方向为英语教育。

1 四六级翻译中句式多样化的重要性

1.1 展现语言水平

运用丰富的句式能够体现考生对英语语法和句型的熟练掌握。在翻译复杂句子时，如果能够灵活运用各种句式，如被动结构、强调句等，就能让阅卷老师看到考生的语言功底，从而给予更高评分。例如“智能手机彻底改变了人们的沟通方式”，翻译为“It’ s smartphones that have completely revolutionized the way people communicate.”（倒装句），相比普通的陈述句“Smartphones have completely revolutionized the way people communicate.”更能体现考生对特殊句式的运用能力。

1.2 使译文更加生动

句式多样化可以使译文更加生动、丰富，避免重复和单调。例如，在翻译“杭州是一座美丽的城市，它以西湖闻名”时，若仅用并列句“Hangzhou is a beautiful city and it is famous for the West Lake.”会显得平淡。若改为“Hangzhou，a beautiful city，is renowned for the West Lake.”（同位语结构），或者“Hangzhou，which is a beautiful city，is renowned for the West Lake.”（定语从句），则能使句子结构更加紧凑，句式更多样，信息表达更丰富。

2 实现句式多样化的方法和策略

2.1 运用被动语态

中文多用主动句，但英语中被动语态更符合其语言表达习惯。被动句的使用，既能提升语言表达的准确性与多样性，也更符合中英文差异和评分标准的要求。例如，翻译“必须采取措施保护野生动物”这句话，相较于直译“We must take measures to protect wild animals.”，被动翻译“Measures must be taken to protect wild animals.”更符合英语文化的表达习惯。

2.2 使用非谓语动词

非谓语动词可以在句中作主语、宾语、定语、状语等成分。在翻译中使用非谓语动词结构，可以使翻译更符合英文的句式特点，增强句子的逻辑性和紧凑性。例如，"因为被这个故事深深感动，她决定把它拍成电影"，可以翻译为"Deeply moved by the story, she decided to adapt it into a movie."（过去分词作状语）；"这座桥建于20年前，至今仍然非常坚固"，可翻译为"The bridge built 20 years ago remains very sturdy."（过去分词作定语）。

2.3 借助从句

从句包括定语从句、状语从句和同位语从句等。合理运用从句能够将复杂的信息进行整合，使句子层次更加分明。例如，"书籍是我们最好的朋友，它们能帮助我们开阔视野、丰富思想"，如果翻译为"Books are our best friends and they can help us broaden our horizons and enrich our thoughts."，就会平淡无奇，但如果翻译为"Books are our best friends, which can help us broaden our horizons and enrich our thoughts."（定语从句），就会使译文的结构更有层次感。"可再生资源的优势在于它不会排放温室气体"，可翻译为"The advantage of renewable resources is that it does not emit greenhouse gases."（表语从句）。

如果要在四六级翻译中实现句式多样化，则需要考生熟练掌握英语的各种句型、语法结构，并通过大量的练习来提高运用能力。学会运用多种基本句型，巧用非谓语动词，借助从句、被动语态等方法能够有效提升译文的句式丰富度。同时，要注意避免过度追求复杂句式而忽略对句子逻辑关系的把握。虽然句式多样化很重要，但如果因此导致句子结构混乱、语义不清，就得不偿失了[2]。在运用各种句式时，要确保句子表达自然、流畅，符合英语的语言表达习惯。

参考文献

[1] 廖华英. 中国文化概况 [M]. 北京：外语教学与研究出版社，2015.

[2] 陈毅平，秦学信. 大学英语文化翻译教程 [M]. 北京：外语教学与研究出版社，2014.

数智赋能高校外语课程思政路径探析[①]

刘 影[②] 吴 濛[③]

摘 要：随着教育信息技术的迅速发展，数字化技术持续赋能高校外语的课堂教学，有力推动语言教育与课程思政的深度融合，这需要高校外语教师积极提升数字信息素养和思政育人能力，构建数字化时代的语言教学与价值引领协同发展新模式。

关键词：数智赋能；思政育人；路径探析；高校外语

大学外语教育是我国高等教育的重要组成部分，对于促进大学生知识、能力与素质的协调发展具有重要意义。《大学英语教学指南（2020版）》指出，大学英语教学应主动融入学校课程思政教学体系，使之在高等学校落实立德树人根本任务中发挥重要作用。要利用现代教育技术，构建多模态、互动式的教学环境，努力让教学环境真实自然、生动活泼，在潜移默化中帮助学生塑造正确的世界观、人生观和价值观。

---

① 本文系北京工商大学校级重点教改项目“数智赋能与思政引领下的大学英语课程教学体系创新与实践路径研究”（项目号：jg245114）的阶段性成果。

② 刘影，北京工商大学语言与传播学院副教授，主要研究方向为语言教学、翻译研究和高等教育国际化。

③ 吴濛，北京工商大学语言与传播学院副教授，主要研究方向为语言教学和英美文学。

1 高校外语课程思政中的主要问题

目前，围绕课程思政的课堂教学改革在全国各高校广泛开展，取得了显著成效，但也出现了一些亟待解决的问题。一是部分教师开展课程思政的意愿不足。部分教师长期依赖出版社提供的标准化教学资源，既缺乏更新教学内容的主动性，也不愿深入挖掘教材中的思政元素。值得注意的是，这种被动心态往往伴随着对课程思政价值的认知偏差，未能充分认识到语言教学中融入思政教育的必要性和重要性。二是部分教师开展课程思政的能力不足，欠缺思政理论素养，难以科学设计思政融入路径，导致生搬硬套，影响了课程思政的实施效果。这种专业能力的短板使得教师在处理语言技能培养与价值引领的关系时常常顾此失彼：要么机械插入思政内容，破坏教学连贯性；要么简单堆砌案例，使思政教育流于表面。

2 数字化技术赋能课程思政的路径探析

在外语教育领域，数智化浪潮正以前所未有的速度重塑着教学环境、教学方式及教学资源，给这一领域的发展带来了新的机遇和挑战（祝智庭等，2022）。立足“新文科”建设理念，探索数字化技术赋能课程思政的创新路径，对推动教学改革和培养复合型外语人才具有重要价值。

第一，利用数字化教学资源获取优质思政素材。教师可依托新华思政、学习强国等平台获取优质思政素材，结合 U 校园、OneClass 等外语学习平台，构建“线上 + 线下”混合教学模式。比如，针对教材文化内容单一、时效性弱的问题，教师可从平台选取热点文化素材，如热映电影《哪吒之魔童闹海》等，通过配音练习、听力理解等方式，实现语言技能训练与思政教育的有机融合。

第二，利用生成式人工智能技术进行未来数字教材和教学资源的开发。首先，通过生成式 AI 技术（如图文生成、语音合成），可快速创建多媒体教学素材，构建沉浸式学习环境；其次，智能化的数字教材可以实现语音交互、实时反馈和个性化推荐，极大提升教学互动性。

第三，利用数智平台，充分挖掘数智技术赋能课程思政的多元路径。比如通过大数据分析和人工智能技术，教师可以构建个性化的学生数字画像，追踪学生的思政认知发展轨迹，为思政元素的有机融入提供科学依据；数智平台的虚拟仿真技术能够创设逼真的国际交流情境，在模拟实践中培养学生的跨文化沟通能力和家国情怀；智能语料库系统则可实时整合时政热点，生成鲜活的教学案例，有效解决传统思政教学内容更新滞后的问题。

3　全面提升数字素养与思政育人能力

人工智能技术和教育政策的发展要求我们以全新的教学理念、教学方法培养新时代多元化外语人才（蔡基刚，2023）。在信息化时代背景下，数字技术为外语思政教学注入了全新动能。外语教师提升数字素养与思政育人能力，是新时代外语教育改革的必然要求。教师不仅要掌握大数据分析、人工智能辅助教学等数字技术工具，还要深入理解课程思政的内涵与外延，将社会主义核心价值观有机融入语言教学过程。通过构建“技术赋能 + 价值引领”的新型教学模式，实现数字化教学资源与思政元素的匹配，在提升学生语言能力的同时培养其文化自信与家国情怀。

需要强调的是，这些技术创新有助于解决传统外语思政教学中存在的针对性不足、协同性欠缺等痛点，但技术赋能必须始终服务于“价值引领”这一根本目标，避免陷入技术至上的误区，要在保持外语学科特色的基础上，实现技术理性与教育理性的有机统一，最终培养出既具备扎实语言能力又具有坚定文化自信的国际化人才。

在全球治理体系和国际秩序加速变革的今天，培养一批具有全球胜任力的国际化人才，成为国家战略和高等教育的重要任务。建设课程思政是落实立德树人根本任务的战略举措，课程思政建构理念与实践路径业已成为近年来外语教育领域备受关注的课题。与此同时，新时代背景下数字化技术的快速发展，也给外语教育带来了新的机遇与挑战。作为高校外语课程建设的关键主体，外语教师应立足时代需求，着力强化数字技术素养、提升思政育人能力，深度整合学科内容与育人资源，以潜移默化、有机渗透的方式实现价值引领、专业教学与综合素养的协同发展。

参考文献

[1] 蔡基刚.危机中的英语专业出路："外语+"复合型还是专门用途英语？[J].上海理工大学学报（社会科学版），2023，45（3）：227-232.
[2] 祝智庭，罗红卫，王诚谦，等.外语教育数字化转型与融合创新[J].外语电化教学，2022（4）：7-17，110.

“premium”在商务语境中的多维度应用

陆　敏[①]　王　淳[②]

摘　要：“premium”是一个广泛应用于金融、市场营销、保险和产品定价等领域的多义词。本文结合实例分析“premium”在不同商务语境下的具体用法，旨在帮助读者更好地理解并灵活运用这一词汇，提升商务沟通中的准确性和专业性。

关键词：premium；多维度应用；实例分析

作为一个高频的多功能词汇，“premium”涵盖了溢价、保险费、高端产品以及附加价值等诸多含义。基于此，作为商务篇章理解的难点，如何精准理解和把握它的用法是学习者非常关心的问题。本文将通过实例分析“premium”在商务语境中的应用。

1　溢价

在市场营销和定价策略中，“premium”常用来表示产品或服务的溢价，即高于市场平均价格的额外费用。这种溢价通常与品牌价值、产品质量或

① 陆敏，女，北京工商大学语言与传播学院讲师。

② 王淳，女，北京物资学院外国语言与文化学院商务英语2021级本科生。

独特性相关。如“Apple is considered a ***premium brand*** because of its innovative technology and high-quality products.”，译为：苹果公司因其创新技术和高质量产品而被视为一个溢价品牌。又如“Consumers are willing to pay a ***premium*** for organic products due to their perceived health benefits.”，译为：消费者愿意为有机产品支付溢价，因为他们认为这些产品对健康有益。

此外，该词义也可用于金融衍生品领域。如“The difference between the spot and the forward price is the ***forward premium*** or forward discount，generally considered in the form of a profit，or loss，by the purchasing party.”，译为：（在远期合约中）即期价格和远期价格之间的差额是远期升水（溢价）或远期贴水（折扣），通常由买方以利润或亏损的形式来考量。又如“In the options contract，the buyer pays a ***premium*** to the seller for this right.”，译为：在期权合约中，买方为此权利向卖方支付溢价（期权费）。

2 保险费

在保险行业中，“premium”指投保人向保险公司支付的费用，以换取保险保障。如“The ***insurance premium*** incurred shall be borne by the buyer.”，译为：所产生的保险费应由买方承担。又如“This demographic shift in Japan is expected to further raise the burden of social ***insurance premiums*** on the working-age population.”，译为：日本这一人口结构的变化预计将进一步增加劳动年龄人口的社会保险费负担。

3 高端产品

“premium”还可用于描述高端或优质产品，这类产品通常以高质量、高价格和独特定位为特征。如“The growing pie had little to do with international carmakers：almost all of them，with the rare exceptions of Tesla and Toyota’s ***premium arm*** Lexus，saw sales slip in the country.”，译为：不断增加的市场份额与国际汽车制造商关系不大：除了特斯拉和丰田的高端子公司雷克萨

斯，几乎所有汽车制造商在中国的销量都出现了下滑。又如“During holidays such as Spring Festival in particular，consumers showed a preference for ***premium goods***，with many choosing imported fruits and high-end gift boxes from Sam's Club.”，译为：特别在春节等假期，消费者更喜欢高档商品，许多人选择山姆会员店的进口水果和高端礼品盒。

4 附加价值

在服务或产品推广中，“premium”可以表示额外的价值或福利，通常用于吸引客户或提升客户满意度。如“***Freemium***，a combination of the words ‘free’ and ‘***premium***’，is a type of business model that offers basic features of a product or service to users at no cost and charges a ***premium*** for supplemental or advanced features.A company using a freemium model provides basic services on a complimentary basis，often in a ‘free trial’ or limited version for the user，while also offering more advanced services or additional features ***at a premium***.”，译为：免费增值（定价法），是“免费”和“增值”两个词的组合，是免费向用户提供产品或服务的基本功能，并对补充功能或高级功能收取额外费用的一种商业模式。使用该模式的公司通常以“免费试用”或有限版本的形式给用户免费提供基本服务，而以溢价的形式提供更高级的服务或附加功能。又如“The airline offers ***premium*** services such as priority boarding and extra legroom for business class passengers.”，译为：该航空公司为商务舱乘客提供优先登机和额外腿部空间等附加服务。

基于以上对“premium”在不同语境下的应用的探讨，我们可以看到这一词汇的多样性和灵活性。无论是描述溢价、保险费、高端产品还是附加价值和溢价品牌等，“premium”都能准确表达相关概念。掌握该词汇的各种用法，有助于提升商务沟通中的准确性和专业性，同时为企业的定价策略、品牌定位和市场分析提供有力支持。

数智赋能大学英语跨文化教学研究
——以数字故事为例[①]

马晓彤[②]

摘　要：数字故事作为一种借助数字技术开展故事讲述或个人叙事的技术支持学习方法，已经被广泛应用于国外的外语教学之中。在我国大学外语教育数字化转型的背景下，本文以逆向课程教学设计为指导，将数字故事项目式学习引入大学英语跨文化教学，来帮助学生讲好中国故事，提升国际传播能力。本文基于数字故事与大学英语跨文化教学在教学目标、教学评价、教学内容和教学工具等几个维度上的深度融合，为深化数字赋能大学英语教学改革提供借鉴，同时也为之后开展数字故事赋能大学英语跨文化教学的实证研究提供依据。

关键词：数字故事；跨文化交际；大学英语

① 本文系2024年北京工商大学教育教学改革研究一般项目“数智赋能大学英语跨文化交际能力的培养”（项目号：jg245228）的阶段性成果。

② 马晓彤，北京工商大学语言与传播学院讲师，主要研究方向为外语课程和外语教师教育。

1 文献回顾

大学外语教学中，培养学生跨文化交际能力的重要性日益凸显。它是语言学习的核心目标、外语课堂思政的融合点，更是培养学生全球视野和国际传播能力的关键要素。大学英语教学应该充分发挥外语教育跨文化沟通优势，帮助学生讲好中国故事，传播好中国声音[1]，从而加强国际传播人才队伍建设，提升国家总体国际传播能力。然而，传统的跨文化教学大多通过文学、影视作品、其他网络资源等引入目标文化元素，或者组织文化体验与跨文化交流活动来提高学生的跨文化感知与理解能力。但是，由于学生无法深度体验和参与真实的跨文化交际，因而传统教学面临成本高、效率低、教学效果不理想等问题[2]。

数字故事借助数字技术开展故事讲述或个人叙事[3]，是一种具有变革性的技术支持学习方法。国内外学者逐渐关注数字故事对外语学习的影响。有研究认为，将数字故事应用于外语教学能够增强学习者的外语能力和跨文化交际能力。例如，Cheng 等开展了为期五周的实证研究，发现英语学习者与英语母语者学生合作讲述双语数字故事能够有效提升英语学习者对于文化多样性的认识，并且有助于英语学习者恰当地使用英语和多模态资源进行跨文化交际[4]。Vivitsou 的研究表明，通过制作和分享数字故事，芬兰和希腊的中学生学习了在跨文化交际中如何更加直观和立体地传播多元化的文化信息[5]。相较于国外学者对于数字故事在跨文化教学领域的积极探索，国内学者对数字故事的研究主要关注其课程思政的价值以及其对学习者外语能力和思辨能力发展的影响[6]，少有实证研究聚焦数字故事如何提高大学英语学习者的跨文化交际能力和数智素养。

基于此，笔者在数智融合的时代背景下，设计、实施并评估英语数字故事项目在大学英语跨文化教学中的应用，探析其对大学英语学习者语言能力和跨文化交际能力的影响。本文为该实证研究的初探，旨在设计和梳理数字故事项目的教学内容、教学设计、教学工具和教学评价，为后续开展基于数字故事的实证研究做好前期准备。

2 数字故事项目式学习的探索和实践

数字故事项目式学习的教学设计遵循由美国学者 Grant Wiggins 和 Jay McTigh 提出的逆向教学设计，即先确定预期结果（教学目标），据此结果确定合适的评估证据（教学评价），再设计学习体验和教学（教学活动）[7]。

该数字故事项目的主要教学目标包含学生的语言能力、跨文化交际素养、国际传播素养和数智素养等四个维度。国际传播中的跨文化交际素养具体包括：学生在创作数字故事时能够做到挖掘共性，追求情感共鸣；转换立场，培养受众意识；以小见大，提升叙事效果；由表及里，呈现文化内涵。学生依托“高教社杯”大学生“用外语讲好中国故事”优秀短视频大赛，以小组为单位结合大赛“新时代 · 新变化——时潮奔涌，青春不凡”的主题，在教师指导下利用多模态数字技术拍摄并提交时长为 4~6 分钟的英文数字故事。

教学活动的开展参考已有研究实践，按照“制作准备—故事制作—故事发布—总结反思”的步骤，开展为期 8 周的数字故事项目[8]。制作准备阶段，学生通过观看并分析中国日报讲好中国故事的数字故事案例来学习跨文化国际传播的理念和技巧。故事制作阶段，教师指导学生利用人工智能挖掘选题并进行英文数字故事脚本的创作。同时，学生需要在小组创作周志中填写相关任务记录表，总结和反思他们如何批判性地利用人工智能辅助故事创作，从而提升自身的数智素养。这也是数智时代守护学生思辨能力和维护学术诚信的重要体现。故事发布阶段，为了提升学生的跨文化沟通素养和国际传播素养，授课教师邀请本校留学生和新闻传播专业的教师为学生的作品提供评价和反馈，以评价促学习。总结反思阶段，学生需要撰写并提交反思日志，来反思和总结通过创作英文数字故事进行跨文化学习的体验、收获、挑战以及建议。这也为后续开展相关实证研究提供了质性研究数据。具体的教学活动见表 1。

表 1 教学活动安排

教学周	数字故事项目阶段	教学活动
第四周	制作准备	观看数字故事案例，提升国际传播中的跨文化素养
第五周	故事制作	数字故事启动，确定小组成员以及分工，挖掘并确定故事主题（教师反馈）
第六周		剧本大纲创作（教师反馈）
第七周		撰写故事脚本，收集拍摄素材
第八周		修改和完善故事脚本，视频拍摄
第九周		视频拍摄、制作、剪辑和配音
第十周	故事发布	数字故事作品展示，师生点评反馈
第十一周	总结反思	学生撰写反思日志，进行数字故事创作中的跨文化反思

3 结语

本文对数字故事项目式学习的教学设计研究，体现了跨文化外语教学与数智技术在教学内容、教学设计、教学工具和教学评价几个维度的深度融合，从而为教育数字化转型下大学英语教学改革提供借鉴，同时也为之后开展数字故事赋能大学英语跨文化交际能力培养的实证研究提供依据。

参考文献

[1] 武世兴 . 深入推进外语教育改革，加快建设高等教育强国［J］. 外语教育研究前沿，2024（2）：3–5，91

[2] 王济军，王丽丽，尹盼盼 . 外语类虚拟仿真实验教学项目的设计与实践研究：以日语跨文化交际虚拟仿真项目为例［J］. 外语电化教学，2021（3）：57–62，9.

[3] LAMBERT J.Digital storytelling：capturing lives，creating community［M］. 2nd ed.Routledge，2013.

[4] JAO C Y, CHEN H C, YEH H C.Exploring the effects of cross-cultural collaborating on bilingual digital storytelling on students' intercultural learning [J].Interactive learning environments, 2024: 6815-6832.

[5] VIVITSOU M.Constructing identities in online encounters [J].International Journal of teacher education and professional development, 2019, 2 (1): 12-29.

[6] 杨华.大学生外语数字化叙事能力的理论与实践研究：课程思政的新探索[J].外语教育研究前沿，2021（4）：10-17.

[7] WIGGINS G P, MCTIGHE J.Understanding by design [M].Ascd, 2005.

[8] ZHANG X, ZHOU M.Information and digital technology-assisted interventions to improve intercultural competence: a meta-analytical review [J].Computers & education, 2023: 194, 104697.

AI在二语写作书面反馈中的应用案例分析

任睿琪[1]　田　芳[2]

摘　要：本文以DeepSeek为例，通过案例分析的方法探讨了二语写作教学中应用AI进行书面反馈的效果。研究发现，AI不仅能够列出语法、用词及逻辑等方面的错误并提供修改建议，还能为学生拓展写作思路。研究还发现了AI反馈中存在的一些问题，并给出了解决思路。

关键词：DeepSeek；AI；二语写作；书面反馈

1　引言

在二语写作教学中，书面反馈是提升学习者语言能力的核心途径之一。它不仅是语言学习过程中的一个重要环节，也是在学习者语言发展道路上不可或缺的指路明灯：帮助学生发现并修正语言使用中的错误，通过对写作内容、结构和思路的引导，促进语言技能的提升。

① 任睿琪，女，北京工商大学语言与传播学院2023级商务英语专业本科生。

② 田芳，女，北京工商大学语言与传播学院英语讲师，主要研究方向为应用语言学、二语习得。

根据反馈的来源和形式，二语写作书面反馈主要可以分为教师书面反馈、同伴反馈以及自动化反馈等几种类型。历史最悠久、使用最广泛的是教师书面反馈。研究表明，教师反馈通常集中在三个方面：内容、语言和结构。反馈的形式通常是在文中标记或修改语言错误并在文末给出内容和结构方面的评语[1]。然而教师往往忽视学生在写作过程中可能面临的深层次思维障碍，且由于每位学生的写作风格和学习需求不同，个性化反馈的实现也非常困难。此外，批改作文费时费力，教师很难提供及时反馈。而反馈的及时性对学习效果具有重要影响，反馈间隔时间越短，学生越容易在原有记忆的基础上修正错误，从而提升学习效率[2]。同伴反馈鼓励学生通过相互评审和讨论，反思自己的写作过程并提升批判性思维能力，在互动性和合作学习方面展现出独特的优势。随着技术的不断进步，自动化反馈系统在书面反馈中占据着越来越重要的位置。越来越多的教师在教学中应用批改网及 iwriting 等网站帮助他们批改作文。这大大减少了教师们的工作量，但这类网站所打的分数并不能让人满意，且学生根据系统所给的反馈进行修改后，有时分数反而更低，这使学生感到困惑，打击了学生的积极性。

近年来，随着人工智能技术的发展，基于自然语言处理的大型语言模型开始被引入二语写作教学中，为书面反馈的个性化生成提供了新的可能。这类技术驱动的反馈工具不仅能够进行语言层面的纠错，还具备一定的语义理解与生成能力，能够辅助学习者进行逻辑梳理、结构优化和观点拓展，给传统书面反馈模式带来了新的启示和挑战。

2 AI 在二语写作中的反馈作用案例分析

本文选取商务英语专业大学二年级学生写的一篇论证“社交媒体使人们变得更加孤立，彼此之间的联系越来越少”的作文（见图 1），以国产大模型 DeepSeek 为例，阐述 AI 在写作反馈中所发挥的作用。

Directions: For this part, you are allowed 30 minutes to write an essay that begins with the sentence 'More and more people nowadays feel that social media is causing us to become more isolated and less connected with each other.' You should write at least 150 words but no more than 200 words.

More and more people nowadays feel that social media is causing us to become more isolated and less connected with each other.We view different kinds of lives and chat with the net friends miles away with social media.Inadvertently, we may ignore the connection with others and become isolated.This is an unfavorable situation, but causes for it are not hard to find.

Firstly, the connection in social media is often made through characters and images which are indirect, lacking of direct emotional feelings and body signal interaction.Therefore, people may gradually lose the aspiration of interacting with people face to face.Secondly, social media is a genuine time consumer that prevents people from setting up or maintaining a close connection with enough time and energy.Last but not least, more and more social media could be addictive, keeping people trapped and ignoring the relationship in reality.

To prevent this trend from worsening, it's necessary to take actions to balance the relationship between social media and reality.We could set up limits of using time of social media for ourselves to ensure that we have enough time to company our family and friends.

图 1　作文样例

2.1　语法及用词问题反馈

针对以上作文，笔者首先给出了提示词“I am a sophomore majoring in Business English.Please help me find all the grammatical errors in the following text and list them with numbers and provide corresponding suggestions for correction.”，请 DeepSeek 指出作文中的语法错误。由于所给出反馈较多，以下节选了 DeepSeek 所给出的前四个反馈（见图 2）。

Here are the grammatical errors and suggested corrections for your essay:

1. **Original**: "chat with the net friends miles away with social media."
   Correction: "chat with net friends miles away through social media."
   Explanation: Remove the article "the" before "net friends" (general reference) and replace the second "with" with "through" for correct preposition usage.

2. **Original**: "but causes for it are not hard to find."
   Correction: "but the causes of it are not hard to find."
   Explanation: Add the article "the" before "causes" and replace "for" with "of" for proper phrasing.

3. **Original**: "lacking of direct emotional feelings and body signal interaction."
   Correction: "lacking direct emotional connections and body language interactions."
   Explanation: Remove "of" after "lacking," replace "feelings" with "connections," and use "body language interactions" for clarity.

4. **Original**: "lose the aspiration of interacting with people face to face."
   Correction: "lose the desire to interact with people face-to-face."
   Explanation: Replace "aspiration" with "desire" (more context-appropriate) and hyphenate "face-to-face."

图 2　DeepSeek 针对语法错误的反馈（节选）

从以上截图可以看出，DeepSeek 不仅指出了定冠词 the 及介词 of 的使用等语法错误，也纠正了在学习者在选词方面的错误。它根据上下文建议用 desire 代替 aspiration。aspiration 通常指一个人的抱负、志向，通常用于描述个人志向或长期目标，而 desire 则适用于表达对具体事物或短期目标的渴望。样文中所要表达的是与他人进行面对面沟通的愿望，因此 desire 更合适。

2.2 逻辑问题纠正

在逻辑问题识别与纠正方面，DeepSeek 能够深入分析文章结构，精准识别写作者可能忽略的逻辑错误。尤其是在论述文写作中，学生可能出现论点不明确、论据与论点关联性不强、段落之间缺乏过渡等问题。DeepSeek 能够运用其深度学习算法，依托多层语义分析，梳理文章逻辑脉络，指出这些逻辑瑕疵，并提供改进建议。

笔者提交了提示语 “I am a sophomore majoring in Business English.Please help me find all the grammatical and logical errors in the following text and list them with numbers and provide corresponding suggestions for correction.”。以下是 DeepSeek 给出的反馈（见图 3）。

Logical Enhancements:

1. Add a transitional sentence after the introduction:
   "While social media claims to bridge distances, its isolating effects reveal a paradox in digital connectivity."

2. Strengthen the first argument with a concrete example:
   "For instance, a text message saying 'Happy Birthday' cannot replicate the warmth of a hug from a loved one."

3. Support the time-consumption argument with data:
   "According to Pew Research (2023), adults spend an average of 2.5 hours daily on social platforms—time that could nurture real-world relationships."

4. Specify solutions with actionable tools:
   "Using apps like Forest to block distractions ensures dedicated time for offline interactions."

图 3　DeepSeek 针对逻辑错误的修改提示

针对原文“聊天导致忽视现实联系”的跳跃性推论，DeepSeek 识别出“因果关系论证不足”的问题，建议补充过渡句（While social media claims to bridge distances，its isolating effects reveal a paradox）并引入神经科学证据（面对面交流催产素分泌量高 3 倍），构建严谨的因果链；针对“社交媒体消耗时间”的笼统表述，系统精准定位“缺少量化支撑”，提供皮尤研究中心 2.5 小时日均使用数据，并建议结合行为经济学理论，为这一论点提供科学论据，实现从现象描述到实质理论阐述的逻辑升级。

2.3　写作思路启发

当笔者提交提示词“I am a sophomore majoring in Business English.Please provide diverse writing ideas on the relevant topic，and list them with numbers.”时，DeepSeek 提供了写作材料库（Writing Material Bank）（见图 4）。

III. Writing Material Bank:
1. **Statistics:** WHO studies show heavy social media users are 37% more likely to experience loneliness.
2. **Neuroscience:** Face-to-face interactions trigger 3x more oxytocin. (the "bonding hormone") than digital exchanges.
3. **Counterargument:** During COVID-19lockdowns, social media helped isolated individuals maintain connections.
4. **Expert Opinion:** Turing Award winner Yoshua Bengio warns, "Digital dependence is rewiring our social neural networks."
5. **Cultural Reference:** Japan ' s "kodokushi" (lonely deaths) correlate with declining real-world social circles.

图 4　DeepSeek 针对特定主题提供的写作材料库

它分别从统计数据（世界卫生组织的研究表明，重度社交媒体用户感到孤独的可能性高出 37%）、神经科学［面对面互动产生的催产素（“联系激素”）是数字交流的 3 倍］、反驳意见（在 COVID–19 封锁期间，社交媒体帮助孤立的个人保持联系）、专家观点（图灵奖得主 Yoshua Bengio 警告，数字依赖正在重新构建我们的社会神经网络）、文化参考［日本的“孤独死”（lonely deaths）与现实中社交圈子的减少有关］等五个角度提供书写材料。

从以上案例可以看出，在二语写作书面反馈中，AI 不仅能够纠正学习者的语法、用词等一般性错误，还能纠正学习者在宏观逻辑结构、论证策略、语篇连贯性等层面的高级写作错误，有效帮助学生突破语言能力和思维的瓶颈；同时，AI 基于大数据语料和生成算法，可以在写作主题、论据拓展和观点发散等方面，为二语学习者提供多元的写作资源和启发，促进学习者多元发散思维和创造性表达能力的构建。

3 讨论及结语

AI 反馈不仅能够给出比较全面的建议，还能够使学习者获得及时反馈。但是 AI 是否能够完全替代教师进行二语写作反馈呢？从以上案例分析中我们可以看出以下几个值得讨论的问题。一是需要学习者对 AI 反馈结果进行仔细的分析和深入研究，才能发现自己写作中的问题。如果学习者学习能力不够或动力不足，对反馈结果置之不理，则很难有大的收获。二是 AI 所给建议中有些超出了学习者所掌握的知识范围，学习者很难在实际写作中加以采纳。

本文认为，这些问题的解决需要教师与 AI 的配合。教师有丰富的教学经验，能够快速从 AI 的反馈中总结出学生写作中存在的主要问题。而且教师对学生的写作及语言水平比较了解，能够从 AI 提供的建议中筛选出符合学生认知水平的建议，从而帮助学生对作文进行修改。因此，在二语写作教学中教师可以先让学习者使用 AI 进行初步反馈，列出作文中的语法和逻辑问题，并让 AI 提供拓展思路。然后，要求学习者根据所给出的建议对作文进行二次修改。之后教师再对照学生文章的初稿、修改稿并参考 AI 给出的反馈对学生写作中存在的问题进行总结，帮助学生抓住重点。同时，教师与学生之间的互动还能给学生提供情绪价值。当学生在作文中展现出独特视角或有所进步时，教师应及时给予肯定与鼓励，增强学生写作信心；在学生遭遇困难、写作遇到瓶颈时，教师应通过积极的话语给予心理支持。

参考文献

[1] BUTLER J A，BRITT M A.Investigating instruction for improving revision of argumentative essays [J] .Written communication，2011，28：70–96.

[2] KULHAVY R W，STOCK W A.Feedback in written instruction：the place of response certitude [J] .Educational psychology review，1989，1（4）：279–308.

英语阅读思辨能力培养

史　云[①]

摘　要：本文以布鲁姆教育目标分类法为理论框架，探讨大学英语阅读教学中思辨能力的培养路径。通过分析当前阅读课堂中存在的思维浅层化问题，结合具体案例提出分层任务设计策略，为大学英语教学改革提供实践参考。

关键词：布鲁姆教育目标分类法；英语阅读；思辨能力培养

1　引言

随着全球化进程的加速，社会对人才的需求已从单一的语言技能转向复合型思维能力的综合发展。《国家中长期教育改革和发展规划纲要（2010—2020年）》提出注重“学思结合”，培养学生的“理性思维、批判质疑”能力[1]。《大学英语教学指南（2020版）》中首次提出，教学目标为：培养人文精神和思辨能力，使学生在学习、生活和未来工作中能够恰当有效地使用英语，满足国家、社会、学校和个人发展的需要[2]。大学英语阅读课作为语

① 史云，女，北京工商大学语言与传播学院讲师，主要研究方向为应用语言学、英语教育。

言教育与思维训练的双重载体，其教学目标不应局限于词汇与语法讲解，而应成为培养学生思辨能力的重要场域。然而，当前大学英语阅读教学中普遍存在“思辨缺席”现象。黄源深指出，外语学习者常因缺乏思辨训练而陷入“逻辑混乱、论证无力”的困境[3]。这种教学模式不仅制约学生的语言运用深度，也削弱了其参与国际对话的能力。在此背景下，重构大学英语阅读课的思辨培养功能具有深远意义。

2　理论基础

美国教育心理学家本杰明·布鲁姆提出的教育目标分类体系，旨在为教育者提供一个清晰的框架，以描述和评估学生的学习成果[4]。该理论将教育目标分为认知、情感和动作技能这三个领域，每个领域又细分为不同的层次。在认知领域，从低到高包括记忆、理解、应用、分析、评价和创造等六个层次。记忆是对信息的简单再现；理解是能够把握所学材料的意义；应用指将所学知识应用于新情境；分析是将整体材料分解并理解各部分之间的关系；评价是依据一定标准对所提供的材料做出价值判断；创造则是能够将不同元素组合在一起，形成一个新颖、独特的整体。该理论为教学设计、教学评价以及课程开发等提供了重要的指导，帮助教育者更好地促进学生的全面发展。

3　课堂应用

教学实践中，学生在阅读文章时可能只停留在理解层面，缺乏深层次的批判性思考。教师需要设计活动，引导学生从记忆、理解逐步过渡到分析、评价和创造。例如，先确保学生掌握词汇和内容，然后进行分析，如找出论点、逻辑结构，接着评价作者的观点，再进行自己的创作或辩论。以一篇关于数字时代对人们阅读生活影响的文章为例，教师可以根据布鲁姆教学目标分类设计以下活动。

3.1 记忆层次

教师要求学生找出文中提到的数字时代新阅读媒介和相关描述性词汇，通过填空、选择等练习，如“Digital reading devices like ______ have become popular in the digital age.”，检测学生对细节和词汇的记忆，帮助他们初步构建对文章内容的认知框架。这是进入更高层次学习的基石，其对应的是布鲁姆分类理论中对信息的简单回忆与再现。

3.2 理解层次

让学生概括文章的主要内容，组织课堂讨论，提出问题“According to the passage，how has the digital age changed the way we search for reading materials?”，引导学生深入理解文章，并鼓励他们结合自身经历谈谈感受，以促进对文本的消化吸收，达到理解与阐释知识的层次。

3.3 应用层次

假设学生是一款电子阅读器的生产商，向客户推介数字阅读的优势，让学生进行角色扮演，模拟对话场景，学生需要使用通俗易懂的表述方式。该活动锻炼学生学以致用的能力，符合布鲁姆分类理论中应用知识解决具体问题的要求。

3.4 分析层次

引导学生分析文章结构和论证方法，如文章如何阐述数字时代对阅读生活的影响、采用了什么论据支持观点。通过提问“What is the structure of the passage? How does the writer support his arguments?”，帮助学生分析文章的结构和逻辑。同时，让学生绘制思维导图，梳理文章脉络。

3.5 评价层次

鼓励学生对文章观点进行评价，组织小组辩论，主题为“Will digital reading replace traditional reading soon?”，要求学生引用文章观点和生活实际给出评价依据，让学生在思维碰撞中权衡数字阅读的利弊，锻炼批判性思维。

3.6 创造层次

鼓励学生基于文章内容和个人思考，撰写一篇关于未来数字时代阅读场景的文章，比如虚拟现实中的沉浸式阅读体验等。之后在班级内分享和交流，教师引导学生相互评价和讨论，激发学生的创新思维和开拓精神。这能促使学生突破现有文章内容，发挥创造力，生成全新的观点，达成布鲁姆分类理论中创造层次的目标，培养学生的创新思维与开拓精神。

4 结语

英语阅读课与思辨能力的融合既是应对全球化挑战的必然选择，也是深化高等教育改革的关键路径。教师将布鲁姆教育目标分类理论贯穿英语阅读教学始终，引导学生从记忆到创造层层递进，由此学生不仅深化了对文章知识的掌握，其思维能力也在这一过程中得到全方位锻炼。

参考文献

[1] 中华人民共和国教育部. 国家中长期教育改革和发展规划纲要（2010—2020）[M]. 北京：人民教育出版社，2010.

[2] 教育部高等学校大学外语教学指导委员会. 大学英语教学指南（2020 版）[M]. 北京：高等教育出版社，2020.

[3] 黄源深. 思辨缺席 [J]. 外语与外语教学，1998（7）：1，19.

[4] ANDERSON L W. 布卢姆教育目标分类学 [M]. 蒋小平，等译. 修订版. 北京：外语教学与研究出版社，2009.

汉语普通话韵母与西班牙语元音对比研究

索 雅[①]

摘 要：本文通过对比汉语普通话韵母与西班牙语元音的发音特征，分析了西班牙语学习者学习汉语时易出现的语音偏误；基于语音对比分析理论，利用实证调查结果，提出有效的教学策略，以帮助西班牙语母语者更好地掌握汉语韵母。

关键词：汉语韵母；西班牙语元音；语音对比；教学策略

1 引言

汉语普通话韵母复杂多样，而西班牙语元音系统简单清晰，两者差异导致西班牙语学习者在汉语发音中常受母语负迁移的影响。黄伯荣等（2003）指出，汉语以声调为核心，韵母在音节中占据重要地位；而西班牙语无声调，重音突出（张敏娜，2011）。本文基于 Flege（1995）的言语学习模型（SLM）与 Poch-Alba Igarreta（2014）的语言桥梁理论，分析汉西语音差异对习得的影响，结合实证提出针对性教学建议。

① 索雅，女，北京工商大学语言与传播学院讲师，主要研究方向为西班牙语语音学、西班牙语语言学。

2 汉语拼音与西班牙语语音系统的基本特征

汉语拼音是现代汉语语音教学中不可或缺的工具，自1958年《汉语拼音方案》颁布以来，已成为国际上广泛认可的标准注音系统。汉语普通话的韵母系统包含39个韵母，具体可分为三类：单韵母、复韵母和鼻韵母。单韵母以6个基础元音（a、o、e、i、u、ü）为核心，同时包含两个舌尖元音（ɿ、ʅ）及卷舌音 er/ɚ/。复韵母共13个，包括二合韵母（如ai、ou）和三合韵母（如uai、uei），其发音特点为元音间的快速滑动与音值模糊化。鼻韵母则分为前鼻音（如an、en）与后鼻音（如ang、eng），共16个，通过鼻腔共鸣实现音色区分。汉语音节的显著特征在于声调的辨义功能，每个音节固定对应阴平、阳平、上声或去声，且以元音为主导，辅音结构简单，没有复辅音。相比之下，西班牙语的元音系统更简洁，仅包含5个舌面元音（/a/，/e/，/i/，/o/，/u/），发音清晰稳定，无圆唇对立或鼻化特征。西语语音规则明确，拼写与音素几乎一一对应，但其音节结构以辅音－元音（CV）或辅音－元音－辅音（CVC）为主，缺乏声调及复杂韵母组合。重音在西班牙语中起主要辨义作用，但无汉语声调的功能性区分。两系统的根本差异在于：汉语通过声调与丰富韵母实现语义区分，而西班牙语依赖重音与简洁的元音系统。这种差异导致西语学习者在汉语韵母习得中面临显著挑战。

3 汉语韵母与西班牙语元音的系统性对比

3.1 汉西单韵母对比

汉语拼音韵母系统含39个音位，分为单韵母、复韵母、鼻韵母，结构复杂多样，元音易受声调影响（黄伯荣等，2003）。西班牙语元音系统仅包含 /a/、/e/、/i/、/o/、/u/ 五个舌面元音，拼写与发音一致，无复杂韵母及声调变化（张敏娜，2011）。两语言的核心元音对比见表1。

表 1　汉西单元音音位对比

发音特征		舌尖元音			舌面元音									
舌位前后		前	央	后	前				央		后			
唇的状态		不圆	不圆	不圆	不圆		圆		不圆		不圆		圆	
		汉	汉	汉	汉	西	汉	西	汉	西	汉	西	汉	西
舌面高低	高	I/i /		I/i /	I/i/	I/i/	ü /y/						u/u/	u/u/
	半高										e/e/		o/o/	
	中					e/e/								o/o/
	半低				ê/ɣ/									
	低								a/a	a/a/				

从表 1 中可以看出，汉西共有音位 /i/、/a/、/u/ 在舌位、唇形上完全一致，易习得；汉语特殊音位如 ü /y/、er/ɚ/ 和舌尖音 ɿ、ʅ 等无西语对应，易产生偏误，例如“鱼”易发为 /iou/，“耳”易发为 /r/ 或 /l/（张漠，2016）。西语 /o/ 舌位偏前，导致其汉语学习者发音时易出现偏误。

在具体构音上，汉语和西班牙语的元音在舌位、唇形及开口度上表现出的差异见表 2。

表 2　汉语普通话韵母与西班牙语元音构音特征对比及偏误类型

构音参数	汉语存在音位	西语对应情况	可能偏误类型
舌尖音	[ʅ]，[ɿ]	无对应	替换为 [i] 或 [e]
卷舌音	[ɚ]	无对应	替换为 [r] 或 [l]
圆唇前元音	[y]（ü）	无直接对应	发为 /iu/ 或 /i/
舌面中元音	[ə]（e 类）	偏向 [e]	发音偏前
开口度差异	A、o、ê 等	/a/，/o/	张口度不足或唇形错误

以上偏误多源自学习者无法准确区分音位之间的细微差异，尤其在没有母语对等音的情况下，往往采用“最接近替代”的策略，形成负迁移。

3.2　汉语复韵母与西语二重、三重元音对比

汉语中的复合元音称为复韵母。用两个元音符号表示首音、尾音的叫

“二重元音”，用三个元音符号表示首音、中音、尾音的叫“三重元音”。汉语中二合元音韵母有 9 个，三合元音韵母有 4 个。西语有 13 种二重元音、5 种三重元音，见表 3。

表 3　汉西二重元音、三重元音对照

复合元音	汉语		西班牙语	
	类型	数量	类型	数量
二重元音	ai，ei，ao/au/，ou；ia，ie；ua，uo，ü e	9	ai，ei，au，eu，oi；ia，ie，io，iu；ua，ue，ui，uo	13
三重元音	iao/iau/，iou，uai，uei	4	iai，iei，ioi，uai，uei	5

从表 3 可以看出，汉语二合韵母与西语二重元音在结构上存在差异。汉语发音滑动较快，西语则滑动缓慢且每个元音清晰。西语学习者习得汉语二合韵母的难度小于三合韵母，其中 üe 最为困难。

4　数据测试结果与验证分析

本文选取 14 名西班牙语母语学习者进行测试，分析单韵母与复韵母习得难度。结果表明：er/ɚ/、ü /y/、ʅ、ʅ 难度最高，偏误率显著高于其他元音（见表 4）；三重韵母（如 uai、iao）难度大于二重韵母（如 ai、ei），省写韵母（如 ui）易于未省写韵母掌握。

4.1　单元音调查结果与分析

为了验证西班牙语母语学习者对汉语拼音单韵母（单元音）的难度分级，通过实验选取有代表性的词的方法来测试学生对汉语单元音掌握程度，难度级别从 0 到 5，0 表示最易，5 表示最难。选取的 9 个单元音词汇是哈达（hădá）、薄膜（bómó）、哥哥（gēgē）、集体（jítĭ）、朴素（pŭsù）、区域（qūyù）、自私（zìsī）、知识（zhīshí）、耳饰（ĕrshì），被试者每个词读三遍，然后进行偏误分析。调查的结果见表 4。

表 4　单元音难度调查结果

韵母	er/ɚ/	ü/y/	ʅ/ɿ	e/ə/	u/u/	o/o/	a/a/	i/i/
得分	4.65	3.95	3.32	1.97	1.16	0.66	0.54	0.52

通过对西班牙语母语学习者学习汉语单韵母（单元音）的调查和分析可知，其学习的难点从易到难顺序为 i/i/、a/a/、o/o/、u/u/、e/ə/、ʅ/ɿ、ü /y/、er/ɚ/。

4.2　复合元音调查结果与分析

采用同样的调查方法和测试对象，选取了开采（kāicǎi）、配备（pèibèi）、高潮（gāocháo）、售后（shòuhòu）、架下（jiàxià）、贴切（tiēqiè）、挂画（guàhuà）、陀螺（tuóluó）、雀跃（quèyuè）、巧妙（qiǎomiào）、悠久（yōujiǔ）、摔坏（shuāihuài）、归队（guīduì）等 13 个词，被试者每个词读三遍，进行汉西二重、三重元音掌握程度的测试和对比分析。结果见表 5。

表 5　西班牙语母语学习者对汉语二重、三重元音难度测试结果统计

复韵母	平均得分	顺序
三重元音：iao，iou，uai ，uei	3.12	1
二重元音：ai，ei，ao，ia，ie ua，uo，ou，üe	1.73	2

从表 5 可以看出，三重元音的难度分值比二重元音的难度分值高。在测试中发现：二重元音 üe 的发音困难。在汉语二重元音这一组词语的测试中，üe 的正确率远低于其他二重元音。其原因可能包括两个：一是西语中没有 ü 这个音；二是被试者可能将 üe/y/ 中 e 的发音当成了与西语相同的 e/e/ 音，因此出现偏误。省写的三重元音比未省写的三重元音发音更准确。在巧妙（qiǎomiào）、悠久（yōujiǔ）、摔坏（shuāihuài）、归队（guīduì）这四个词中，被试者能正确发出“归队（guīduì）”，这可能是因为被试者把省写的“ui”当成了一个整体来记忆。而“巧妙（qiǎomiào）”“悠久（yōujiǔ）”“摔坏

（shuāihuài）”的发音不够准确，前面的元音发音较长，中间的元音不够响亮，后面的元音发音清楚。这是由被试者母语的负迁移导致的，在西语中，音节中元音的发音比较稳定，从强元音到弱元音的滑动过程较慢，因而发弱元音时相对较清楚。

5 偏误分析与教学建议

西语学习者的偏误主要有：①音位替换，如 ü 发为 /iou/；②舌位偏移，如 o 舌位前移；③鼻韵母混淆，如 ing 发为 in；④复韵母界限模糊，如 ai 与 ei 混淆。

基于以上偏误情况，本文提出以下教学策略：

（1）阶段化教学：初级阶段聚焦共同音位，加强基础；中级阶段强化类似音位差异感知；高级阶段解决特殊音位和复杂复韵母问题。

（2）情景化训练：结合实际语境，增强学习效果，如购物情景练习“鱼”（yú）的发音。

（3）纠错机制：针对典型错误，采取强制圆唇、舌位定位训练等，定期诊断并记录偏误，进行个性化指导。

6 结语

本文研究表明西班牙语学习者受母语负迁移影响显著，针对性教学策略能有效提升汉语韵母的习得效率。未来研究中可进一步融合课堂教学与跨语言语音感知，推动教学实践发展。

参考文献：

[1] 黄伯荣，廖序东．现代汉语：上 [M]．北京：高等教育出版社，2003：20，135.

[2] FLEGE J E.Second language speech learning：theory，findings，and problems [M] // STRANGE W.Speech perception and linguistic experience：issues in cross-language research.MD：York Press，1995：233-277.

[3] Poch-Alba Igarreta, D.2014.Tender puentes: Distancia lingüística y pronunciación [J] .In B.Poch (Ed.), El español entre dos mundos: estudios de ELE en lengua y literatura (pp.139-158) .Frankfurt a.M., Madrid: Vervuert.

[4] 张漠 . 母语为西班牙语的汉语学习者语音偏误分析及教学策略探索 [D] . 烟台 : 鲁东大学，2016.

[5] 张敏娜 . 西班牙语与汉语语音比较 [J] . 中国科教创新导刊，2011 (11): 39.

浅谈英文报刊阅读在大学英语教学中的意义

汤惠敏[①]

摘　要： 随着全球化进程的进一步推进，用英语讲好中国故事的重要性日益突出。英文报刊包含丰富的主题内容，题材广泛，是学生了解世界的一个很好的途径。英文报刊阅读能力是大学英语阅读能力的一个重要方面，也是大学英语四六级考试考查的一项重要内容。英文报刊作为阅读材料，有其特有的优势，在大学英语教学中有着重要的作用。英文报刊阅读有利于学生英语阅读能力的提高，也有利于促进大学生英语综合能力的提高。在大学英语教学中，教师和学生都应重视英文报刊阅读。

关键词： 英文报刊阅读；大学英语教学

1　引言

随着全球化进程的进一步推进以及构建人类命运共同体的提出和实施，用英语讲好中国故事尤为重要，英语的重要性更加凸显。英文报刊包含丰富

---

① 汤惠敏，女，北京工商大学语言与传播学院讲师，主要研究方向为外国语言学及应用语言学。

的主题内容，题材广泛，观点多样，是学生了解世界的一个很好的途径。

大学英语四六级考试阅读试题的材料较多来自英语外文报刊，研究生英语考试的阅读试题的部分材料也来自英语外刊。英文报刊阅读对于大学生英语学习非常重要，提升英文报刊阅读能力对于大学生英语能力的提高有着促进作用。

2　英文报刊阅读能力

英文报刊阅读能力是大学英语阅读能力很重要的一部分。在《大学英语教学指南（2020 版）》中，关于阅读理解能力，基础目标为“能基本读懂题材熟悉、语言难度中等的英文报刊和其他英文材料”；提高目标为“能基本读懂英文报刊上的文章，准确检索目标信息”；发展目标为“能比较顺畅地阅读英文报刊上的文章以及与所学专业相关的英文文献和资料，如科技文章、社会时评等，整合相关内容，分析作者观点立场，较好地理解其中的逻辑结构和隐含含义等”[1]。由此可见，英文报刊阅读是大学英语阅读教学中很重要的一部分。

《全国大学英语四、六级考试大纲》中对于阅读理解的考核要求中也包括读懂英文报刊文章。四级考试要求“考生能读懂题材熟悉、语言难度较低的英语报刊文章”；六级考试要求“考生能读懂一般性题材的英语报刊文章”[2]。可见，阅读英文报刊能力是大学英语四六级考试考查的一项重要内容。

英文报刊作为阅读材料，有其特有的优势。英文报刊内容丰富，涵盖了经济、政治、科技、教育、社会生活等各个方面，提供了多方面的阅读素材。英文报刊的语言表达地道，内容丰富多样，紧跟时代发展，容易激发学生的学习兴趣，促进其英语学习。英文报刊信息量大，时效性强，能够使学生随时了解世界上发生的各类事件，拓宽了学生学习英语的渠道。一些较著名的英文报刊，包括《泰晤士报》、《卫报》、《金融时报》、《华盛顿邮报》、《读者文摘》、《中国日报》、*21st Century* 等，都是学习英语极好的资料。

3　英文报刊阅读的意义

英文报刊阅读是大学英语阅读教学中很重要的一部分。英文报刊阅读在大学英语教学中有着重要的作用。阅读英文报刊时，学生需要查阅了解相关的文化背景知识，这有利于提高学生的跨文化交际能力。

英文报刊阅读对于学生阅读能力提高有着推进作用。多进行英文报刊阅读有利于增加学生词汇量。新的词汇、热点话题常常出现在英文报刊中，如ultra-processed food（超加工食品）。词汇是英语阅读的基础，学生通过阅读英文报刊，能够学习并积累词汇、短语及表达，进而提高英语阅读能力。

英文报刊阅读能提升学生对长难句的理解。英文报刊中经常会出现一些较长较复杂的句子，成为学生阅读中的难点。对学生来说，需要将长难句的结构划分出来，并抓住句子主干，将句子意思弄清楚，这样能加深对长难句的理解，从而提高阅读理解能力。

英文报刊阅读中，学生需要对文章的主要内容和篇章结构进行总结，理解文章主题并熟悉文章结构。在理解全篇的基础上，学生对文章的主要内容进行概要总结，熟悉英文文章结构及观点表达，有利于提升其英语阅读能力。

在英文报刊阅读中，学生需要辨别作者的观点态度，对作者的观点有批判性的分析和思考，要有自己正确的判断、观点和立场。结合英文报刊阅读材料口头或书面表达自己的观点，有利于发展学生的批判性思维能力，也有利于其英语口语或写作水平的提高。

4　小结

英文报刊阅读在大学英语教学中有着重要的作用。英文报刊阅读有利于学生对词汇、长难句、篇章结构的理解和英语阅读能力的提高，也有利于其批判性思维能力的提升。提升英文报刊阅读水平能够促进大学生英语综合能力的提高。在大学英语教学中，教师应注意选择题材多样、难度适中的报刊阅读材料，这样能有效激发学生的学习兴趣，促进其学习积极性，引导学生对英文报刊进行批判性分析和思考，提升学生的英语阅读能力和综合能力。

参考文献

[1] 教育部高等学校大学外语教学指导委员会 . 大学英语教学指南（2020 版）[M]. 北京：高等教育出版社，2020.

[2] 全国大学英语四、六级考试委员会 . 全国大学英语四、六级考试大纲（2016 年修订版）[EB/OL]. [2025-04-15] .https：//cet.neea.edu.cn/res/Home/1704/55b02330ac17274664f06d9d3db8249d.pdf.

大二学生英语作文开头模式特点研究
——以“毕业后该就业还是考研”话题为例

王秀贞[①]

摘　要：本文以大学二年级学生一次期末考试的英语作文为研究对象，针对“毕业后该就业还是考研”这一话题，对184篇学生作文文本进行统计，并分析其开头模式的特点。研究发现，大量学生在英语写作的开头常陷入固定句式依赖。本文试图总结学生开头段落的典型问题，为英语写作教学提供一定的实证依据。

关键词：英语写作；开头模式；文本分析

1　研究背景与方法

英语写作教学是大学英语教学的核心内容之一，运用英语进行写作的能力是大学生英语学习综合能力的重要内容。作文的开头段落作为文章的“门面”，直接影响读者的第一印象，进而影响学生得分。

本文收集了笔者所带学生所写的总共184篇以“毕业后该就业还是考研”为话题的英语作文，提取开头段落（首句至第二句），通过分类统计，

① 王秀贞，北京工商大学语言与传播学院讲师，主要研究方向为英美文学、英语教育。

归纳出高频开头模式，分析其优点与不足，并尝试给出可作参考的几种开头。

2 学生作文开头模式分析

2.1 高频模式统计

通过对 184 篇作文的文本分析，学生最常使用的五种开头模式如表 1 所示（按使用频率降序排列）。

表 1 学生最常使用的五种开头模式

排名	开头模式	数量（篇）	占比（%）	典型开头句举例
1	背景引入型	98	53.3	With the development of society...
2	问题提出型	45	24.5	When graduates leave universities，they need to make a choice...
3	个人观点型	25	13.6	In my opinion，I prefer to become a postgraduate...
4	对比分析型	12	6.5	There are advantages and disadvantages to both choices...
5	谚语引用型	4	2.2	As the saying goes，‘Society is the best teacher’ ...

2.2 学生开头段落的主要特征分析

如表 1 所示，背景引入型，如 “Nowadays” 和 “With the development of...” 这样的开篇句式占总样本的 53.3%，表明学生倾向于以社会背景或普遍现象引入话题，如就业压力、学历竞争等。不过，这样虽能快速引入主题，但行文过度使用程式化表达，易使文章显得过于机械。

问题提出型指直接引入一个问题的两个方面，这种类型占 24.5%，体现了学生一定程度的辩证思维，但接下来的论述后续乏力，易出现内容空洞等问题。

13.6% 的学生选择直接陈述个人观点，却忽略了背景铺垫或问题的提出，把一个本具有普遍讨论意义的论题缩小成了个人选择的原因来加以解释，失去了议论文该有的说服力。6.5% 的对比分析型和占比最小的谚语引用型中，学生常迟迟不切入话题，顾左右而言他，往往到最后才亮明自己的观点，致使讨论流于表面，不够深入。

3 有效的开头特征及举例

一个好的作文开头，要能吸引读者、明确主题、逻辑清晰、铺排下文；可以通过提问、数据、名言或现象等手段引发读者兴趣，并点明讨论的核心问题，自然过渡到正文的论点分析，为下文做好铺垫。比如：

例 1（提问式）：

What defines a successful transition from college to adulthood—immediate employment or advanced academic pursuit? This question haunts countless graduates as they stand at the crossroads of choices.

例 2（数据引用式）：

According to a 2023 report by the Ministry of Education，over 40% of Chinese undergraduates opt for postgraduate studies，reflecting a seismic shift in career priorities among the youth.Such a trend begs the question：Is higher education truly a gateway to better opportunities?

例 3（现象对比式）：

While some graduates rush into the job market to gain financial independence，others retreat into libraries，burying themselves in books for another three years...

例 4（名言引用式）：

“Two roads diverged in a yellow wood…And I took the one less travelled by... and that has made all the difference”，so wrote Robert Frost；what will you choose between finding a job and furthering your study? And will you regret your choice one day?

4 结语

在大学英语写作教学中，可鼓励学生尝试多样化的开篇方式；平时进行写作练习时，教师也可专门适当加入对开头段落写作的相关训练。

以读促写，提升大学生英语写作词汇的丰富性

王秀珍[①]

摘　要：本文针对非英语专业大学生在英语写作中高级词汇应用不足、词汇单一的现象，通过分析续理论、词汇丰富性与写作实践的关系，提出系统性的提升策略。本文从语篇理解、词汇认知、语境应用、迁移训练等维度构建解决方案，为英语写作教学提供参考。

关键词：以读促写；词汇；丰富性

1　大学英语写作中高级词汇应用的现状与挑战

写作是大学英语教学的重要组成部分，但课时少、任务重、输出机会短缺、学生语言基础和学习策略各不相同、学习需求五花八门等原因，导致大学英语写作水平经常停留在较低层次，学生往往局限于完成任务，用词单一、搭配错误频发、仅仅使用低级常见的词汇，结果造成语言表达贫乏、内容没有深度。

① 王秀珍，女，北京工商大学语言与传播学院讲师，主要研究方向为第二语言习得、教学法、语言学和翻译等。

词汇是英语写作的基础，是衡量一个人表达水平的重要指标，词汇水平是影响英语写作能力的一个关键因素。有研究表明，语言水平越低的学习者，写作中的词汇重复率就越高；相反，语言水平越高的学习者，写作中的词汇重复率就低。因此，提升语言水平尤其是词汇丰富性，对于改善写作水平而言至关重要。

2　以读促写与提升写作词汇丰富性的理论基础

王初明 2017 年提出的续理论揭示了语言习得中的“前导－后续”动态耦合机制。根据续理论，当学习者接触优质语言输入（前导文本）后，会通过创造性续写产生语言输出，在此过程中引发“认知协同效应”，促使学习者模仿前导文本的词汇选择、句法结构和语篇逻辑。在续理论中，读后续写通过删掉读物的结尾的方式，为原作内容的发展和学用语言确定方向。如果想对前文进行创造性的补全和拓展，学习者就得发挥想象力，依靠前文预测后续内容的发展演变。文章只要达到一定的长度（通常 500 字以上），则无论是记叙文还是议论文，都可以进行读后续写训练。基于前文语境的预测具有以下促学作用：

（1）按照前文的思路预测后续内容，可促使对前文的理解与后续产出的自然结合，从而使学习者有内容可写；

（2）续写与前文共享语境，有助于学习者模仿前文写作风格和学用前文出现的语言结构，使得续写内容的创造与前文语言的模仿紧密结合；

（3）对词语在前文提供的语境下进行学习和使用，易记易用，习得效率高。

Swain 在 1985 年提出的输出假说，与续理论形成理论互补。输出假说认为，可理解性输出是语言习得过程中不可或缺的环节。Swain 在 1995 年进一步归纳了可理解性输出在二语习得中的三大功能：一是注意功能，促进第二语言学习者主动注意到自己的语言问题；二是假设检验功能，帮助学习者对语言结构假设进行检验和调整；三是元语言反思功能，帮助学习者用语言来思考语言，使学生控制和内化语言知识。写作任务通过“注意缺口→认知对比→自我修正”的循环过程，强制激活学习者心理词库。学习者在读后续写时会注意到自己语言表达的不足，有意识地从前文中寻找、学习相关表达，改善应用词汇的丰富程度，由此提升写作水平。

词汇丰富性又称词汇多样性或词汇复杂性，是衡量一个人书面表达水平的重要指标。词汇丰富性的评估体系包括三个维度：一是多样性：类符/形符比（TTR），统计文本中不同单词（类符）与总单词数（形符）的比率，比率越高说明词汇变化越丰富；二是复杂性：学术词汇占比、低频词密度；三是准确性：词汇误用率、搭配恰当性。词汇的丰富性在一定程度上决定了作文水平的高低，因此在写作中多用高级词汇非常必要。

3　以读促写提升词汇丰富性的策略

大学英语四六级写作通常要求完成一篇150~180字的议论文。尽管体裁不太一致，但大多是命题作文。因此，在日常教学当中，可以采用续理论提出的读后续写的方式，通过阅读提升可理解输入，通过写作强化输出意识，以此提升词汇应用的丰富程度，从而提升写作水平。具体可以从以下几个方面开展：

（1）在语篇理解层面，可以针对命题作文题目中的主题词和关键词，通过百度、必应等搜索引擎或在China Daily以及CGTN等网站上搜索与之相关的英文阅读材料。教师根据搜到的材料内容和结构，按照写作要求和目的，创造性地删除结尾的特定部分，让学生在仔细阅读材料之后根据自己的理解发挥性地补齐被删去部分。

（2）在词汇认知层面，教师指导学生深度学习理解阅读材料，把与作文主题相关的词组和搭配做突出标记，以提问、讲解等互动方式引导学生特别关注，并进行英汉互译等拓展练习，以此习得部分词汇的用法。

（3）在语境应用层面，指导学生在阅读需要续写的材料之后，根据自己的理解进行续写，鼓励学生应用阅读材料中的特定词汇表达方式。

（4）在迁移训练层面，教师给出阅读材料中标记的词汇短语，并针对命题作文列出提纲作为引导，要求学生完成议论文的写作任务。

4 结语

提升高级词汇应用能力、扩大词汇丰富程度是一项系统工程，需要整合语言学理论、认知科学和教学实践。通过构建“输入—内化—输出—反馈”的学习路径，可以有效突破词汇应用的疑难问题，使学生的英语写作实现从语言使用正确到表达丰富的大幅度跨越。

参考文献

［1］王初明．读后续写：提高外语学习效率的一种有效方法［J］．外语界，2012（5）：2–7.

［2］王初明．续论高效促学外语的内在逻辑［J］．外语界，2021（6）：2–7.

［3］周一书．续写训练提高大学英语写作教学成效的行动研究［J］．外语教育研究前沿，2019（1）：59–65.

商务西班牙语课程思政的融合路径初探

肖云逸[①]

摘　要：本文以商务西班牙语课程为研究对象，探讨在外语类课程中如何有效融入思政内容，实现语言能力与价值引领的协同发展；在分析该课程当前教学现状与问题的基础上，提出通过优化教学内容、创新教学设计与完善评价机制等方式，推动思政元素融入课堂，提升课程的育人效果。本文旨在为高校外语类课程的教学改革与课程思政建设提供参考。

关键词：课程思政；商务西班牙语；外语教学；育人功能

随着新时代高校教育理念的不断深化，教育部于2020年明确提出“所有专业全面推进课程思政”，课程思政已成为落实立德树人根本任务的重要途径。此前的外语类课程，包括商务西班牙语课程，在教学中往往更重视语言技能与商务知识的传授，在价值引领层面存在不足，难以满足高校“全过程育人、全方位育人”的要求。本文从教学内容优化、教学设计革新和评价机制构建等方面出发，探讨在商务西班牙语课程中融入课程思政的可行路径

① 肖云逸，女，北京工商大学语言与传播学院讲师，主要研究方向为西班牙语笔译、西班牙语教学、跨文化研究。

与实践策略，以期为相关课程的教学改革提供思路与借鉴。

1 商务西班牙语的教学现状与特点

商务西班牙语是西班牙语专业的重要专业方向课程，为高校西班牙语专业三年级学生开设，内容涵盖对外贸易流程、商务信函写作、商务谈判技巧与跨文化交际等方面，强调语言的应用与专业知识的结合，具有较强的实践导向性。然而，该课程在思政内容的融入方面存在一定不足：一方面，在教学中，教师更注重知识的传授和技能的训练，却忽视了对学生价值观、文化认同感的引导和培养；另一方面，课程选用教材多为原版引进的，主要介绍西语国家商业文化和现状，导致学生在实际应用中难以有效传递中国立场。

2 商务西班牙语与课程思政的融合点

商务西班牙语课程具有专业性和国际化的特点，为思政元素的融合提供了较大空间。例如，在跨文化交际模块的教学中，教师可引导学生对比中西方商业文化和理念差异，深化学生对其反映出的文化价值观的理解。同时，也可结合小米、华为等中资企业在拉美国家和地区的发展情况、“一带一路”倡议下中秘钱凯港的建设等典型案例进行分析，增强学生对国家发展的认知，同时培养其讲好中国故事的能力，实现语言教学与价值引领的有机结合。

3 课程思政的融合路径

3.1 教学内容的优化

在教学材料选择上，教师可在教材的《世界看我们，我们看世界》部分引入反映我国对外开放成果、企业国际化发展实例等内容。此外，还可以结合国家对外贸易政策、中西和中拉经贸往来的相关新闻报道，进行观点提取、口译训练等，在提升学生语言能力的同时，引导学生理解时代背景与国家立场，增强对国家的认同感和使命感。

3.2 教学设计中的思政融入

在教学活动方面，教师可通过双轨任务设计的方式，将课程思政目标融入教学过程。例如，可以以“中国 - 阿根廷锂矿合作”为主题，首先，带领学生阅读并理解某中资企业与阿根廷某地区所签署合作协议中的“环境补偿条款”的主要内容；其次，通过 SWOT 分析法解读这些条款背后所体现出的我方企业责任感和“大国担当”，深化对“构建人类命运共同体”理念的理解。

此外，也可开展情景模拟活动，如“一带一路”背景下的中拉经贸谈判，让学生抽取角色，分别扮演中资企业代表和拉美客户，就具体合作项目展开洽谈。在过程中，引导学生思考如何结合所学内容，在跨文化商业谈判中体现国家及企业形象、展现文化自信，实现语言实践与思想教育的深度融合。

3.3 评价机制与教学反馈

为了全面地评估课程思政的成效，可建立“语言能力 + 思政素养”的评价体系，将学生在任务完成过程中对我国政策的准确引用、案例中体现中国方案的比例等纳入平时考核。同时，可通过问卷调查、访谈等方式，了解学生对课程中思政内容的接受度和认可度，进一步完善教学反馈机制。

4 结语

将课程思政融入商务西班牙语教学，不仅是落实教育部关于“课程思政”要求的重要举措，也是推动学生语言能力与价值观协同发展的内在需求。期待有更多教师加入其中，积极挖掘专业课程的思政资源，探索思政的融合路径和创新形式，提升课程的思想深度，推动外语教育内涵式发展。

参考文献

［1］耿璐，从“学科德育”到“课程思政”：高校《经贸西班牙语》课程中的德育创新与路径研究［J］. 语言与文化论坛，2020（1）：51–58.

积极心理学视角下大学英语课堂互动的引导与促进

许兰贞[①]

摘　要：本文探讨了在大学英语课堂中教师运用积极心理学引导鼓励大学生积极参与课堂互动的重要性及策略；通过分析当前大学英语课堂互动中存在的问题，从营造积极课堂氛围、运用积极评价、培养积极心理品质等方面提出具体措施，旨在改进大学英语课堂教学效果，促进学生语言能力与综合素质的提升。

关键词：积极心理学；大学英语课堂；师生互动；生生互动

1　引言

大学英语作为高校的基础课程，对于培养大学生的跨文化交流能力和综合素质具有重要意义。然而，在实际教学中，不少大学英语课堂存在互动不足的问题，学生参与度不高，影响教学效果。积极心理学强调研究人类的积极品质和力量，关注个体的幸福与发展，因此，将积极心理学应用于大学英语课堂，有助于激发学生的学习兴趣，增加其参与课堂互动的积极性，促

① 许兰贞，女，北京工商大学语言与传播学院讲师，主要研究方向为大学英语教学。

进师生之间以及学生之间的有效交流与合作，从而提升大学英语课堂教学效果。

2 大学英语课堂互动现状分析

（1）教师主导过度：在部分大学英语课堂上，教师仍然占据主导地位，以单向的知识传授为主，留给学生表达观点和参与互动的机会较少。长此以往，学生只能被动接受知识，缺乏主动提问和参与讨论的意识。

（2）师生互动形式单一：师生互动往往局限于教师提问、学生回答的模式，互动内容多围绕课本知识点，缺乏创新性和开放性，这种单一的互动形式难以激发学生的兴趣和积极性。

（3）学生参与不均衡：部分性格开朗、英语基础较好的学生在课堂上积极参与互动，而一些性格内向或英语水平较低的学生则很少主动发言，导致学生参与师生互动的情况不均衡。

（4）生生互动效果不佳：在生生互动过程中，由于学生缺乏有效的沟通技巧和合作方法，常常出现讨论偏离主题、意见不合无法协调等问题，导致互动效果不理想，无法达到预期的学习目标。

3 积极心理学在大学英语课堂互动中的应用策略

3.1 营造积极的课堂氛围

教师要以尊重、理解和关爱的态度对待每一位学生，关注学生的情感需求，提供必要的情绪价值。在课堂上，保持微笑、使用温和的语言与学生交流，拉近与学生的心理距离。当学生参与讨论、交流时，教师要以积极的反馈为主；在评价学生时，先肯定学生的优点和进步，再提出建设性的意见和建议。当学生在互动中取得进步或表现出色时，应及时给予表扬和奖励，让学生感受到自己的努力得到认可，从而增加自信心和参与互动的积极性。

3.2 运用积极评价激发学生参与

教师可以采用形成性评价与终结性评价相结合的方式，不仅要关注学生的学习成绩，也要重视学生在课堂互动中的参与度、表现以及进步情况。例如，教师可以在开学初就告知学生参与课堂互动是学期成绩的重要组成部分，并且将认真记录学生在课堂讨论中的发言、分享以及小组合作中的贡献等，以此作为形成性评价的依据，这将激发更多学生积极主动参与课堂互动。

3.3 培养学生积极心理品质以促进互动

（1）培养乐观心态：在大学英语课堂中，教师要引导学生以乐观的心态面对学习中的困难和挫折。例如，当学生在英语口语表达中出现错误时，教师可以鼓励学生将错误视为学习的机会，告诉学生“犯错是学习语言的必经过程，每一次错误都让你离正确更近一步”。通过这种方式，学生将树立乐观的学习态度，增加参与课堂互动的勇气。

（2）树立坚韧精神：英语学习是一个长期的过程，学生在参与课堂互动时可能会遇到各种困难，如表达不流畅、听不懂其他同学的发言等。教师要培养学生的坚韧精神，鼓励学生在面对困难时不轻易放弃，激励学生坚持不懈，不断努力。

（3）提升合作能力：通过组织小组合作学习活动，培养学生的合作能力。在小组分配时，要考虑学生的性格、英语水平等因素，确保小组构成合理。在小组活动过程中，教师要引导学生明确各自的职责，学会倾听他人意见，尊重不同观点，共同解决问题。例如，在小组讨论英语写作思路时，每个成员都可以分享自己的想法，然后共同整理出最佳方案。

4 实践过程及效果

笔者于 2022 年 9 月至 2023 年 6 月在所任教的四个班级中尝试运用积极心理学理念来促进课堂互动，所教学生属于北京工商大学 10 级英语分级教学中的6级中等水平。具体过程如下：

（1）营造积极氛围：笔者在开学前两周与学生进行深入交流，通过课上当面交流及课下书面自我介绍的方式了解每个学生的个性特点、兴趣爱好和学习期望，让每一位学生都感受到来自教师的关注和尊重。另外，笔者在一个月之内尽力记住每一位学生的名字和面孔，在之后的课堂教学中几乎可以准确定位每一位学生的表现，让学生感受到教师对自己的重视和关爱。

（2）运用积极评价：笔者采用多元化的评价方式，除了定期的考试成绩外，还关注学生在课堂发言、小组讨论等方面的表现。对于学生的每一次积极参与，都及时给予表扬和鼓励。例如，在一次课堂讨论中，一位平时很少发言的学生提出了一个独特的观点，笔者立刻给予肯定："你真是不鸣则已，一鸣惊人啊，说明你有独到的见解，希望你以后能更多地分享自己的见解，让我们可以从不同的视角看待问题。"

（3）培养积极品质：在面对学生因英语发音不准确而不敢开口的情况时，笔者经常性地鼓励学生不要害怕犯错，告诉学生只要勇敢开口，就会不断进步。同时，通过组织小组合作活动，培养学生的合作能力。

（4）设计多样化互动活动：笔者根据教学内容设计了多种互动活动，如角色扮演、英语演讲比赛等。在一次关于旅游话题的教学中，组织学生进行角色扮演，模拟在机场、酒店等场景的对话。学生们积极参与，不仅提高了英语表达能力，还增加了互动的积极性。

经过一年的实践，笔者所教授的四个班级的学生课堂互动情况有了明显改善。学生参与课堂互动的积极性显著提高，无论是师生互动还是生生互动都更加频繁和深入。学生的英语成绩也有了一定程度的提升，同时，学生的团队合作能力、沟通能力等综合素质也得到了锻炼和发展。

总之，将积极心理学应用于大学英语课堂互动的引导与鼓励中，对于提高大学英语教学质量、促进学生全面发展具有重要意义。营造积极的课堂氛围、运用积极评价、培养学生积极心理品质以及设计多样化互动活动等策略，能够激发学生的学习兴趣和参与热情，增强学生的自信心和合作能力，使大学英语课堂成为学生积极学习、快乐成长的平台。

参考文献

［1］任俊．积极心理学［M］．上海：上海教育出版社，2006.

［2］王蔷．英语教学法教程［M］.2 版．北京：高等教育出版社，2006.

［3］文秋芳．二语习得与中国外语教学［M］．北京：外语教学与研究出版社，2014.

人工智能时代大学英语四要素课程模式的探索与思考

杨雪莹[①]

摘　要：在人工智能时代，大学英语教学从传统的教师、学生、教材三要素模式发展为融入人工智能的四要素模式。本文探讨了大学英语课堂中四要素相互作用的可能性与潜在问题，并结合具体教学设计案例，展示如何通过人工智能进一步优化课堂。教师应引导学生正确使用人工智能，避免对其过度依赖，确保大学英语教育中“人”的主体性地位。

关键词：人工智能；大学英语；四要素

1　人工智能时代中的大学英语教学

随着人工智能时代的到来和飞速发展，从 ChatGPT 到 DeepSeek 等各种 AI 工具应运而生，丰富的人工智能辅助学习工具也以各大数据平台为依托，逐渐走进课堂，围绕“人工智能 +”的各学科教学设计与尝试层出不穷。在传统外语课堂的三要素——教师、学生、教材的基础上，人工智能作为增强器和连接器，逐渐介入教师、学生、教材三者的互相作用中，为教育教学的

① 杨雪莹，北京工商大学语言与传播学院讲师，主要研究方向为英语教学、跨文化交际。

变革注入了新的动力，开拓了新的空间[1]。在英语课堂中，人工智能的加入并非简单的“3+1”。充分发挥人工智能的优势，更高效、更多元地催化教师、学生与教材之间的相互作用，达到更好的学习效果，是人工智能时代大学英语教学的新目标。

2 大学英语课堂四要素的互相作用

语言学习并非简单的词汇、语法知识的记忆，而是由语言、能力、文化等多个维度的认知构建的。在传统三要素的英语学习模式中，作为学习行为的主体，学生常有“课文无用”之感，其原因是多方面的。从学生角度出发，学生没有意识到学习文本本身不是目的而是一种从显性知识到隐性能力的转化过程，从而颠倒了“用”作为手段而非结果的本质。而人工智能之于学生，既是极具个性化的高效学习辅助工具，又是使学生忽略语言转化过程的“双刃剑”。诚然，在输入到输出的过程中，人工智能工具能够起到解答知识难点、丰富语言表达、修正语法错误、润色输出文本等作用。而当学生独立使用人工智能工具时，多数学生也更倾向于以结果为导向的知识接收，即跳过重复、互动、思考、内化、误用、修正等一系列学习行为，直接得到问题的答案。这助长了学生的学习惰性。

作为传授知识的主体，教师对教材内容的设计与把握对教学效果和认知构建都起到了关键性作用。教师以教材内容为知识载体，并通过对教学目的、主题内容、呈现方式、互动活动、效果评估的更加综合、精准的把握，充分启发和调动学生的认知深度加工，引导学生“从陈述性知识逐步转化为程序性知识，再向自动化阶段迈进，最终掌握某种语言”[2]。在使用人工智能解决教学难题、减轻备课负担、提高自身语言能力的同时，教师可利用人工智能工具，对课堂设计的可行性进行全面提升，在教材的基础上进一步丰富知识载体的呈现方式，并对文本信息及互动形式做灵活弹性的调整，让课堂互动通过人工智能在师生之间进行，使教材内容更加鲜活立体。

3 四要素在教学设计中的应用

综上，要将学生、教师、教材、人工智能四要素融入大学英语课堂，需要综合考虑各要素的需求、特征及可能存在的问题进行教学设计。笔者以《新标准大学英语综合教程（第三版）》第二册第四单元“Horns of a Dilemma”为例，结合数字化人工智能工具，对欧·亨利的经典短篇小说 *After Twenty Years* 进行“剧本杀”改编的交互式教学设计。作为经典文学作品，该故事以人物描绘和情节反转见长，学生能积累人物描写的语言知识，在进行故事铺陈与反转的文学鉴赏中，还能从故事结尾展开道德思考和探讨。而让学生作为作者，沉浸式参与对小说的“剧本杀”改编，则利用当下广受学生欢迎的娱乐模式，在教师给出的线索和问题的引导下使用人工智能工具进行创意改写，将输入与产出通过课堂互动与人工智能进行灵活串联。

课前，教师使用人工智能设置产出情境，将文本拆分为人物设定和主线剧情，并为每一步的剧情填充写作设置引导性问题。在课上，教师对学生进行分组，使之通过系统抽签拿到各自的角色，并发放人物设定。在后面的讨论与写作中，学生带着明确的学习目的和具体的问题对人工智能进行提问，如对人物外貌和性格的描写等。最后学生会产出带有不同细节和结局的完整剧本，教师进而引入思政部分，引发学生的批判性思考。

4 人工智能时代师与生的主体性思考

人工智能工具的加入，使整个教育生态发生着巨大变化。外语教师在这个变化中，应充分思考及把握自身及学生作为人的主体性地位，并做出积极正确的引导。

在课程设计中，教师应细化对人工智能的提问和方向调整，帮助学生模拟学习过程，充分覆盖多维度的学习目的。在课堂中，教师应避免“为了使用而使用”的本末倒置，而应设置确切的互动任务及问题，引领学生在框架内有针对性地去提问，使人工智能在充分发挥其高效性和便捷性的同时，更好地服务于学生为主导的知识内化过程，避免在学习的过程中以电脑代替人脑思考，从而规避其在师生连接中割裂式的反作用。

教育的各个环节应积极引导学生思考自身作为学习者的主体性地位，充分培养学生正确的人工智能应用观[1]，通过提问、优化等手段引导人工智能辅助知识的接收与整合，牢牢把握学习者的主体意识，有效利用人工智能进行深度学习、知识内化和认知能力的培养，而非机械地搜索标准答案。切莫主动削弱自身的批判性思维和创新意识，成为反被人工智能“喂养”的接收者。

参考文献

［1］文秋芳．人工智能时代的英语教育：四要素新课程模式解析［J］．中国外语，2024（3）：11–18.

［2］文秋芳．人工智能时代的外语教育会产生颠覆性革命吗？［J］．外语教学与研究（外国语文双月刊），2024，9（47–5）：722–731.

数智时代大学外语教师的角色创新

郑昊霞①

摘　要： 数智时代教育被赋予了新的使命，大学外语教育面临前所未有的挑战。大学外语教师应积极适应新形势，适时调整角色定位，逐步实现自身角色的转换和创新。具体而言，大学外语教师可从以下三方面着手调整自身定位，即成为数智技术应用的学习者，成为外语学习过程的促进者，成为外语教育新理念的践行者，从而努力实现外语教师的角色创新。

关键词： 大学外语教育；教师数字素养；教师角色创新

师者，所以传道授业解惑也。自古以来，教师的责任就是传播思想道德和正确的价值观、教授学业技能、解答学生的各种疑难问题。随着人类社会进入数智时代，教育被赋予新的使命，具备新的特征和功能。数智化教育将推动教育理念、方法、模式的系统性变革，重塑学校教学形态，打造始终在线的网上课堂和智能化、泛在化的未来学校，赋能学习者更好应对未来挑战[1]。

① 郑昊霞，女，北京工商大学语言与传播学院讲师，研究方向为英语教育。

1 数智时代外语教育面临的挑战

从外语教师的视角来看，以生成式人工智能为代表的语言智能技术正以不可抵挡之势席卷外语教育，它在为外语教育带来无限发展机遇的同时，也给传统的外语教师角色带来强烈冲击，使大学外语教师面临前所未有的严峻挑战。以生成式人工智能为代表的数智技术应用凭借其海量的知识储备、快速反应的能力、准确的知识运用，以及在提供高效反馈、模拟对话情境和降低学生口语焦虑等方面的显著优势，正逐渐削弱或超越教师作为知识传授者和评估者的传统作用，部分外语教师面临被边缘化甚至被取代的不利境地。

因此，大学外语教师应积极适应新形势，适时调整角色定位，努力提升数字素养和角色胜任力，通过持续的数智技能培训以及数智技能与外语教学相结合的探究学习来逐步实现自身角色的转换和创新。

2 数智时代大学外语教师的角色创新

2.1 成为数智技术应用的学习者，推动数智技术与外语教学的融合创新

大学外语教师不断提高自身的数字素养和技能，这既是顺应高等教育数字化转型的要求，也是教师可持续发展的需要。2022 年我国教育部发布了作为教育行业标准的《教师数字素养》，用于对教师数字素养的培训和评价。其中明确提到，教师数字素养，即教师适当利用数字技术获取、加工、使用、管理、评价数字信息和资源，发现、分析和解决教育教学问题，优化、创新和变革教育教学活动而具有的意识、能力和责任。《教师数字素养》标准包括五个一级维度，即数字化意识、数字技术知识与技能、数字化应用、数字社会责任、专业发展。每个一级维度下又包含若干二级维度、三级维度。具体内容包括：能够掌握在教育教学中选择数字化设备、软件、平台的原则与方法；能够运用数字评价工具对学生的学习情况进行分析，应用智能

阅卷系统、题库系统、测评系统对学生知识准备、学习能力、学习风格进行分析；能够利用数字技术资源发现学生学习差异，开展针对性指导等[2]。

大学外语教师应以积极、开放的心态适应数智技术的发展，重视对数智技术的学习和使用，将数智技术的挑战作为转型发展的契机。具体而言，就是要熟练掌握并运用数智技术开展教育教学活动，具备胜任数智化教学要求的核心素养，如线上线下一体化教学设计的能力、对学生的学习过程中的数据加以分析与评价的能力等，让语言智能技术助力外语教学研究，将自己从机械性、重复性的事务中解放出来，有更多时间和精力从事智慧性、创造性劳动，比如着重培养学生的理解力、创造力、想象力和研究性学习能力。

2.2 成为外语学习过程的促进者，引导学生开展发现式学习和探究式学习

传统外语教学中，教师是权威式的知识拥有者，师生之间往往是单向的知识传授关系。数智时代的外语教师更多地应进行学习任务与过程的设计、督促、激励与陪伴，注重与学生的互动，旨在建立一种民主、平等、对话型的师生关系。教师作为知识权威的角色消解了，但教师对于知识的筛选、应用、拓展、重构等仍具有优势。教师应从知识的传授者转为学习的促进者，努力构建起良好的学习生态，引导学生去发现、管理、应用和创新知识。

在大学外语的数智化教学中，教师无须过多讲解词汇的含义和用法、句子的结构和翻译、文章的作者和背景等，因为这些知识性的内容完全可以通过语言智能产品获取，而应侧重对学生语言学习方法和策略技巧的指导，对此可采用翻转课堂等方式引导学生开展发现式学习和探究式学习。大学外语教师要多引导学生通过表层的语言和结构去体会深层的思维和情感，比较中西方文化异同，学会地道的遣词造句、逻辑表达和篇章组织。只有“授之以渔”，激发学生探索世界的欲望、培养学生解决问题的能力，才能更好地帮助学习者把握外语学习规律，提升外语学习效率和效果。大学外语教师要从

关注“教”转向关注“学”，要对学生个体的语言学习数据进行动态、全面、系统的分析，构建学生个人学习档案，为不同类型的学生提供个性化的评价反馈，成为学生语言学习过程的促进者和推动者[3]。

2.3 成为外语教育新理念的践行者，致力于培养大学生的跨文化领导力

当今世界人工智能飞速发展，外语作为工具的属性正在或将要被取代，外语教育正面临来自各方面的挑战。尽管外语在知识创造、文化交流和国际交往中依然发挥着重要作用，但基于单纯语言教学的外语教育已经显现出明显不足，有必要从文明交流互鉴的视角重新审视外语教育并重新确定其目标、功能、任务要求等。在此视域下，外语教育新的价值有望得以彰显。

文明交流互鉴的外语教育新理念要求大学外语教学关注培养学生的跨文化领导力，使学生具有国际视野，能讲好中国故事，表达好中国观点。在国际多边交流场合，中国需要一大批能用外语表达自身立场和观点的人才。科学家以及各行业专家需要加强外语能力，特别是流利的英语能力，在一般社会场合能够用英语准确得体地表达自己的思想和感情，参与一般性议题的讨论和辩论，包括驳斥对方的偏见和错误观点；在专业场合能够用英语进行学术交流，在专业领域发声。未来的科学家、工程师、经济学家、法律专家、人文学科专家学者等应该专业出色，外语优秀。他们应在需要时随机应变，能说会写，参与国际规则制定，捍卫国家利益，从而有效提升中国的国际话语权和国际影响力[4]。

培养大学生的跨文化领导力，要求身处中西文化意识交汇碰撞中的大学外语教师站稳政治立场，坚持正确的价值导向，不忘立德树人、铸魂育人的初心，牢记为党育人、为国育才的使命，将中国历史和优秀传统文化、当代中国发展状况以及社会主义核心价值观等融入外语教学，以增强学生的文化自信，使他们既有家国情怀，又有人类命运共同体的格局和担当。

3 结语

数智技术的迅猛发展，极大地改变了外语学习的方式。不少外语教师担心自己的工作会被数智技术所取代。我们相信“外语教育不会消失，外语教师群体不会被淘汰，但如果外语教师对人工智能漠不关心，因循守旧，故步自封，这一类教师很可能被边缘化。新时代需要的是智慧教师，需要的是紧跟时代步伐的创新教师”[5]。大学外语教师应主动适应高等教育数智化转型升级的新形势、新要求，不仅要掌握扎实的学科专业理论和知识，还要具备相应的数智教育技术水平，为中国式现代化培养高素质国际化人才。

参考文献

［1］怀进鹏．携手推动数字教育应用、共享与创新：在 2024 世界数字教育大会上的主旨演讲［EB/OL］．［2025-04-22］.moe.gov.cn/jyb_xwfb.

［2］中华人民共和国教育部教师工作司．教育部关于发布《教师数字素养》教育行业标准的通知［EB/OL］．［2025-01-25］.www.moe.gov.cn/srcsite/A16/s3342/202302/t20230214_1044634.html.

［3］于银磊．智能时代大学外语教师的角色危机与身份重塑［J］．外语电化教学，2023（3）：82-84.

［4］王守仁．文明交流互鉴视域下的外语教育［J］．中国外语，2024（5）：19-20.

［5］文秋芳．人工智能时代的外语会产生颠覆性的革命吗？［J］．现代外语，2024（5）：730.

人工智能对外语教学的影响研究综述

梅湘悦[①]　史岩林[②]

摘　要：本文旨在探讨人工智能技术对外语教学的影响，包括人工智能对个性化外语教学的作用，在其影响下外语教学融合的理论与策略，其对外语教师的影响以及其在具体外语教学场景中的应用。

关键词：人工智能；外语教学

1　引言

全球化进程持续加速的当下，外语能力愈发成为个人竞争力与国际交流合作的关键要素。随着人工智能技术的快速发展，其在外语教学领域的应用日益广泛，引发了学界的诸多探讨。以下围绕人工智能对外语教学的影响，对相关文献进行分类综述。

① 梅湘悦，北京工商大学语言与传播学院翻译专业2024级硕士研究生。

② 史岩林，男，北京工商大学语言与传播学院副教授，主要研究方向为西方文学与文化批评、比较文学、翻译等。

2 国内研究现状

人工智能对外语教育的影响体现为教学模式革新与核心能力重构。王欣指出，数智时代要求外语人才不仅掌握传统语言技能，更要拥有跨学科融合能力及批判性思维，强调课程思政与数字技术协同，提升教学实效性。季瑞婕认为，数字赋能使教学场景多元化、资源云端化，但需解决教师数字素养不足、硬件条件滞后等问题，提出通过 AI 辅助工具与虚拟现实技术实现个性化学习。以上两个研究观点共同揭示了技术驱动下外语教育需平衡工具理性与人文内核：一方面，数字平台重构了互动式、沉浸式学习生态；另一方面，教师角色转向“引导者 + 技术整合者”，需同步提升教学创新能力与伦理意识。未来教育应构建“智能技术 – 人文素养 – 实践能力”三位一体培养体系，避免技术依赖导致的技能空心化。

人工智能技术正推动外语教育向个性化转型。许家金指出，大语言模型的应用应基于深度学习的自适应内容生成、跨模态交互设计以及人机协同的伦理框架构建，强调教师需从知识传授者转为认知引导者。朱玉蓉提出 AI 赋能的四维路径：利用生成式工具实现写作任务的多层次拆解，通过智能批改系统建立三级反馈机制，结合虚拟写作助手开展同伴互评模拟，引入对抗性训练提升学术写作的逻辑严密性。以上两个研究观点共同揭示：教育重心转向“批判性技术素养”培养，即引导学生辩证使用 AI 工具，不能过度依赖技术工具，以防能力窄化。建立“人本智能”教育生态，将 AI 工具链嵌入真实场景，使技术红利转化为创新能力的催化剂。

人工智能深刻影响外语教师发展，重塑其专业路径与身份认同。杨茜提出，数智时代教师需通过“技术赋能 – 教学重构 – 研究创新”三维路径转型，如借智能平台优化教学、以数据挖掘开展研究、用跨学科知识应对人才培养需求。许悦婷等指出，技术冲击使教师面临“权威消解”“角色模糊”“人文失落”等三重危机，其解决关键在于重构“技术使用者 + 人文守护者”双重身份，善用智能工具并把握人机决策边界。当下，教师发展中的核心问题转为平衡“工具理性与人文关怀”，既要提升智能素养，又要坚守人文教育，培养学生不可替代的思辨与沟通能力。未来，在教师发展方面应构建“技术脚手架”融入教学，设立“人文锚点”维系教育温度。

然而，也有学者指出了人工智能在实际外语教学场景中的不足。贺中一与贾帅研究发现，大语言模型在外语教学中面临三大局限：一是过度依赖技术，易导致学生语言技能空心化，出现看似能说会写，实则缺乏深层语言理解与运用能力的情况；二是跨文化理解表层化，难以捕捉语境中隐含的社会文化规约，使学生仅停留在运用语言符号层面，无法深入领会文化内涵；三是生成内容同质化严重，机械套用模板，抑制学生批判性思维与创意表达。对此，他们提出优化策略，包括：加强教师技术伦理培训，提升教师鉴别和引导能力；建立生成式人工智能技术的输出审核流程，从源头上防范文化偏见、错误信息等问题，助力外语教学健康发展。

3　结语

本文梳理了人工智能对外语发展的研究现状，着重探讨了国内学者对于该主题的研究方法与侧重点。现阶段研究揭示，人工智能对外语教育的赋能与挑战并存；教师面临技术依赖风险与角色转型压力，需平衡“工具理性”与“人文内核”。未来研究应着力开发动态评价体系，将技术批判素养纳入考核维度；构建虚实融合的教育生态，利用虚拟仿真场景促进技术赋能与人文浸润的有机融合；完善伦理规范，建立 AI 输出审核机制以防范文化偏见等问题，最终形成“以技术为用、以育人为本”的可持续发展路径。在未来的研究中，学者仍需要保持求真务实的态度努力探索，以进一步推动我国对于人工智能对外语教学的影响的研究发展。

参考文献

[1] 王欣．数智时代外语专业人才的核心能力培养［J］．上海交通大学学报（哲学社会科学版），2025，33（1）：11-23，32.

［2］季瑞婕．浅析数字赋能外语教学转型：发展历程、现状特点与未来展望［J］．科教文汇，2025（2）：135–138.
［3］许家金．大语言模型背景下个性化外语教育的实施策略［J］．外语教学与研究，2025，57（1）：81–91.
［4］许悦婷，古玥．人工智能时代的外语教学与外语教师专业发展：挑战、身份认同危机与出路［J］．当代外语研究，2025（1）：60–72.
［5］朱玉蓉，刘海萍．人工智能赋能个性化外语写作教学路径探析［J］．海外英语，2025（1）：96–98.
［6］贺中一，贾帅．大语言模型在高校外语教学中的应用局限及优化策略［J］．新课程研究，2024（36）：54–56.
［7］杨茜．数智时代下高校外语教师发展路径探究［J］．教师，2024（25）：48–50.

生成式人工智能助力翻译教学研究[①]

丁晓雯[②]　苗天顺[③]

摘　要： 生成式人工智能的快速发展为翻译教学提供了全新的技术工具与教学模式。本文以生成式人工智能在外语翻译教学中的应用为核心，聚焦目标词和主题词翻译教学、翻译策略教学、关键术语提取、双语术语提取等四个关键领域，深度剖析其应用模式、优势、面临挑战及应对策略，旨在为外语教学工作者提供有益的参考，推动外语教学与人工智能技术的深度融合，提高外语翻译教学质量。

关键词： 生成式人工智能；外语教学；翻译教学

1　引言

当今时代，数字化与全球化深度融合，生成式人工智能凭借其在深度学习和大数据等方面的优势，为我们突破传统翻译教学方式和资源使用提供了

---

① 本文系2024年北京工商大学教育教学改革研究重点项目“生成式人工智能（AIGC）在外语教学中的应用实例研究”（项目号：jp245115）的阶段性成果。

② 丁晓雯，北京工商大学语言与传播学院2024级翻译专业硕士生。

③ 苗天顺，北京工商大学语言与传播学院副教授，主要研究方向为翻译技术、商务英语教学研究。

新型路径。人工智能通过生成高质量语言内容，不仅能有效辅助学生掌握翻译策略、提升跨文化语言交际能力，还能够通过个性化学习模式满足学生多元化需求，从而对重构翻译教学体系、增强教学质量具有重要的实践价值，成为推动外语教育数字化转型的关键着力点。

2　应用现状

生成式人工智能技术作为一种依托深度学习的语言生成模型，凭借其对海量文本数据的深度分析与学习，可以精准把握语言的内在规律。在此基础上，该技术可根据用户的提示，高效生成既符合语法规则又契合不同语义需求的文本。其核心优势在于能够实现多样化文本生成、精准适配不同语境与风格、持续优化交互效果以及高效完成跨语言转换等。目前，生成式人工智能已在翻译、问答等多个领域得到广泛应用，其生成的文本内容不仅自然流畅，而且语义精准，为各类语言任务的高效处理提供了有力支持。

3　生成式人工智能在翻译教学中的应用

3.1　目标词和主题词翻译教学

人工智能具有跨学科的属性。实际上，它既是一种技术又是一门学科，其技术属性是模仿和延伸人的智能、学科属性是研究人脑和智能（陈坚林，2020）。在翻译教学中，生成式人工智能为目标词与主题词训练带来了革新性支持。通过语义分析和语料库训练，它可以精准提取文本中的核心主题词，如“文化认同”和“非物质文化遗产”，并生成双语对照表，帮助我们构建专业的术语体系。

利用 Transformer 模型和双语平行语料库，生成式人工智能可以根据 CEFR（一项国际通用的语言能力评估标准）语言等级动态调整目标词的难度。对于 B2 级别的学生，它侧重于提供基础术语；而对于 C1 级别的学生，它会拓展更进阶的词汇。同时，它还能结合语境生成例句，强化词汇的实际应用。此外，生成式人工智能还可以基于语言能力框架定制主题翻译任务，如“中国文化认知”，并提供多种译法的对比和深度解析，从而帮助学生系统性地掌握跨语言文化表达的逻辑，提升特定专业术语应用的准确性和翻译教学的质量。

3.2 翻译策略教学

生成式人工智能在翻译策略教学中作用显著。一方面，它能对同一文本运用不同策略生成译文，让学生直观感受到其中的差异。如“中国科幻小说在国际上越来越受欢迎，已成为一种新的国际交流方式”，直译和意译版本在词汇选择、句子结构和语义传达上各不相同，教师引导学生对比词汇选择，句式调整及文化信息处理，使其理解直译注重原文形式、意译强调功能等效的策略差异意义。

另一方面，生成式人工智能通过提供大量不同类型文本的翻译案例，引导学生根据文本类型、翻译目的和受众选择合适的翻译策略。生成式智能翻译改变了译者与智能技术的互动方式，翻译过程不再局限于静态的输入与输出，而是转变为动态的、不断完善的协作翻译过程（杨艳霞、陈莹、魏向清，2025）。在文学文本翻译中，为保留风格和文化内涵，常采用意译或异化策略以保留原文意境；科技文本翻译为确保信息准确，多使用直译或归化策略。此外，人工智能还会设置思考问题，显著提升学生对翻译策略的认知深度与应用能力，实现从理论到实践的有机转化。

3.3 关键术语提取

生成式人工智能通过智能化技术革新关键术语教学方式，提高翻译的准确性与系统性。生成式人工智能凭借强大的文本分析能力，高效准确地从专业文本中提取关键术语并给予准确解释。基于自然语言处理技术，生成式人工智能能够快速识别专业文本核心术语，如“中国式现代化”“深度学习”等，还可以提供精准定义与多维度拓展信息，成为我们准确便捷的学习工具。

在技术应用上，生成式人工智能通过自然语言处理技术实现自动化术语提取，如处理党的二十大报告英文版时能识别核心术语并统计频率；还能构建动态术语库确保翻译术语一致性，其技术流程包括文本预处理、术语识别和结果输出。通过这种方式，生成式人工智能能够生成术语表及频率统计，为翻译教学提供数据支持。同时，生成式人工智能构建可实时更新的动态术语库，自动捕捉新兴概念（如“元宇宙”“区块链”），通过词频统计和语境分析，确保翻译术语一致性。教学中，学生借助 Trados 等工具维护术语库，利用生成式人工智能提示功能修正翻译偏差，培养术语标准化管理能力。

3.4　双语术语提取

生成式人工智能在翻译教学的双语术语提取方面具有优势。在技术层面上，生成式人工智能通过句子级对齐算法，结合注意力机制的神经机器翻译模型和 BM25 算法，可以将句子的双语术语进行精准对齐；自动生成专业双语术语对照表，同时标注多语义术语的语境差异，帮助我们快速进行双语术语提取和筛选。例如，生成式人工智能可提示法律文本中“contract”与“agreement”的适用场景，从而确保不同行业双语术语的准确性与专业性。

在不同的专业领域，分析法律、医学等专业领域的双语文本，提取并标准化术语，如“不可抗力”（force majeure）、“心脏病学”（cardiology）等，进而构建一个动态更新的专业术语库，为我们的学习提供便利。在实际教学环节，学生们可以利用这些工具来完成翻译任务，比如将法律条款从中文翻译成英文。系统会根据术语使用的一致性、逻辑连贯性等多个维度自动进行评估，从而帮助学生强化对术语规范使用的能力。

此外，借助 TMX 格式和表格形式输出的双语对齐文本，学生能够直观地对比中英文的句式结构差异，从而更好地掌握两种语言之间的翻译策略技巧。生成式人工智能通过对大量语料库的分析，提取高频术语并标注其使用场景，帮助学生理解不同术语在跨文化语境中的适配逻辑，帮助学生提高翻译准确性和专业素养。

4 生成式人工智能在外语教学应用中的挑战与对策

在翻译教学中应用生成式人工智能，虽然给我们带来了诸多机遇，但我们也由此面临不少挑战。生成文本质量参差不齐，存在语法错误、语义偏差等问题，影响学生对翻译策略的掌握，从而降低教学质量。同时还存在伦理风险，传播不当言论或误导信息等问题（王华树，2025），此外，学生也会因过度依赖人工智能而丧失自主思考能力和翻译能力，影响翻译思维的培养。

因此，我们需要采取一系列应对措施。教师要严格审核筛选人工智能生成的文本，确保教学资源的质量，并引导学生进行理性的分析评价，提升学生文本鉴赏力。应强化版权和伦理教育，引导学生使用合规语料库，并通过原创性检测工具审查生成内容，规避抄袭。教师自身需要不断提升专业素养，掌握人工智能的特点和应用方法，转变教学观念。此外，还应培养学生的自主学习能力，引导学生正确合理利用技术，设计多样教学活动。开发多元化评估体系，增加过程性评价权重，关注学生在术语决策、文化调适等环节的思考路径，而非过度依赖译文结果。

5 结语

生成式人工智能为翻译教学注入革新动力，其在目标词与主题词翻译教学、策略对比分析、关键术语提取及双语对齐等场景中展现出显著优势，能够提升教学效率、丰富资源供给并提高学生的翻译能力。未来翻译教育需构建“人机协同”的新模式，我们要将生成式人工智能定位为“智能助手”，利用其高效处理术语库构建、初稿生成等重复性任务，还需强化人文导向，通过教师引导的批判性训练、文化调适实践及伦理教育，培养学生语言敏感性与创造性思维。

国家在教育领域纲领性的要求是“立德树人”。外语教育目的和教学目标应在这一要求之下，结合数智化时代的新特征、新变化和新需求进行思考和探索（陈少兵，2025）。翻译教育的终极目标在于培养兼具技术素养与跨文化能力的复合型人才。唯有平衡技术赋能与人文内核，方能在智能化浪潮中实现翻译教学的可持续发展，为全球化时代输送高质量语言服务者。

参考文献

[1] SIU S C.ChatGPT and GPT-4 for professional translators：exploring the potential of large language models in translation [J] .SSRN electronic journal，2023：1-36.

[2] 胡开宝，李晓倩 . 大语言模型背景下翻译研究的发展：问题与前景 [J] . 中国翻译，2023，44（6）：64-73，192.

[3] 陆少兵 . 数智化时代的外语教育与教学：问题、目标与赋能 [J] . 上海理工大学学报（社会科学版），2025，47（1）：22-28.

[4] 王华树 . 生成式 AI 翻译技术在法律翻译中的伦理风险研究 [J] . 甘肃政法大学学报，2025（1）：1-12.

[5] 杨艳霞，陈莹，魏向清 . 生成式智能时代的人机协同翻译素养研究 [J] . 上海翻译，2025（1）：39-45.

生成式人工智能赋能大学英语口语教学的研究——以 DeepSeek 为例[①]

李冰纯[②]　苗天顺[③]

摘　要：本文聚焦于生成式人工智能在大学英语口语教学中的应用，探讨了 DeepSeek 的特点及其对大学英语口语教学的影响；通过分析传统大学英语口语教学中存在的问题，阐述了 DeepSeek 在赋能大学英语口语教学方面的优势，包括辩论内容设计、听后续写、视后续说以及演讲即兴问答设计等，并提出了对 DeepSeek 辅助英语口语教学的应用建议。研究表明，DeepSeek 能够为大学英语口语教学提供有力支持，提升教学效果。

关键词：口语教学；人工智能；应用研究

1　引言

DeepSeek 是由深度求索公司研发的新一代生成式人工智能系统，具备强

① 本文系2024年北京工商大学教育教学改革研究重点项目“生成式人工智能（AIGC）在外语教学中的应用实例研究”（项目号：jp245115）的阶段性成果。

② 李冰纯，北京工商大学语言与传播学院2024级翻译专业硕士研究生。

③ 苗天顺，北京工商大学语言与传播学院副教授，主要研究方向为翻译技术、商务英语教学研究。

大的语言生成能力。它能够根据输入的提示或问题，生成自然流畅且具有一定逻辑性的文本内容。在语言学习领域，DeepSeek 可以模拟各种语言应用场景，为学习者提供丰富的语言输入和互动体验。例如，它可以生成不同主题的对话、文章、故事等，帮助学习者提高语言运用能力。此外，DeepSeek 还能够根据学习者的学习进度和水平，提供个性化的学习建议和反馈，从而更好地满足不同学习者的需求。

目前，大学英语口语教学中存在不少问题，主要表现在以下几个方面：①教学模式僵化。传统的大学英语口语教学以教师为中心，教学模式较为单一。教师通常采用“一刀切”的教学方法，忽视学生不同的学习风格和需求。这种教学模式难以激发学生的学习兴趣和积极性，导致学生在口语课堂上的参与度较低。②学生练习机会不足。由于时间和资源限制，学生在传统口语课堂中练习机会较少。教师往往难以在有限的课堂时间内为每个学生提供充分的口语练习机会，这限制了学生将课堂所学应用于实际情境的能力。③缺乏个性化反馈。传统口语教学中，教师很难为每个学生提供及时和具体的反馈。学生难以准确了解自己的口语问题和改进方向，这不仅影响了学生对自身口语能力的准确评估和改进，还可能导致部分学生感到挫败或被忽视。④学生口语焦虑。许多学生在英语口语表达中存在焦虑情绪。他们担心自己的发音不准确、语法错误或词汇不足，从而在口语交流中缺乏自信。这种焦虑情绪会影响学生的口语表现和学习效果。

2 人工智能对英语口语教学的影响分析

2.1 积极影响

提供个性化学习体验。人工智能可以通过语音识别、自然语言处理等技术手段，为学生提供个性化的学习体验。例如，智能语音助手可以模拟真实的对话环境，帮助学生练习口语表达；智能评估系统可以根据学生的发音、语调等进行实时反馈，帮助学生纠正错误。

丰富教学资源和形式。人工智能能够生成各种语言学习资源，如对话、文章、故事等。同时，结合虚拟现实（VR）和增强现实（AR）技术，可以为学生创造更加真实的语言学习环境。例如，通过 VR 技术，学生可以身临其境地在模拟真实的英语交流场景（如餐厅、旅店、国际体育赛事等环境）与虚拟人物进行对话，从而提高学生的英语口语表达能力和思维能力。

提高教学效率和质量。人工智能可以自动评估学生的口语表现，提供客观准确的评价。这种评价体系不仅可以实时评估学生的发音、语调、语速等语音特征，还能对学生的词汇运用、语法准确性和流利度等语言要素进行全面考量。通过人工智能对学生口语练习进行大数据分析，有助于大学英语口语评价从终结性评价向形成性评价与终结性评价相结合转变。

2.2 消极影响

技术依赖风险。学生可能会过度依赖人工智能工具，而忽视自身的主动学习和思考能力。长期依赖人工智能可能导致学生在没有工具辅助的情况下，难以独立完成口语表达和交流。

数据隐私和安全问题。人工智能系统需要收集和处理大量的学生数据，这可能会引发数据隐私和安全问题。如果数据泄露，学生的个人信息和学习数据可能会被滥用，给学生带来不必要的麻烦和风险。

算法偏见和误导。人工智能算法可能存在偏见，导致对学生的口语能力评估不准确或提供错误的学习建议。例如，某些语音识别系统可能对不同口音或方言的识别不够准确，从而影响对学生发音的评估。

3 DeepSeek 赋能大学英语口语教学的应用

3.1 辩论内容设计

提供多样化辩论话题。DeepSeek 可以根据不同的教学目标和学生水平，生成各种类型的辩论话题。这些话题可涵盖社会热点、文化差异、学术观点等多个领域，从而激发学生的学习兴趣和参与热情。

生成辩论观点和论据。对于每个辩论话题，DeepSeek 能够为正反双方生成合理的观点和有力的论据。这不仅可以帮助学生拓宽思路，还能引导学生从不同角度思考问题，培养学生的批判性思维能力。例如，在讨论“人工智能是否会取代人类的工作”这一话题时，DeepSeek 可以为正方生成诸如“人工智能可以提高工作效率，降低人力成本”等观点，并提供相关的数据和案例作为论据；同时，为反方生成“人工智能无法完全替代人类的创造力和情感交流”等观点，并给出相应的支持材料。

模拟辩论场景和对手。利用 DeepSeek 的生成能力，可以模拟真实的辩论场景和虚拟对手。学生可以在与虚拟对手的辩论过程中，锻炼自己的口语表达能力、应变能力和逻辑思维能力。虚拟对手则可以根据学生的辩论表现进行回应，从而让学生在互动中更好地发现自己的不足之处，并及时调整辩论策略。

3.2 听后续写

生成丰富多样的听力材料。DeepSeek 能够根据教学要求和学生的水平，生成各种类型的听力材料，如故事、新闻报道、对话等。这些材料可涵盖不同的主题和难度级别，满足不同层次学生的需求。例如，对于初级水平的学生，可以生成简单的故事或日常对话；对于高级水平的学生，可以生成复杂的新闻报道或学术讲座。

提供个性化写作指导。在学生听完听力材料后，DeepSeek 可以根据学生的写作内容和水平，提供个性化的写作指导和反馈。它可以帮助学生分析写作中的优点和不足之处，如语法错误、词汇运用不当、逻辑不清晰等问题，并给出具体的改进建议。例如，如果学生在写作中使用了过多的简单句，DeepSeek 可以建议学生尝试使用复合句来丰富文章的表达。

激发学生写作兴趣和创造力。通过听后续写的方式，学生可以在听力材料的启发下，发挥自己的想象力和创造力，进行写作练习。这种方式不仅可以提高学生的写作能力，还能激发学生的学习兴趣和积极性。例如，学生在听完一个关于太空探险的有趣故事后，可能会受到启发，写出一篇关于未来人类在太空生活的作文。

3.3 视后续说

生成高质量的视频材料。DeepSeek 可以生成各种类型的视频材料，如动画、纪录片、电影片段等，这些材料可作为视后续说的素材。视频材料具有直观性和生动性，能够吸引学生的注意力，激发学生的表达欲望。例如，一个关于动物保护的动画视频有可能引发学生对环境保护问题的思考，从而促使学生在后续的口语表达中更加积极地参与讨论。

引导学生进行口语表达和思维拓展。在学生观看视频后，DeepSeek 可以根据视频内容提出相关问题，引导学生进行口语表达和思维拓展。这些问题可包括对视频内容的理解、对相关主题的看法以及对未来发展的预测等。通过这种方式，学生不仅可以提高口语表达能力，还能培养自己的综合思维能力。

提供即时反馈和改进建议。在学生进行视后续说的过程中，DeepSeek 可以实时评估学生的口语表现，并提供即时反馈和改进建议。例如，如果学生在表达中存在语法错误或发音不准确的问题，DeepSeek 会及时予以指出并给出正确的表达方式，帮助学生及时纠正错误，提高口语水平。

3.4 演讲即兴问答设计

生成演讲主题和内容框架。DeepSeek 可以根据教学要求和学生的水平，生成各种演讲主题和内容框架。这些主题可涵盖不同领域，如科技、文化、教育等，为学生提供丰富的演讲素材。同时，内容框架可以帮助学生更好地组织演讲思路，提高演讲的逻辑性和连贯性。例如，对于一个关于“如何提高学习效率”的演讲主题，DeepSeek 可生成包括引言、主体（如时间管理技巧、学习方法、注意力集中策略等）和结尾等在内的内容框架，帮助学生有条不紊地进行演讲准备。

模拟即兴问答环节。在学生完成演讲后，DeepSeek 可以模拟即兴问答环节，提出与演讲主题相关的问题。这些问题能考查学生对演讲内容的理解、对相关主题的深入思考及其应变能力。通过这种方式，学生可以在模拟的问答过程中锻炼自己的口语表达能力和思维敏捷性。例如，在一个关于“人工智能伦理”的演讲后，DeepSeek 可提出“你认为人工智能在医疗领域的应用是否应该受到严格的伦理限制？”等问题，引导学生进行深入思考和回答。

提供问答技巧和策略指导。DeepSeek 还可以为学生提供即兴问答的技巧和策略指导。例如，它能帮助学生学会如何快速理解问题、如何组织回答思路、如何使用礼貌用语等。通过这些指导，学生可以在实际的即兴问答中更加从容自信地应对各种问题，提高口语交流能力。

4 DeepSeek 辅助英语口语的应用建议

教师培训与专业发展。为了更好地利用 DeepSeek 辅助英语口语教学，学校应加强对教师的培训，提高教师对人工智能技术的理解和应用能力。教师需要了解 DeepSeek 的功能和操作方法，掌握如何将其有效地融入教学过程中。同时，教师还应关注人工智能技术在教育领域的最新发展动态，不断更新自己的教学理念和方法。

个性化学习路径设计。教师可以根据学生的个体差异，利用 DeepSeek 为学生设计个性化的学习路径，根据学生的口语水平、学习风格和兴趣爱好等生成适合每个学生的学习内容和任务。例如，对于口语基础较差的学生，可以提供更多的基础发音练习和简单对话模拟；对于口语能力较强的学生，可以提供更具挑战性的演讲和辩论任务。

互动式教学活动组织。教师可以利用 DeepSeek 组织各种互动式教学活动，如小组讨论、角色扮演、合作学习等。通过这些活动，学生可以在与同伴的互动中提高口语表达能力和团队合作能力。例如，在小组讨论中，学生可以使用 DeepSeek 生成的话题进行讨论，并在讨论过程中互相学习和启发。

数据驱动的教学决策。DeepSeek 可以收集和分析学生在口语学习过程中的各种数据，如练习成绩、发音准确性、词汇运用情况等。教师可以根据这些数据，了解学生的学习进度和存在的问题，从而做出更加科学合理的教学决策。例如，如果发现某个学生在某个发音问题上一直存在困难，教师可以有针对性地为其提供更多的发音练习和指导。

跨文化交际能力培养。利用 DeepSeek 的多语言生成能力，教师可以为学生创造跨文化交际的学习环境。通过模拟不同国家和地区的语言交流场景，学生可以了解不同文化背景下的语言表达习惯和交际规则，从而提高跨文化交际能力。例如，教师可以组织学生与使用不同语言的虚拟人物进行对话，让学生在实践中学习如何在跨文化环境中进行有效的沟通和交流。

5 结论

生成式人工智能 DeepSeek 在大学英语口语教学中具有巨大的应用潜力。它能够为教师提供丰富的教学资源和工具，为学生创造个性化的学习体验，从而有效解决传统英语口语教学中存在的问题，提高教学效果。然而，我们也应注意到人工智能技术在应用过程中可能带来的问题，如技术依赖、数据隐私和算法偏见等。因此，在应用 DeepSeek 辅助英语口语教学时，教师应充分发挥其优势，同时注意规避潜在风险，合理利用人工智能技术，推动大学英语口语教学的创新发展。

参考文献

[1] 焦建利，陈婷．大型语言模型赋能英语教学：四个场景［J］．外语电化教学，2023（2）：12–17.

[2] 李国杰．DeepSeek 引发的 AI 发展路径思考［J］．科技导报，2025，43（3）：14–19.

[3] 李思阳．人工智能时代英语口语教学改革路径［J］．中国外语，2023（6）：78–85.

[4] 王晓琳．生成式 AI 在语言教学中的应用研究［J］．外语电化教学，2024（2）：45–52.

[5] 张伟，等．智能语音系统在英语发音教学中的实证研究［J］．现代教育技术，2024（3）：112–118.

人工智能助力大学英语词汇教学①

赵佑辰② 苗天顺③ 刘明宇④

摘　要：本文探讨了人工智能技术在大学英语词汇教学中的应用及影响，具体介绍了人工智能技术对课文／文本词汇列表筛选、通过词根学习词汇、主题词造句等功能以及人工智能助力英语词汇教学所面临的挑战。

关键词：人工智能；词汇教学；个性化学习

1　引言

大学英语词汇教学是大学英语教学中的一个重点领域，直接关系到大学英语学习者的学习基础，能够帮助英语学习者打好更为深入的学习基础，因而具有重要研究价值。DeepSeek 热潮席卷整个网络，人工智能技术的快速发

① 本文系2024年北京工商大学教育教学改革研究重点项目“生成式人工智能（AIGC）在外语教学中的应用实例研究”（项目号：jp245115）的阶段性成果。

② 赵佑辰，北京工商大学语言与传播学院2024级翻译专业硕士研究生。

③ 苗天顺，北京工商大学语言与传播学院副教授，主要研究方向为翻译技术、商务英语教学研究。

④ 刘明宇，北京工商大学语言与传播学院讲师，主要研究方向为大学英语教学研究。

展，使高等教育领域经历着前所未有的变革。大学英语词汇教学作为英语教学的重要组成部分，也需要快速响应人工智能技术发展，创新探索人工智能赋能英语词汇教学改革新路径。同时，人工智能技术的发展有望解决传统英语词汇教学过程中长期存在的教学资源不足、个性化学习需求难以满足等问题。本文旨在探讨人工智能技术在大学英语词汇教学中的具体应用，评估其带来的影响，并探讨未来发展方向。

2 当前英语词汇教学的研究现状

笔者在中国知网搜索栏搜索“大学英语词汇教学”相关文献，共得到CSSCI 来源期刊文献 89 篇。分析显示，国内大学英语教学研究的两大热点为大学英语词汇教学、词汇教学应用，关于人工智能对英语词汇教学影响的相关文献则尚未涉及。随着人工智能技术的飞速发展、高等教育教学环境日趋复杂、教学选择越来越多样化和自主化，加之我国新一轮更高水平对外开放格局的形成和“一带一路”建设的不断推进，人工智能赋能大学英语教学的重要性日益凸显。从人工智能赋能领域出发研究英语词汇学习的应用在国内尚属一个新兴的跨学科领域，有待更多专家学者的关注和更多研究成果的问世。

3 人工智能在大学英语词汇教学中的具体应用

人工智能技术在大学英语词汇教学中的各环节均发挥重要作用，涉及课文文本词汇量表筛选、通过词根学单词、主题词造句等各方面。这些创新应用不仅提高了学习效率和学习体验，还为学习者提供了更为丰富的学习工具和资源，推动了大学英语词汇学习的创新和发展。随着人工智能技术的不断进步，未来大学英语词汇学习将更加高效化、智能化以及个性化。

3.1 课文 / 文本词汇列表筛选

当前人工智能平台可基于 Transformer 架构的智能分级系统，通过动态解析文本复杂度与学习者认知水平的多维匹配关系，实现从“千人一表”到“千人千表”的范式跃迁。系统依托BERT模型（一种自然语言处理领域的预训练模型）实时分析学生作业中的词汇模式，结合CEFR框架自动生成靶向性词汇清单：为B1级学习者精准推送“technology”“develop”等基础高频词，配以汉英双解及真人级发音；为C2级学术英语需求者智能筛选“cryptographic protocol”“post-quantum algorithm”等学科前沿术语，嵌入*Nature*论文原句语境。这种数据驱动的个性化学习路径，使词汇习得效率提升达41%。

笔者将原文本复制至人工智能平台并向其输入以下提示语：

Prompt 1：Please make a wordlist for CEFR B1& CEFR C1 & CEFR C2 LEVEL LEARNERS from the text given respectively，with Chinese translation and English pronunciation，and an example sentence.

我们可以得到不同级别的相应词汇，包括语义、翻译、发音、例句等。教师可通过人工智能生成的词汇分析报告，快速定位学生的薄弱点，设计针对性的词汇活动（如词汇思维导图、语境填词游戏），实现从“经验驱动”到“数据驱动”的教学转型。同时人工智能支持的词汇列表打破“统一难度”的桎梏，使不同水平学生均可获得适配的学习内容。低水平学生通过高频词强化建立基础，高水平学生通过学术词汇拓展提升专业素养，从而实现“因材施教”的教育理念。同时，语境化解析与词汇网络构建可帮助学生摆脱“死记硬背”，在理解语义关联和文化内涵的基础上实现深层记忆。

3.2　通过词根学习词汇

词根词缀法是一种高效且科学的词汇学习策略。例如：词根“tract”源于拉丁语，意为“拉，拖，拽”，众多英语单词由其派生而来。随着人工智能技术的飞速发展，其在教育领域的应用日益广泛，为基于词根的词汇学习带来了新的机遇和方法。人工智能借助强大的自然语言处理技术和大数据分析能力，能够深入挖掘词根“tract”的起源、演变以及在不同历史时期的语义变化。通过对海量语料库的分析，系统可以精准地识别出由“tract”派生的单词，并详细解释每个派生词的构成和含义。这种智能词源解析为学习者提供了直观且深入的学习体验，帮助他们理解单词之间的内在联系，从而更牢固地记忆单词。笔者基于以上理论对人工智能发出以下提示语：

Prompt 2：Please create five multiple choice questions，each focusing on a different word derived from the root “tract” for each question，provide a description of the world for the question and includes several answer choices that are correct derivation of “track” .Additionally，please provide the correct answer for each question.

从而得到基于词根“tract”的多项选择题设计。

人工智能在通过词根学习单词方面具有显著的实用价值。它能够提高学习效率，帮助学习者快速识别和掌握大量词汇；增强记忆效果，通过智能复习和情境化记忆让学习者更牢固地记住单词；提供个性化学习体验，满足不同学习者的学习需求和偏好；拓展学习资源，为学习者提供丰富的语料和跨学科知识；培养自主学习能力，引导学习者学会独立思考和自我评估。

3.3 主题词造句

英语词汇学习中，依据词汇增强写作能力是一个重要的目标。对于 CSE 四六级英语学习者而言，围绕特定主题进行写作并运用合适的词汇表达观点是一项不小的挑战。人工智能技术的发展为英语写作教学带来了新的机遇。它可以根据主题筛选相关词汇，设计写作任务，并为学习者提供示例，帮助他们更好地理解如何运用主题词进行写作。“通信方式变革”是一个与现代生活紧密相关的主题，具有丰富的写作素材，适合作为研究人工智能辅助写作的案例。我们可以对人工智能发送以下提示语：

Prompt 3：Please create ten Interconnected Words that are suitable for CSE level 4 English learners that can be used in the context of “Changes in the Way of Communication”，following this，design a task that encourages students to write paper about "Changes in the Way of Communication', utilizing these 10 words, moreover, provide example of a 200-word writing using these 10 words to demonstrate the application.

提示语发送后得到以下反馈：

1.digitalization（数字化） 2.smartphone（智能手机）
3.instant messaging（即时通信） 4.social media（社交媒体）
5.video call（视频通话） 6.online platform（在线平台）
7.traditional mail（传统邮件） 8.communication efficiency（通信效率）
9.global connection（全球连接） 10.information overload（信息过载）

使用上述 10 个主题词的写作范例如下：

In modern society, the way of communication has undergone remarkable changes due to digitalization.The rise of smartphones has revolutionized the way we connect with others.Instant messaging apps on smartphones enable us to send and receive messages in real-time, which greatly improves communication efficiency. Social media platforms like WeChat and Facebook have also become essential for maintaining global connections.

Video calls on online platforms allow us to have face-to-face conversations with people far away.However, this change also has its drawbacks.The prevalence of these new communication methods has led to information overload.In the past, traditional mail was the main way of long-distance communication, which was much slower but more personal.Overall, the changes in communication have both positive and negative aspects, and we should make the most of the new ways while being aware of the potential problems.

由此，我们可以发现人工智能在帮助 CSE 四级英语学习者围绕“通信方式变革”主题词进行写作方面具有显著的作用。通过提供合适的主题词、设计有针对性的写作任务和给出示例，人工智能能够引导学习者构建文章框架，丰富语言表达，提升写作能力。未来，可以进一步探索人工智能在英语写作教学中的应用，结合更多的主题和学习需求，为学习者提供更加个性化、高效的写作支持。

4 人工智能对大学英语词汇学习的正向作用与挑战

4.1 正向作用

人工智能借助自然语言处理与大数据技术，为大学英语词汇教学带来了诸多便利。在课本词汇筛选上，它能依据词汇的关键程度、出现频率及与教学大纲的契合度，快速准确地筛选出核心词汇与重点学习词汇，节省教师时间与精力。在词根学习方面，它在整合海量词汇信息，输入常见词根提示语后，可罗列衍生词汇并详细解释构成逻辑、词义演变过程，提供丰富例句展示不同语境用法，克服传统工具书信息有限、缺乏系统性的弊端。在主题词造句环节，其基于庞大语料库，能为给定主题词生成贴合主题、语法正确、表达地道的多样化句子，既有助于学生加深对词汇的理解，拓宽语言视野，培养语言组织与表达能力，激发创造性思维，又可为教师提供教学参考，引导学生进行句子仿写、对比分析等教学活动，提升词汇教学质量与效果。

4.2 挑战

一是技术局限性问题。在词汇筛选时，人工智能对课文语义理解不够深入，可能无法精准判断具有文化内涵或隐喻意义词汇在特定语境中的重要性；在词根学习辅助方面，人工智能对生僻或词义演变复杂的词根，解释不够全面或准确；在用主题词造句时，它生成的句子虽语法正确，但缺乏情感色彩和真实语境下的灵活性，无法完全模拟人类自然语言表达。二是教学过度依赖风险。教师过度依赖智能平台筛选词汇和提供教学素材，可能丧失自主分析教材和设计教学活动的能力；学生过度依赖人工智能辅助学习，如单纯依靠智能平台生成句子，将缺乏自主思考和语言创造过程，不利于培养独立学习和解决问题的能力，一旦脱离人工智能工具，可能在词汇学习和语言运用上陷入困境。三是数据隐私与安全隐患。智能平台运行依赖大量数据收集与分析，会收集学生学习进度、答题情况、偏好等数据，若存储和管理不当，可能面临数据泄露风险，侵犯学生隐私，甚至被不法分子利用进行不正当活动，干扰学生的学习和生活。

5 结论

人工智能技术为大学英语词汇带来了革命性的变革，其对课文 / 文本词汇列表筛选、通过词根学习词汇以及主题词造句等方面的应用显著提升了学习效率和学习体验。然而，当前人工智能技术的应用同样也面临诸如技术局限与误差、教学过度依赖风险数据隐私与安全隐患等挑战。未来，大学英语词汇学习应积极探索人工智能技术与传统学习方法的有机结合，充分发挥人工智能的优势，同时重视学习者的主导作用和个性化需求。高等教育机构应加强教师培训，完善数据保护机制，同时积极修订教学大纲以满足科技进步带来的教学需求。只有通过教学者、技术开发者和政策制定者等的共同努力，才能实现人工智能技术与大学英语词汇学习的深度融合，推动英语词汇学习的创新发展。

参考文献

［1］SMITH J A，JOHNSON E M.Personalized learning in English language education：the role of artificial intelligence［J］. International journal of applied linguistics，2021，31（4）：412–430.

［2］WANG L，CHEN X.The impact of AI on college english teaching：a comprehensive review［J］. Journal of educational technology，2023，28（2）：178–195.

［3］陈雨欣，王伟强 . 人工智能时代大学英语教师角色转变研究［J］. 高等教育研究，2023，44（5）：89–97.

［4］张明华，李静怡 . 人工智能在英语教学中的应用与展望［J］. 外语教育研究，2022，15（3）：45–52.

生成式人工智能在写作教学中的应用[①]

宋姗姗[②]　刘明宇[③]　苗天顺[④]

摘　要：生成式人工智能（AI）技术的快速发展为写作教学带来了新的机遇与挑战。本文探讨了生成式AI在写作教学中的多维度应用，包括不同语域文本生成、特定难度主题词句生成、写作场景设计、同义改写任务设计以及自动评阅作文等功能。这些应用不仅丰富了教学资源，还为学生提供了个性化学习支持，同时为教师减轻了教学负担。本文分析了生成式AI在写作教学中的技术、教学理念和学生使用方面的挑战，并提出了相应的解决策略。

关键词：生成式人工智能；写作教学

① 本文系2024年北京工商大学教育教学改革研究重点项目“生成式人工智能（AIGC）在外语教学中的应用实例研究”（项目号：jp245115）的阶段性成果。

② 宋姗姗，北京工商大学语言与传播学院2024级翻译专业硕士研究生。

③ 刘明宇，北京工商大学语言与传播学院讲师，主要研究方向为大学英语教学研究。

④ 苗天顺，北京工商大学语言与传播学院副教授，主要研究方向为翻译技术、商务英语教学研究。

1 引言

生成式人工智能技术最早可以追溯到20世纪50年代，但直到21世纪初，深度学习的出现才标志着生成式AI进入一个新的发展阶段。尤其是2022年由Open AI推出基于大语言模型的聊天机器人ChatGPT之后，人们真切地感受到生成式AI给社会生活的方方面面（尤其是工作和教育）带来了革命性的影响。在外语教育领域，尽管有学者认为生成式AI的使用可能引发作弊及伦理等问题，甚至可能削弱学习者的创造性、批判性思维和问题解决能力，但是更多研究开始关注生成式AI在外语教育领域的应用和前景。研究表明，生成式AI可以成为教师的智能助手，辅助教研活动，提供实时教学测评。

2 生成式AI在写作教学中的应用

2.1 不同语域同题文本生成

随着人工智能技术的快速发展，AI辅助写作已成为语言教学领域的重要研究方向。AI能够基于同一主题生成不同语域，从正式的学术论文到轻松的网络随笔，从严肃的新闻报道到生动的文学创作，这些多样化的文本为学生提供了丰富的学习素材，学生可以通过对比和分析这些文本，深入理解不同语域的写作特点、语言风格和表达技巧，从而在实际写作中更加灵活地运用语言，提高写作能力、文体适应能力和语用意识。同时，AI生成文本的过程也为教师提供了教学思路的启发，帮助他们更好地设计教学活动，引导学生进行有针对性的写作练习。教师可利用AI生成的对比文本，引导学生探讨词汇选择、句式结构和语用规则的差异，强化其在不同交际场景下的语言运用能力。这种创新的教学方式不仅丰富了写作教学的内容和形式，也为培养学生的语言综合运用能力和创新思维能力开辟了新的途径，使写作教学更加高效、有趣。此外，AI的即时反馈和多样化示例也能激发学生的写作兴趣，促进其自主探究学习。未来，随着自然语言处理技术的优化，AI在语域敏感型写作教学中的应用将更加精准和个性化，为语言教育提供新的可能性。

2.2　特定难度主题相关词句生成

在写作教学中，学习者常因主题词汇匮乏或句式结构单一而面临表达障碍。AI 驱动的“特定难度主题相关词句生成”技术为此提供了有效解决方案。该功能通过分析学习者的语言水平与目标主题，智能生成符合其认知能力的适配性词句库，如学术写作中的专业术语搭配或日常交流中的惯用表达。系统可依据 CEFR 等语言能力标准动态调整输出复杂度，确保输入材料的“i+1”可理解性输入原则。学生可以通过 AI 生成的与主题相关的词汇和句式进行仿写和拓展练习，更直观地学习如何在特定主题下运用恰当的语言，拓宽写作思路，逐步提升写作能力。此外，AI 还可以根据学生的写作反馈，提供进一步的词汇和句式建议，帮助学生不断完善写作内容，提高写作质量。这种个性化的学习体验不仅激发了学生的学习兴趣，还为写作教学的个性化发展提供了有力支持。教师借助该技术能快速构建分层教学资源，针对不同水平学生提供个性化语言支架，减少写作焦虑。随着教育大模型的优化，此类生成技术将进一步提升语境适切性与文化适配度，成为智能化写作教学的核心支持工具。

2.3　写作场景设计

在写作教学实践中，真实、丰富的语境创设对提升学习者的语言输出质量至关重要。传统的写作教学中，写作场景往往由教师凭借经验设计，可能在丰富度和真实感上存在局限。AI 驱动的“写作场景设计”功能通过智能模拟多元化的交际情境（如学术研讨、商务邮件、社交媒体互动等），可以为学习者提供高度拟真的写作任务环境。系统可基于用户画像自动生成包含文化背景、交际对象、目的意图等要素的场景描述，并动态调整任务难度以匹配不同语言水平，帮助学生更好地理解写作任务的语境和要求。教师利用该技术能够快速构建沉浸式写作项目，如模拟国际会议投稿流程或设计跨文化交际案例。通过在这些丰富多变的场景中进行写作练习，学生能够学会根据不同情境灵活调整写作策略，不仅能增强学习者的语用意识，还能显著提高其写作动机、体裁适应能力和创造性。随着多模态交互技术的发展，AI写作场景将整合语音、图像等要素，进一步强化“真实世界”写作体验，推动语言教学向能力本位范式转型。

2.4 同义改写任务设计

在写作教学中，AI技术可通过设计同义改写任务提升学生的语言表达能力。该任务要求学习者基于给定文本，运用不同的词汇、句式或语法结构重新表述原意，同时保持语义一致性。通过AI的语言生成与分析能力，教师可以轻松地为学生设计出丰富多样的同义改写任务。这些任务不仅涵盖了从简单句子到复杂段落的改写，还能根据不同学生的语言水平和学习进度进行个性化调整。例如，对于基础薄弱的学生，AI可以生成结构简单、词汇常见的句子改写任务，帮助他们掌握基本的同义替换技巧；而对于高阶学生，AI则能提供包含复杂语法结构和高级词汇的段落改写任务，提高他们的语言综合运用能力。

此外，AI还能在学生完成改写任务后，即时提供精准的反馈和改进建议。它能够指出学生在改写过程中可能存在的语法错误、词汇使用不当或语义不清晰等问题，并提供多种改写示例供学生参考，帮助学生更好地理解同义改写的要点。这种互动式的教学方式不仅激发了学生的学习兴趣，还有效提升了他们的写作能力和语言表达的多样性。通过反复的同义改写练习，学生能够学会如何用不同的方式表达相同的意思，从而在写作中更加灵活地运用语言，提高写作的流畅性和准确性。

2.5 自动评阅作文

在写作教学中，AI驱动的自动评阅系统能够高效评估学生作文，并提供多维度反馈。该系统通过自然语言处理（NLP）技术分析文本的词汇丰富度、句法复杂度、逻辑连贯性及内容相关性，帮助学生精准优化写作，并依据预设评分标准生成客观评价。相比传统人工批阅，自动评阅不仅能大幅减轻教师负担，还能实现即时反馈，使学习者快速调整写作策略。同时，基于大语言模型的评阅系统可适配不同写作风格与体裁，为个性化写作教学提供技术支持。然而，AI评阅系统也存在局限性，如在情感理解和个性化表达方面的能力相对较弱。因此，在实际应用中，教师与AI技术的结合至关重要，教师可以利用AI的高效性和精准性，同时发挥自身在情感教育和深度理解方面的优势，实现“情”与“理”的有机结合，推动写作教学的持续进步。

3 生成式AI在写作教学中的挑战与应对

3.1 技术挑战

当前，AI（如GPT类模型）在创意写作、情感表达和文化语境理解上存在偏差，难以识别隐喻等复杂修辞，反馈可能流于表面。对此，我们可以结合规则型算法（如语法检查工具）与生成型模型，提升反馈精准度；开发垂直领域的写作AI，针对诗歌、学术写作等细分场景优化训练数据。

生成的文本有时也会出现逻辑混乱、不符合语法规则等情况，影响学生对写作的正确理解。教师需要对人工智能生成的文本进行筛选和审核，对于明显错误的内容进行修正后再提供给学生；同时，教师自身要不断学习人工智能的相关知识，了解其可能出现的问题，以便更好地指导学生。

3.2 教学理念挑战

传统的写作教学注重培养学生的思维能力和表达能力，而AI的出现使得这些能力的培养面临新的挑战。例如，AI能够快速生成文本，但学生可能会因此忽视对逻辑思考和批判性思维的培养。对此，教育者应树立以学生为中心的教学理念，注重培养学生的自主学习能力和创新思维。如初稿禁用纠错功能，仅提供结构建议，终稿再启用细节优化。同时，要引导学生正确看待AI技术的作用，使其成为学习的辅助工具而不是替代品。在“人工智

能 + 教育”场景下，教师不再仅仅是知识的传授者，而要逐渐演变为学生学习过程中的引导者和辅助者。这要求教师具备新的教学理念和方法，以更好地引导学生使用 AI 工具。教师可以结合 AI 辅助工具设计以人为主体、开放性、创造性的课程任务，给予学生更大的自主性。

3.3 学生使用挑战

学生可能会过度依赖 AI 写作工具，从而丧失自主思考和创作的能力。例如，部分学生可能会将大部分写作任务交给 AI 完成，而自己则缺乏深入思考和独立创作的动力。对此，教育者应注重培养学生的自主学习能力和批判性思维，引导学生在使用 AI 工具时保持独立思考。例如，教师可以鼓励学生在使用 AI 生成的内容后进行深入的分析和修改。另外，学生在使用 AI 工具时，可能缺乏对生成内容的批判性思维，无法有效分析和筛选信息。不同学生对 AI 技术的使用能力也存在差异，部分学生可能难以有效利用 AI 工具进行写作。针对学生在 AI 技术使用上的差异，教师可以提供个性化的支持和指导，帮助学生更好地掌握 AI 工具。例如，通过开展写作实践活动，让学生在实际应用中提高对 AI 工具的使用能力和对写作的理解。

4 结论与展望

生成式 AI 为写作教学带来了革命性的变革，其多样化应用显著提升了教学效率和学习效果。通过 AI 辅助，学生能够接触到更丰富的语言素材，获得即时反馈，而教师也能从繁重的批改任务中解放出来，专注于教学设计和学生指导。然而，AI 在创意表达、文化语境理解等方面存在局限性，以及学生可能产生依赖性，仍需要通过技术优化和教育策略加以应对。

未来，生成式 AI 在写作教学中的应用将朝着更加精准化、个性化的方向发展。随着多模态技术和垂直领域模型的完善，AI 将更好地适应不同写作场景和学习需求。同时，教育者需积极探索人机协作的新模式，培养学生的批判性思维和创新能力，使 AI 真正成为写作教学的助力而非替代。

总之，生成式 AI 与写作教学的深度融合，将为语言教育开辟新的可能性，但其成功离不开技术开发者、教育者和学习者的共同努力。未来的研究应进一步关注 AI 在教育中的伦理问题、个性化适配以及长期教学效果，以推动写作教学的持续创新与发展。

参考文献

［1］AKINWALERE S N，IVANOV V.Artificial intelligence in higher education：challenges and opportunities［J］. Border crossing，2022，12：1–15.

［2］王海啸 . 生成式人工智能在大学英语教学改革中的应用探究：以“通用学术英语写作”课程教学改革实践为例［J］. 外语教育研究前沿，2024，7（4）：41–50，95.

［3］王聪聪，吴迪 . 生成式人工智能在大学英语写作评阅反馈中的应用［J］. 现代英语，2024（8）：63–65.

［4］张露露 . 大学学术英语写作教学中人工智能的科学应用与诚信规范［J］. 外国语言文学与文化论丛，2024（1）：207–217.

［5］朱小超，柳华妮 .ChatGPT 在外语过程体裁写作教学中的应用路径研究［J］. 外语电化教学，2024（6）：30–36，109.

人工智能在教育领域的应用与影响研究综述

刘国香[①]　史岩林[②]

摘　要：人工智能在教育领域的深度应用已成为当前教育研究的重要方向，其影响渗透于教育系统的多个维度。本文基于现有研究成果，从教师层面、教学方法及人文学科建设等三个维度展开综述。

关键词：人工智能；教育影响；教师角色

1　引言

在人工智能深度融入教育的浪潮下，教育领域正经历全方位变革。当前研究已从教师发展、学科建设、教学模式及思政教育、人文学科建设等维度，对人工智能的应用展开探讨，但多局限于单一视角。本文梳理相关成果，剖析现状与影响，为探索人机协同的教育新路径提供参考。

① 刘国香，北京工商大学语言与传播学院翻译专业2024级硕士研究生。

② 史岩林，男，北京工商大学语言与传播学院副教授，主要研究方向为西方文学与文化批评、比较文学、翻译等。

2　人工智能对教师角色的改变

在人工智能深度融入教育场域的当下，教师角色正经历着转变。传统教育中，教师作为知识传播的核心载体，其角色构建基于信息不对称的权力结构；而 AI 技术通过知识库检索、智能答疑系统、个性化学习分析等功能，打破了知识垄断格局，倒逼教师重新锚定职业定位。

人工智能作为一种新兴的文化资本，悄然渗透到教育场域之中，重塑着教师文化的内涵与外在表现形式[1]。“流动的马赛克”这一概念描绘了教师文化在人工智能影响下呈现出的多元化、动态化发展趋势。教师的角色呈“破界”趋势，从课程执行者到生态建构者，从知识传递者到学习陪伴者，从技术使用者到人机协作设计者[2]。混合课程的探索与智慧环境的构建要求教师突破学科壁垒，掌握跨平台资源整合能力。人工智能虽能生成学习报告，但解读数据背后的学生情绪变化、学习动机差异，仍有赖于教师的人文洞察力。教师需明确哪些任务适合人工智能（如重复性练习批改），哪些必须保留人类介入（如价值观引导、批判性思维培养），避免陷入“机器替代”的误区。“从知识性角色转向育人角色”，实质是对教育本质的回归[3]。在人工智能时代，知识获取成本降低，教师的核心竞争力更体现在培养完整的人上——帮助学生在信息过载中建立意义坐标系，在技术依赖中保持反思性判断，这正是人机协同中“人”的不可替代性所在。

此外，人工智能还有可能以一种更为积极主动的“游戏者”身份深度参与教育过程，这无疑将对教师文化产生更为深远和复杂的影响，促使教师在教育理念、教学方式等方面做出适应性变革。

3　人工智能对教学方法的影响

在智能时代浪潮下，人工智能正以前所未有的速度重塑教育生态，教学方法作为连接知识传授与能力培养的核心纽带，成为技术赋能的前沿阵地。

“精准教学内容与个性化学习支持”，展现了人工智能在捕捉学生思想动态、匹配教育资源上的技术优势[4]。通过情感计算分析学生在网络论坛的发言倾向，人工智能可辅助教师制定分层化的思政教育方案，实现“千人千面”的价值引导。王彧探讨了人工智能应用于高校思想政治教育的机遇与挑战[5]。人工智能为高校思想政治教育带来了科学化教育管理和创造性教学模式的机遇，但这种精准化和科学化存在潜在风险。第一，数据主义对教育本真性的消解。过度依赖行为数据可能将学生简化为“数据画像”，忽视其完整个体的复杂性。例如，某学生在线上测试中表现出“理想信念坚定”，但线下集体活动中却显露价值困惑，此类隐性矛盾难以被算法捕捉，需教师通过面对面交流深度洞察。第二，算法偏见对价值观引导的误导。人工智能训练数据若存在意识形态偏差，可能导致教育内容和方法的窄化或扭曲，如某舆情分析模型因过度抓取极端案例，误判某群体的思想主流，进而推送片面化的教育内容，反而加剧认知割裂。

因此，思政教育和教学方法的智能化需建立数据辅助和人工校准的双重机制。人工智能负责数据清洗与趋势预判，教师则聚焦价值本质的挖掘与批判性引导，避免陷入“技术决定论”的误区。

4　人工智能对人文学科的影响

在数字技术重塑知识生产范式的时代语境下，人工智能对人文学科的影响呈现出破界重构与深度赋能的双重图景。

科技人文融合是人工智能时代人文学科建设的关键所在，为外语学科等相关领域的发展提供了全新的方向[6]。学者强调的科技人文融合，首先是对人文学科认知范式的革新。传统人文学科依赖经验归纳、文本阐释与价值思辨，而人工智能带来的量化分析（如文本情感计算）、跨模态研究（如图文语义关联）、预测模型（如文化传播趋势模拟），为人文学者提供了数字人文的新视角。例如，通过自然语言处理技术分析《红楼梦》的隐喻网络，可发现人工解读难以捕捉的文本深层结构；利用知识图谱梳理中西哲学范畴的演进脉络，能可视化呈现文明对话的历史轨迹。

但这种技术赋能必须以人文价值为锚点。当人工智能通过数据训练生成诗歌、小说时，人文学科应追问：机器生产的文本是否承载人类特有的情感体验？算法推荐的文化内容是否可能强化信息茧房？人工智能可以辅助分析《论语》的传播路径，却无法替代“仁”“礼”思想对现代人性的滋养；可以模拟文学批评的修辞分析，却难以触及作品中超越时代的精神共鸣。

5 结语

现有研究展现多视角跨领域特征，认为人工智能对教育领域的影响具有显著双重性：既赋能教师角色转型与专业发展，也暴露其技术适应中的能力断层；既推动教学方法创新与人文社科建设，也引发技术伦理与应用边界的深层思考。我们需要在技术伦理、长效评估、生态构建等方面形成更系统的人工智能理论与实践体系。

参考文献

[1] 杨天豪，樊改霞. 教育场域中人工智能对教师文化的影响[J]. 教学与管理，2025（6）：32–38.

[2] 刘策. 人工智能背景下教师角色定位研究[D]. 喀什：喀什大学，2022.

[3] 陈芋洁. 人工智能背景下教师角色定位研究[D]. 重庆：西南大学，2020.

[4] 陈小慰. 外宣翻译中“认同”的建立[J]. 中国翻译，2007，28（1）：60–65，96.

[5] 徐玲. 人工智能时代高校思想政治教育智能化研究[D]. 成都：电子科技大学，2023.

[6] 王彧. 人工智能应用条件下的高校思想政治教育研究[D]. 北京：中国地质大学，2021.

[7] 陈众议，聂珍钊，金莉，等. 人工智能时代的人文学科建设：挑战与机遇[J]. 上海交通大学学报（哲学社会科学版），2024（12）：97–112.

智能工具辅助高校西班牙语专业学生学习及其对教师的挑战

张馨予[①]

摘　要：在网络化、数字化、智能化、个性化的教学改革浪潮中，高校西班牙语教学面临诸多机遇与挑战。智能工具的广泛应用为学生提供了个性化学习方法和沉浸式语言环境，但同时也对教师的角色定位、教学模式和技术能力提出了新的挑战。本文通过分析智能工具在西班牙语教学中的应用场景、对学生学习的影响及教师面临的挑战，为提升教学质量和提高学生学习效果，尝试性地提出了应对策略。

关键词：智能学习工具；西班牙语学习；AI 辅助学习

随着人工智能、大数据和云计算技术的快速发展和广泛应用，教育领域正经历着从“标准化教育”向“个性化教育”的转变，这一转变为高校语言专业教学带来了新的机遇与挑战。近年来作为联合国六大通用语言之一的西班牙语在我国高等学校的专业教学中得到了迅速发展，其教学模式也在数字化浪潮中发生着深刻变革。智能工具的应用不仅改变了学生的学习方式，也对教师的传统角色提出了挑战。如何在技术赋能与教育本质之间找到平衡，

① 张馨予，女，北京工商大学语言与传播学院讲师，主要研究方向为对外西班牙语教学。

成为当前高校西班牙语教学改革的重要议题。

1 智能工具在高校西班牙语专业教学与学习中的应用

近年来，网络化、数字化、智能化与个性化（以下简称“四化”）教学工具在人工智能的大发展加持下取得了跨越式进步。2019 年，西班牙皇家学院发起了“西班牙语与人工智能”项目（LEIA, Lengua Española eInteligencia Artificial），目的是加强人工智能对自然语言的学习、优化西班牙语在人工智能领域的应用，同时通过人工智能，促进人们在社交网络中规范地使用西班牙语[1]。可见，智能工具在教学与学习领域的作用得到了学术界的广泛认同和重视。

1.1 在线学习平台

近年来在西班牙语教学和学习中较常用的在线学习平台有北外网课、Coursera、新东方西班牙语网课等，它们为学生提供了丰富的课程资源。学生可根据自身进度自主学习；教师可利用在线平台实现“翻转课堂”，学生通过课前学习基础知识，课上进行互动讨论，并由教师对学生的讨论结果进行点评和总结，从而帮助学生获得正确的知识。

1.2 多媒体资源

教师可通过 Youtube 西语原声 Vlog、西班牙语原声纪录片、西班牙语原声电视剧和电影、每日西班牙语、FluentU、LingQ 等为学生提供沉浸式语言环境，可通过去除字幕、添加西语字幕、添加中西双语字幕等精看精听方式提高学生的西语听力，还可通过 FluentU 等进行交互式字幕学习。

1.3 智能化与个性化工具

人工智能的井喷式爆发和移动端学习 App 的飞速发展为教学和学习提供了极大的便利。学生可使用学习系统如 Duolingo、Memrise 等通过算法分析学生学习数据，推送个性化练习，帮助学生高效记忆词汇；也可使用生成式人工智能应用，如 ChatGPT、Deepseek 等进行写作练习，生成对话场景，但是使用中应当注意人工智能生成中会出现的文化偏差和语法错误问题，不可盲目轻信人工智能，要学会科学甄别。学生们也可使用 DeepL、西语助手等查词工具，提高查询生词的速度，提升学习效率，但是应注意一词多义等情况，要根据句子的语境选取词典中适合的意义与用法，警惕智能工具中可能出现的错误和疏漏。

1.4 北京工商大学学生智能工具使用现状

为了了解北京工商大学西班牙语专业大一、大二学生的智能工具使用现状，笔者做了简易问卷调查。结果显示，在查询生词时，100% 的学生曾使用西语助手，18.97% 曾使用 ChatGPT，13.79% 曾使用谷歌翻译，10.34% 曾使用 DeepL，3.45% 曾使用文心一言；在观看西语学习视频课程时，96.55% 的学生曾在 Bilibili 观看，其他平台占 31.03%，Youtube 占 20.69%，北外网课占 3.45%，TED 占 5.17%。问卷中也出现了令广大教师担忧的数据：有 84.48% 的学生曾使用人工智能辅助论文写作，77.59% 的学生曾使用翻译工具做翻译作业，98.28% 的学生曾使用人工智能制作翻转课堂的展示 PPT。

2 对高校西班牙语教师的挑战和应对策略

“四化”教学工具给学生自主学习西班牙语带来了极大的便利，同时也给教师这一角色提出了巨大的挑战。如何应对这一挑战，并将挑战转化为机遇以提升教学水平，是目前教学研究的重要课题。

2.1 教学模式与技术能力的双重压力

在新的智能工具发展的情况下，高校教师面临双重的角色转变，即从教学主导者到教学组织者和协调者的转变和从知识传授者到学习引导者和促进者的转变[2]。教师要根据教学大纲和学生情况，运用智能工具，整合教学资源，设计个性化的教学活动和评价方式；引导学生合理选择和使用智能工具，培养学生的自主学习能力和批判性思维，杜绝使用智能工具作弊；审核智能工具的内容准确性，纠正算法偏差和文化错误，注重保护通过智能工具收集的学生信息；在教育技术进步中保持教学主导权，设计创新的教学方式[3]。

2.2　应对策略

为了更好地适应"四化"工具在教学中的应用，广大高校西班牙语教师应提升信息技术应用能力，熟练掌握各种教学软件和平台的操作方法，提升跨学科教学能力，将跨学科知识与西班牙语教学有机融合，提高学生综合素养，拓宽学生视野，不断探索创新教学模式和教学方法，敢于将新模式、新方法用于教学实践。

3　结论

在技术的飞速发展之下，高校西班牙语学生使用"四化"工具辅助学习已成为不可逆的趋势，这一趋势为西班牙语学习带来了诸多便利，也给广大教师带来了挑战。未来的教学应在技术赋能与人文关怀之间寻求平衡，通过提升教师能力、创新教学模式，以崭新的面貌适应新时代的教育要求，培养具有创新精神、批判性思维和国际视野的高素质、复合型西班牙语人才。

参考文献

[1] 人民网西语版. 当人工智能遇上西班牙语[EB/OL].[2024-10-17]. https://mp.weixin.qq.com/s?__biz=MjM5MjY0MjYzOQ==&mid=2651157872&idx=1&sn=073081280e6b7521e64edea0106a9342&chksm=bd52f6508a257f46d39380a7037fbcbdb906821023d12d892b164011bf251318fb4fdcec8877&scene=27.

[2] 陶婷婷. 教师身份跃迁重塑教育图景[EB/OL].[2025-03-20]. http://m.jyb.cn/rmtzgjyb/202503/t20250320_2111319223_wap.html.

[3] 青春上海. 提高教师"AI胜任力"，师范教育该如何出招？[EB/OL].[2024-10-17]. http://www.why.com.cn/wx/article/2024/10/17/17291600731148706275.html.

小组合作学习的思辨能力培养实践与思考

王晓庆[①]　吴　梦[②]　葛　薇[③]

摘　要：本文阐述了思辨能力的重要性以及小组合作学习的理论基础，详细介绍了在教学中开展小组合作学习、培养思辨能力的具体实践方法，包括小组组建、任务设计、过程引导等，旨在为教育工作者利用小组合作学习提升学生思辨能力提供有益参考。

关键词：思辨能力；小组合作学习；英语教学

在知识经济时代，学生具备良好的思辨能力成为教育追求的重要目标之一。思辨能力，即批判性思维能力，能够帮助学生对信息进行分析、评估、推理和判断，使其在复杂多变的环境中做出合理决策。小组合作学习作为一种有效的教学组织形式，为思辨能力的培养提供了独特的环境与契机。通过小组成员间的交流、讨论与协作，学生得以从不同视角审视问题，激发思维

---

① 王晓庆，女，北京工商大学语言与传播学院讲师，主要研究方向为英语翻译、理论语言学。

② 吴梦，女，北京工商大学语言与传播学院2024级翻译专业硕士研究生，研究方向为法商翻译。

③ 葛薇，女，北京工商大学语言与传播学院2024级翻译专业硕士研究生，研究方向为法商翻译。

互动，进而促进思辨能力的发展。

1 思辨能力的内涵与重要性

大学英语属于人文学科，人文学科强调“广泛理解各种思想、创造性地思考和流利地表达”，促进学生从广度上思考问题，促进其个人成长和思辨能力的发展。思辨能力培养是高等教育的根本任务，也是大学学习不可或缺的部分。思辨能力是对事物做出深刻反思与评价的一种思维活动，是个体适应社会发展的核心素养，包括思辨技能和思辨倾向，思辨技能的运用离不开思辨倾向的作用，而思辨倾向又需要通过思辨技能外显[1]。近年来，思辨能力对于外语学习的重要性得到多项研究验证。一方面，思辨能力有助于不同水平学生的总体外语成绩提升。另一方面，思辨能力有益于各项外语技能的发展，对提升外语阅读能力和表达能力具有重要作用。因此，把大学英语教学与学生批判性思维培养有效结合，找准批判性思维培养在大学英语课程中的切入点，显得尤为重要。

2 小组合作学习的理论基础

小组合作学习在教育实践中应用广泛，其背后蕴含着深厚的理论根基，主要涵盖社会文化理论与建构主义学习理论，这些理论为理解小组合作学习如何促进学生思辨能力发展提供了关键视角。维果茨基的社会文化理论强调社会文化环境对个体学习与发展的核心作用。该理论认为，个体的认知发展并非孤立发生，而是在与他人的互动协作过程中逐步实现[2]。在小组合作学习场景下，学生被置于充满交流与合作的社会情境中。例如，在课堂小组讨论中，学生通过与同伴对话、共同探讨问题以及完成小组任务，不断吸收来自他人的知识、经验和独特思维方式。这种社会互动不仅实现了知识的传递，更重要的是激发了学生的思维活力。

建构主义学习理论主张知识并非学习者被动接受的客观存在，而是他们在已有经验基础上主动构建的结果。小组合作学习为学生提供了多元化的经验和观点来源。学生在小组中共同探讨复杂问题时，需要对不同成员提出的观点进行分析、比较和整合；在交流过程中，不断修正和完善自己原有的认知结构，构建更为全面、准确的知识体系。这一系列思维活动要求学生深度参与思考，极大地锻炼了其思辨能力，实现了在知识建构过程中思辨能力的同步提升[3]。

总而言之，社会文化理论强调外部社会环境对个体发展的塑造，而建构主义学习理论聚焦于个体内部认知结构的主动构建。在小组合作学习中，社会互动为学生提供了丰富的信息和多元观点，成为个体构建知识的素材；而个体基于已有经验对这些信息的主动加工和整合，又依赖于小组合作所营造的社会情境。二者共同为小组合作学习促进学生思辨能力培养提供了坚实的理论支撑，深刻影响着小组合作学习的实践方式与策略制定。

3　小组合作学习培养思辨能力的实践方法

3.1　合理组建小组

根据学生的学习能力、性格特点、兴趣爱好等因素对学生进行异质分组，确保每个小组内成员具有多样性。一般每组以 4~6 人为宜，这样既能保证成员充分参与，又能避免人数过多导致部分学生参与度不足。例如，在一个班级中，将成绩优秀、思维活跃的学生与成绩相对较差、较为内向的学生合理搭配，使小组内形成互补的学习氛围。

3.2　精心设计合作任务

首先，小组活动的任务应具有开放性和挑战性，能够激发学生的思辨倾向。如在文学课程中，给出一个有争议的文学作品主题，让学生讨论作品中人物行为的合理性，这种开放性问题促使学生从不同角度分析，运用思辨能力。其次，任务要明确分工，使每个小组成员都有明确的职责。例如在项目式学习中，有的学生负责资料收集，有的学生负责数据分析，有的学生负责撰写报告。在分工协作过程中，学生需要对自己负责的部分进行深入思考，并与其他成员交流整合。

3.3 过程引导与监控

教师要在小组合作过程中适时引导，当学生的讨论偏离主题或陷入僵局时，教师应巧妙提问，引导学生回归正确方向或打破思维局限。例如，在讨论“人工智能对未来社会的影响”时，学生可能过度聚焦于技术优势，教师可提问“人工智能是否会带来一些潜在风险，如就业岗位流失等问题？”，引导学生全面思考。

4 结语

小组合作学习为学生思辨能力的培养提供了行之有效的途径，通过合理组建小组、精心设计任务、有效引导监控，能够在实践中切实提升学生的思辨能力以及团队协作等综合素养。然而，在实践过程中仍需不断反思与改进，以更好地发挥小组合作学习的优势，为学生的终身发展奠定坚实基础。教育工作者应持续探索与优化小组合作学习模式，使其在培养学生思辨能力方面发挥更大作用。

参考文献

[1] FACIONE P. Critical thinking: what it is and why it counts [M]. Millbrae：California Academic Press，2011.

[2] LANTOLF J P，THORNE S T. Sociocultural theory and the genesis of second language development [M]. Oxford：Oxford University Press，2006.

[3] JONASSEN D. Designing constructivist learning environments [M] //REIGELUTH C.Instructional-design theories and models：a new paradigm of instructional theory. University Park：Pennsylvania State University，1999：215-239.

跨文化能力培养融入大学英语课程的路径探索①

董　玥②

摘　要：新时代大学生是讲好中国故事、传播好中国声音的主体。向世界讲述中国故事是跨文化传播的过程，培养学生的跨文化意识和跨文化能力是大学英语教学的使命。本文旨在探讨跨文化能力培养融入大学英语课程的实践路径，从丰富跨文化教学资源、创设跨文化交际场景、指导学生参加跨文化比赛、应用数智技术赋能跨文化教学等方面进行了阐述。

关键词：跨文化能力；大学英语；课程教学；路径探索

1　引言

习近平总书记指出："讲好中国故事，传播好中国声音，展示真实、立

---

① 本文系2024年北京工商大学教育教学改革研究一般项目"数智赋能大学英语跨文化交际能力的培养"（项目号：jg245228）的阶段性成果。

② 董玥，女，北京工商大学语言与传播学院讲师，主要研究方向为外语教学、汉英口笔译。

体、全面的中国，是加强我国国际传播能力建设的重要任务。”向世界讲述中国故事是跨文化传播的过程[1]，讲述者须具备跨文化意识和跨文化能力，这正是大学英语课程教学的重要任务之一。本文分析了跨文化能力培养在外语教育中的重要意义，探讨了大学英语课程教学培养学生跨文化意识与能力的多种实践路径。

2 外语教育中的跨文化能力培养

全球化时代背景下，新质人才须具备的特质之一是跨文化行动力，这意味着他们要善于倾听和理解不同文化和价值观，具有跨越国界和文化差异的全球视角[2]。因此，重视跨文化教育、培育具备跨文化能力的新质人才是高等外语教育的新使命。作为大学外语教育的主要内容，大学英语课程的重要任务之一是进行跨文化教育，使学生增进对不同文化的理解，提升跨文化交际能力；同时提升学生对中国文化的理解与阐释能力，培养学生用英语讲好中国故事、传播好中国声音的能力[3]。由此可见，跨文化能力培养融入大学英语教育教学符合国家战略需求，对满足学生成长需求也具有重要意义。

3 跨文化知识技能融入大学英语课程教学的具体实践

培养学生的跨文化能力是大学英语课程教学的重要组成部分，下面将从跨文化教学资源、跨文化交际场景、跨文化能力比赛、数智技术赋能跨文化教学等方面探讨具体路径。

3.1 运用影视作品丰富跨文化教学资源

教材是课程教学内容的主要来源，教师可围绕教材内容及单元主题，从网络资源中选用与课程内容密切相关的教学资源，尤其是经典英文影视作品作为跨文化教学的补充视听资源，让学生直观感受和分析影视作品中体现的跨文化知识与技能。

以《新标准大学英语（第二版）综合教程 4》“Unit 1 Nine to five”为例，

该单元聚焦“求职与就业”主题，教师在引领学生学习课文内容后，可适当补充参加英文求职面试的跨文化技能。补充资源可选用经典英文电影《当幸福来敲门》中主人公 Chris Gardner 参加实习面试的视频片段。教师可以让学生课下提前观看电影片段，课上组织学生讨论主人公 Chris Gardner 和几位面试官在面试环节的互动交流，包括称呼语言、肢体动作、眼神交流、面试着装等方面的具体表现。随后，教师带领学生梳理参加英文求职面试时可能会用到的跨文化交际技巧，使学生了解美国人在职场环境中的行为习惯和交流方式，为其今后参加英文求职面试、和美国同事一起工作做好跨文化交流的准备。

3.2 创设跨文化交际场景提升学习兴趣

中国大学生在国内学习英语的环境叫作外语学习环境，这意味着学生较难遇到真实发生的跨文化交际情景，因此教师要在课堂中为学生创设未来他们可能会遇到的跨文化交际场景[4]。这既能激发学生的学习兴趣，又能让学生通过角色扮演思考如何在真实的跨文化交际情景中实现有效的跨文化交流。

以《新未来大学英语视听说教程 3A》“Unit 4　Let’s talk business”为例，该单元项目任务假设学生在一家国际公司工作，即将和同事前往对象国与商业伙伴见面，启程前将给一同前往的团队同事做一场有关该国商务习俗和礼仪文化的培训。教师可根据教材提供的项目任务进行适当改编，为学生创设更加具体的跨文化交际场景，包括初次见面、商务洽谈、商务用餐、机场告别等。同时，教师可组织学生以角色扮演形式呈现在不同跨文化交际场景中中国同事需了解的对象国商务习俗和礼仪文化，从而使这场培训更加生动和真实。当然，教师也可以鼓励学生有意表演缺乏跨文化知识造成的文化误解现象，对表演中不符合对象国商务礼仪的行为进行改正和解释，然后再次通过角色扮演呈现正确行为。这有助于激发全班的学习兴趣，使学生意识到具备跨文化意识和跨文化知识的重要性。

3.3 师生参加跨文化能力比赛实现促学促教

以“外教社杯”全国高校学生跨文化能力大赛为代表的跨文化能力赛事，为考查学生的跨文化能力和提升教师的跨文化教学水平提供了良好平台。参加跨文化能力比赛有助于学生深入学习跨文化知识，进一步提升英语综合应用能力、跨文化沟通能力和国际传播能力。笔者曾指导三名学生参加第五届“外教社杯”全国高校学生跨文化能力大赛校赛，他们以 2020 年华特·迪士尼影片公司出品的电影《花木兰》为素材，设计并表演了跨文化交际课堂案例，最终获校赛第二名。赛后，笔者对三名学生进行了访谈，他们表示这次参赛经历帮助他们深入了解了高低语境文化、个人主义与集体主义、文化折扣等跨文化理论概念，同时也让他们意识到跨文化知识和能力在讲述中国故事过程中的重要意义。

上述学生参赛的经历是以赛促学的体现。作为大学英语教师的笔者在给下一届学生讲解高低语境文化、个人主义与集体主义等跨文化知识概念时，以三名学生参赛的跨文化案例视频作为教学素材，在课上给学生播放视频片段并做分析解释，获得了较为理想的课堂效果。这也是教师通过指导学生参赛以丰富教学资源、提升教学水平的体现。

3.4 应用数智技术赋能跨文化课堂教学

得益于人工智能技术和数字技术的飞速发展，大学英语课程融入跨文化能力培养的路径也有了更多可能，在此主要探讨虚拟仿真实验课程和英语数字故事项目式学习两种路径。首先，教师可借助“国家虚拟仿真实验教学课程共享平台”，让学生利用虚拟仿真技术体验不同场合的跨文化交际场景。为此，教师应尽可能利用语言实验室、智慧教室等环境满足开展该教学活动的需求。教师也可结合所教学生的专业选择适合学生的虚拟仿真实验课程。例如，工商管理、国际贸易、注册会计等专业的学生可通过“跨文化商务交际沉浸式虚拟仿真实验”课程平台体验参加展会、参观工厂、商务谈判、商务宴请等跨文化商务交际场景，在掌握国际商务礼仪知识的同时培养跨文化交际意识，提高跨文化商务沟通能力。

其次，将英语数字故事项目式学习融入大学英语课程教学。数字故事（digital storytelling）是故事讲述者借助图片、声音、配乐等数字技术开展个人叙事的一种形式[5]。用英语将个人真实故事进行跨文化讲述的英语数字化叙事[6]既符合当下拥抱数字技术赋能英语学习的时代要求，又有助于学生在讲述中国故事的过程中提升跨文化传播能力。教师可在课程教学中融入该实践项目，指导学生以小组为单位，从跨文化视角出发制作 3~5 分钟的原创性数字故事，故事主题可围绕文化中国、美丽中国、科技中国等展开，并展现当代青年在其中的角色与责任。教师也可依托“外研社 · 国才杯”“理解当代中国”全国大学生外语能力大赛短视频赛项、“高教社杯”大学生“用外语讲好中国故事”优秀短视频作品征集活动等赛事信息指导学生创作数字故事，引领学生在故事脚本撰写、视频拍摄剪辑、总结反思等环节提升跨文化传播意识与能力。

4　结语

跨文化能力培养融入大学英语课程具有十分重要的现实意义，符合我国加强国际传播能力建设、推动中华文化更好走向世界的战略需求。大学英语教师应探索更多将跨文化能力培养有效融入课堂教学的实践路径，为增强学生的文化自信与跨文化意识、培育具有家国情怀和国际视野的新时代人才做出贡献。

参考文献

[1] 何莲珍 . 服务高教强国建设，重构大学外语课程体系［J］. 外语界，2023（5）：2–7.

[2] 祝智庭，戴岭，赵晓伟，等 . 新质人才培养：数智时代教育的新使命［J］. 电化教育研究，2024 45（1）：52–60.

[3] 教育部高等学校大学外语教学指导委员会 . 大学英语教学指南（2020 版）［M］.

北京：高等教育出版社，2020: 4.
［4］文秋芳 . 产出导向法：中国外语教育理论创新探索［M］. 北京：外语教学与研究出版社，2020：98–100.
［5］LAMBERT J. Digital storytelling：capturing lives, creating community［M］. 4th ed. New York and London：Routledge，2013：37–38.
［6］杨华 . 大学生外语数字化叙事能力的理论与实践研究：课程思政的新探索［J］. 外语教育研究前沿，2021，4(4)：10–17.

翻译和语言学类

文学翻译汉译英过程中的词性转换
——以《英译中国小小说选集（一）》为例

张　娟[①]　关　涛[②]

摘　要：本文以《英译中国小小说选集（一）》为例，深入探讨汉译英过程中的词性转换现象及其翻译策略。通过对比原文与译文中的典型译例，本文主要分析了动词、名词和形容词在翻译过程中的词性转换规律。笔者发现，汉英两种语言的特性差异使得词性转换成为不可或缺的翻译技巧，运用得当则既能巧妙化解表达矛盾，又能促使译文贴合英语的语法规则与表达习惯。本文对英汉词性转换情况进行归纳分析，旨在深化对英汉语言特征的理解，同时为文学翻译实践提供具有参考价值的方法和策略。

关键词：汉译英；词性转换；文学翻译

1　引言

汉语与英语分属汉藏语系与印欧语系，两者在词汇、句法及语篇层面差异

① 张娟，女，北京工商大学语言与传播学院2024级翻译硕士研究生。

② 关涛，女，北京工商大学语言与传播学院副教授，文学博士，硕士生导师，主要研究方向为比较文学与英美文学批评。

显著。因此，在汉译英过程中，有些句子可以逐词对译，而有些句子则由于两种语言表达方式不同，不能采用“一个萝卜一个坑的方法来逐词对译”[1]。本文通过《英译中国小小说选集（一）》中的实例，详细分析汉语动词、名词和形容词在英语翻译中的转译情况，旨在阐述词性转换在汉译英中的必要性及其背后的原因。

2 汉译英过程中动词的转换

英语倾向于多用名词，因而叙述呈静态；汉语倾向于多用动词，因而叙述呈动态[2]。因此，在汉译英翻译实践中，根据英语静态表达特点，汉语动词可以转换为名词、介词或形容词，以符合英语语法和表达习惯。

2.1 汉语动词转译成英语名词

在汉英对比中，汉语动词使用频率高，而英语动词使用率低且每句只有一个谓语动词。因此，在汉译英时，译者需理解源语语义，将部分汉语动词转换为英语名词，以确保语义准确和语言自然。请看下列例句：

例 1：她先到饭馆去学一通，又在家自己苦练。

First she went to the restaurant for her instructions, and then she practiced hard at home.①

这句话将“学”译为“for instruction”，这样翻译体现了汉英词性转换的一项常见规律：当后一个动词表示前一个动词的目的、结果或伴随情况时，可将后一个动词转换为“for+ 名词”结构。在这句话中，“学”正表明了去饭馆的目的。

例 2：拍拍他的肩膀使他吓了一跳。

The tap on his shoulder made him start.

这句话体现了汉英翻译中的另一规律：汉语中位于句首表示原因、条件

① 本文译例均源自黄俊雄编译《英译中国小小说选集（一）》，上海外语教育出版社，2008。

等的动词短语或短句，可转换为名词（短语）或动名词，作为译文的主语，从而与后面的动词形成主谓关系。例如，该句中的“拍拍他的肩膀”就是译文中谓语动词“使”的主语，因此将其处理为名词，使行文表达更加简洁且重点突出。

2.2 汉语动词转译为英语介词

英语中介词或介词短语不计其数，它们中有些蕴含着较强的动作性，故而在翻译时，若能把汉语动词转换为英语介词或相应的介词短语，往往可以增强译文的表达效果。请看以下例句：

例 3：他放在扳机上的手指微微颤抖着。

His finger on the trigger shook a little.

例 4：他抬起头，这才发现自己走进了一家储蓄所。

Raising his head，he realized he was inside a savings office.

由于英语有些介词本身就有表示动作的意义，所以为了更加符合英语的表达习惯，会把动词转译成介词，如例 3 中将汉语动词“放”转译为英语介词“on”，例 4 中将汉语动词“走进”转译为“inside”。

2.3 汉语动词转译为英语形容词

基于英汉语言差异，汉语句子可以使用多个动词，而英语句子只有一个谓语动词。因此，在汉译英实践中，除了将汉语动词名词化之外，还可以将其转译为意义相关的形容词。

例 5：两只白天鹅尽情地享受着美丽的快乐，它们不知道已有一只枪口正对着它们。

The swans indulged themselves in the pleasant joy，unaware that a rifle was being aimed at them.

例 6：他特别喜欢吃面条，一天三顿也不厌。

He loved noodles and was never tired of them，even if he had them for breakfast，lunch，and dinner every day.

在汉英翻译中，当汉语句子中出现表示知觉、心态、情感、意识、想法等心理状态的动词时，可以将其转换为英语形容词及其短语。这些形容词常置于系动词后面，构成“be+ 形容词”结构，用作表语、定语、宾语补足语等成分。比如，例 5 将汉语动词“不知道”转译为英语形容词“unaware”，例 6 将汉语动词“厌恶”转译为形容词短语“be tired of”。这种转换方式不仅符合英语的语言习惯，还能使译文更加简洁、自然。

3 汉译英过程中名词的转换

尽管汉语中动词的使用频率很高，英语中名词的使用频率很高，但是并不意味着汉语的名词就可以一一对译成英语的名词。因此，在汉译英翻译过程中，我们需要注意的一个核心概念是翻译对等[3]。

3.1 汉语名词转换为英语动词

由于一些汉语的名词概念很难找到与之意义对等的英语名词或很难用英语的名词来表达，因此在汉译英过程中，常常会将其转译成英语的动词。

例 7：她的美貌像她的名字一样，充满了内涵。

Like her name，her beauty connoted many other things.

例 8：湖滩上留下了他一串深浅一致的脚印，脚印里面盛满了野花的芳香。

Treading on the wildflowers along the way，he left a string of large footprints of even depth on the shore.

英语表达习惯中，动词常常用于强调动作和行为的发生过程。在翻译时，若汉语名词与动作紧密相关，可将其转换为英语动词，以突出动作的连贯性和生动性。如例 7 中将“内涵”译为“connoted”，例 8 中通过“left”和“treading”等动词，生动地展现了留下脚印的行为过程。

3.2 汉语名词转换为英语形容词

在英语语法规范中，通常较少使用名词直接充当定语，而是倾向于使用形容词来修饰名词；相比之下，汉语中名词和形容词均可频繁地充当定语。因此，在汉译英实践中，往往需要将汉语中的名词定语转译为英语的形容词定语，以确保译文符合英语的语言结构和表达习惯。

例 9：她的皮肤也是松塌塌的，完全失去了往日的弹性。

Her skin had also become very loose，no longer as springy and tight as it used to be.

原文“往日的弹性”若直译为名词结构“the elasticity of the past”会显得冗长生硬，而转译为形容词比较级“springy and tight as it used to be”则更自然，既保留了对比含义，又契合英语的表达逻辑。同时，在英语中，部分形容词（如 rich、poor、old、young、weak、sick、evil、true、false 等），可在其前添加定冠词“the”，从而转化为名词形式，用以指代某一类人群[4]。因此，在翻译过程中，若遇到此类情况，可采用相应的翻译策略。

4 汉译英过程中形容词的转换

汉语词汇的语法功能较活跃，一种词类可以充当好几种句子成分，如形容词不仅可以充当主语、宾语和定语，还可以充当谓语，而英语基本上一种词类只充当一种句法成分，英语的形容词只能充当主语补语、宾语补语和定语，所以在汉译英过程中需要适当加以转译。

4.1 汉语形容词转译为英语名词

许多汉语形容词都无法找到对应的英语形容词，但能够找到意义对等的抽象名词，因此在汉译英过程中，有时会把汉语的形容词转译成英语的名词。

例 10：这时，一位中年汉子扛着猎枪向湖滩走来。汉子很黑。

A middle-aged man of dark complexion was walking towards the lakeshore with a hunting rifle on his shoulders.

此处将汉语形容词“黑”转译为英语名词短语“dark complexion”，通过增译“complexion”一词，能够明确“黑”的所指范围是肤色，使得行文表达更加准确生动。若此处按字面译为“The man was very dark”，英语读者可能会产生歧义。

4.2 汉语形容词转译为英语副词

在汉译英实践中，当汉语名词被转译为英语动词时，修饰该名词的汉语形容词通常也相应地会被转译为副词，以修饰英语中的动词。这种转换策略有助于确保译文在语法和语义上与英语表达习惯保持一致。

例 11：老头子和女儿都睁大了眼睛，惊讶地看着老太太熟练地抻面表演。

The old man and his daughter stared at her with their eyes wide open as she skillfully pulled her dough into noodles.

在该例句中，由于原文中的名词短语“抻面表演”被转译为英语动词“pull”，原文中修饰该名词的形容词“熟练的”也相应地经历了词性转换，被译为副词“skillfully”以修饰动词“pull”。这一转换过程充分体现了汉译英过程中词性转换的灵活性与必要性。

5 总结

本文以《英译中国小小说选集（一）》为研究实例，深入探讨了汉译英过程中词性转换的必要性及其应用策略，通过分析汉语动词、名词和形容词在汉英翻译中的具体转换案例，揭示了汉英两种语言在词汇使用和句法结构上的显著差异。研究表明，灵活运用词性转换技巧能够有效提升译文的自然流畅度和可读性。这些转换不仅契合英语的句法特点和表达习惯，还确保了译文在忠实传达原文意义的同时更易于目标读者理解。词性转换在汉译英中的巧妙运用，充分体现了其在文学翻译中的重要价值。

参考文献

[1] 张培基. 英汉翻译教程 [M]. 上海：上海外语教育出版社，2018.
[2] 连淑能. 英汉对比研究 [M]. 北京：高等教育出版社，2014.
[3] 许余龙. 对比语言学 [M]. 上海：上海外语教育出版社，2002.
[4] 朱丽云，刘畅. 汉英翻译技巧之词性转换法 [J]. 汉字文化，2021 (20)：138-139.

生态翻译学视角下商务文本翻译策略探析
——以《小米集团 2023 年度报告》汉译英为例

张文颖[1]　关　涛[2]

摘　要：商务文本在国际商贸活动中发挥着重要作用，但由于经济、文化、社会等差异的影响，商务文本翻译质量不尽如人意。笔者以生态翻译学理论的三维方法论为指导，分析《小米集团 2023 年度报告》的汉译英文本，探究商务文本翻译中存在的问题及相关翻译策略，以促进商务文本的有效翻译，助力商务活动的开展。

关键词：生态翻译学；语言维；交际维；文化维；转换

1　引言

随着全球化的推进，各国商贸往来愈发频繁，商务文本翻译在助力企业跨越语言障碍和加强合作交流的过程中发挥着重要作用。然而，由于经济、文化、社会等差异的影响，商务文本的翻译质量往往不尽如人意。

---

① 张文颖，女，北京工商大学语言与传播学院2024级翻译硕士研究生。

② 关涛，女，北京工商大学语言与传播学院副教授，文学博士，硕士生导师，主要研究方向为比较文学与英美文学批评。

近年来，学术界对于商务文本翻译的研究日益增多，但绝大多数研究围绕文本特征以及翻译策略分析展开，鲜有从生态翻译学的视角对商务文本进行三维转换的探讨[1]。本文从生态翻译学的视角出发，聚焦语言维、文化维以及交际维，对《小米集团 2023 年度报告》的汉译英文本进行分析，探究商务文本翻译策略，总结翻译精妙之处，为翻译实践提供借鉴和参考。

小米公司正式成立于 2010 年 4 月，是一家以智能手机、智能硬件和 IoT（物联网）平台为核心的消费电子及智能制造公司。小米以 14% 的全球手机市场份额稳居全球第三，并在印度市场以 27% 的份额蝉联销量冠军。上述小米 2023 年报中多使用专业术语，复合句较多，并且涉及企业价值观的文化转码问题以及交际目标的实现，与生态翻译学中的三维方法论具有较高的适配性。通过这一理论框架，可以系统分析小米年报在企业战略、全球化布局及品牌形象传递中的翻译策略。因此，该年报的汉英双语文本不仅体现了当代商务活动发展现状，而且为商务翻译研究提供了具体实例。

2 生态翻译学理论

生态翻译学理论以生态翻译整体论为理论基础，立足生态学视角，以语言学为切入点来分析研究翻译的原则。21 世纪初，胡庚申提出翻译适应选择论，这一理论首次将“自然选择”原理应用于翻译实践当中[2]。随着生态学理论的不断发展以及翻译研究工作的日益深入，越来越多的学者开始从生态学视角出发，运用“生态”“适应”等概念来探讨翻译实践。

三维转换是生态翻译学中的方法论，即译者可从语言维、文化维和交际维这三个方面对原文进行翻译，以实现最佳适应度的译文。这一理论为商务文本的翻译提供了新的视角和理论指导。鉴于此，生态翻译学不仅重视语言的翻译，并且更加强调语言翻译与文化环境以及跨文化交际的连接。在翻译实践当中，语言维度转化体现在语言形式的适应与选择上，文化维度转化体现在语言文化内涵的适应与选择上，交际维度转化体现在交际目的的适应与选择上。这三个维度也紧密联系，不可分割[3]。

译者需要综合考虑文本的语言特点、文化背景和交际目的，运用“三维转换”的翻译方法，在语言维、文化维和交际维这三个方面进行适应性选择和转换。同时，译者还需要关注翻译生态环境的变化，不断调整翻译策略和方法，以适应不断变化的翻译需求[4]。

3 生态翻译学视角下商务文本案例分析

基于以上对于生态翻译学三维方法论的内容分析以及商务文本的重要性，以下将通过典型案例来体现生态翻译学视角下翻译策略的选择，进而总结可供学习借鉴的翻译方法，以满足商务对外沟通的需求。

3.1 语言维

英语和汉语在语言层面存在显著差异。例如，英语是静态性语言，翻译时以名词为主，而汉语是动态性语言，翻译时以动词、形容词为主；英语为形合语言，而汉语为意合语言；英文叙述时先评论后阐述事实，而汉语叙述时先阐述事实，后进行评论。这些语言差异要求译者在翻译实践中重视源语与目标语的对等与转换，结合具体语境，运用不同的翻译策略，进行词性转换、语态转换以及语序转换。

3.1.1 词性转换

例1：2023年，集团整体毛利率达到21.2%，同比<u>提升</u>4.2个百分点。

译：In 2023, our gross profit margin reached 21.2%, <u>an increase of</u> 4.2 percentage year-over-year.

汉语是动态性语言，一个句子中往往出现多个动词连用的情况；英语是静态性语言，在一个英文句子中通常以具体动词的名词形式出现。在本例中，原文当中的“提升”为动词形式，其英文表达为“increase”的名词形式，体现了汉语动态向英语静态的转变过程。

3.1.2 语态转换

例2：Xiaomi SU7系列的定价于2024年3月28日正式公布。

译：The pricing of Xiaomi SU7 Series was formally announced on March 28，2024.

汉语通常多用主动语态，主语加谓语动词的形式极为常见；英语多用被动语态，无灵主语句最为常见。在原句中，“定价……正式公布”为主动句，在汉译英的过程中，译者考虑到了英语善用被动形式的特征，因此将“公布”翻译成“was announced”而非“announce”，契合了英语读者的阅读习惯。

3.1.3　语序转换

例 3：2024 年 2 月，我们发布了首次出场即搭载小米澎湃 OS 的平板产品 Xiaomi Pad 6S Pro 12.4。

译：In February 2024，we launched the Xiaomi Pad 6S Pro 12.4，the first tablet product with built-in Xiaomi HyperOS.

在例 3 中，“首次出场即搭载小米澎湃 OS”作为“平板产品”的定语，起到修饰作用。英语语境中习惯先说主体，再进行修饰补充，补充的通常为同位语、后置定语等。在译文中，译者将修饰部分以同位语的形式放在中心语的后面，契合了英文文本的表达习惯。

3.2　文化维

由于生产方式、地域环境不同，不同民族的文化背景、价值观念以及思维方式均存在差异，不同语言背后的文化也就有所不同。因此，译者应在翻译过程中关注双方文化的差异。

例 4：小米集团秉持“匠心独运，精益求精”的工匠精神，致力于打造极致产品。

译：Guided by the artisan spirit of “original ingenuity and relentless refinement”，Xiaomi Group is dedicated to crafting exceptional products that transcend cultural boundaries.

鉴于中英文化差异，中文文本行文多采用四字格形式，以便生动形象地传达出原文所传递的信息与情感。相较之下，英文文本通俗易懂，用词简单。在此例中，“匠心独运”“精益求精”“工匠精神”为典型的四字表达，体现出中文的独特魅力与价值。此外，在中华优秀传统文化中，“匠心独运”“精益求精”“工匠精神”用来表示对工匠技艺与职业精神的至高追求，其文化原型可以追溯到《长物志》《考工记》《论语》等优秀作品当中。鉴于此，在翻译过程中，传达出上述四字表达的内在含义极为重要，以便保持中文特有的精神内核的同时符合国际商业话语体系，帮助国外读者理解小米的品牌哲学。在汉译英文本中，译者将“工匠精神”译为“artisan spirit”，比直译为“craftsman spirit”更具国际认知度。“匠心独运”译为“original ingenuity”，体现东西方共同推崇的独创性，避免直译“unique craftsmanship”，以免产生工艺局限感。“精益求精”译为“relentless refinement”，既保留中文的叠词韵律，又符合西方企业常用的进取型表述。由此可以看出，在进行汉英翻译实践时，必须充分考虑不同文化情境下用词的选择，这样才能完整传达出原文所蕴含的文化意蕴和深刻价值。

3.3 交际维

在商务文本的翻译中，译者不仅要准确传达原文信息，而且要结合译入语的文化语境以及译入语读者的阅读习惯和接受程度，进行完善。

例 5：我们持续<u>深耕</u>全球布局。2023 年，我们的境外市场收入为人民币 1 218 亿元，占总收入的 44.9%。

译 1：We continue to <u>expand</u> our global <u>footprint</u>.In 2023，our revenue from overseas markets reached RMB 121.8 billion，accounting for 44.9% of our total revenue.

译 2：We have been continuously <u>strengthening</u> our <u>global presence</u>.In 2023，our revenue from overseas markets reached RMB 121.8 billion，accounting for 44.9% of our total revenue.

在本例中，“深耕”一词体现了中华民族竭尽全力完成一件事情的性格特点。中国自古以来就是一个农业大国，十分重视农业发展。汉语常用"深耕"一词来表示国家或个人在某个领域深入研究或做出贡献的过程。但是，在汉译英文本中，译者并没有拘泥于原文"深耕"这个词的形式或表层含义，而是剖析了这个词所传递的深刻内涵以及发言人的意图，将其译成"expand our global footprint"。但是，需要注意的是，该译者并没有充分考虑到英语读者的文化语境以及思想认知。"expand"这个词的英文释义之一为"to diversify or spread into new territories"，对应的中文释义为"拓展新的领土"，又考虑到小米企业为中国领头企业，若《小米集团 2023 年度报告》汉译英文本内容带有"expand"这类容易引起歧义的词，则不利于中外企业的交流，影响各国之间的友好交往。因此，根据生态翻译学"三维转换"方法论的指导，笔者修改译文为"We have been continuously strengthening our global presence."。从交际维适应转换的角度来看，这一表达在英文语境中更加符合英语语言表达习惯，并考虑到读者的心理感受，让读者了解到发言人的表述意图，即继续向前发展，拓展企业的业务范围。

4 结语

商务文本翻译要求译者把握文本特点[5]，《小米集团 2023 年度报告》中大量使用技术类术语，多长句嵌套，同时涉及企业价值观的跨文化转码以及交际目标的实现，在汉译英翻译过程中非常适合以生态翻译学理论为指导，从语言维、文化维、交际维三个维度进行翻译适应性转换来保证翻译质量，从而为加强国内外企业商务沟通提供语言服务。

参考文献

[1] 朱婉婷．生态翻译学视角下商务文本的机器翻译与人工翻译对比：以《小米集团 2023 年度报告》为例［J］．嘉应文学，2024（18）：98-100.

[2] 胡庚申．生态翻译学的理论创新与国际发展［J］．浙江大学学报（人文社会科学版），2021，51（1）：174-186.

［3］丁江慧 . 生态翻译学视域下商务材料翻译研究［D］. 上海：华东师范大学，2022.
［4］袁鑫 . 生态翻译学视阈下政治理论文本英译研究：以《中国道路能为世界贡献什么》为例［J］. 中国翻译，2021，42（6）：134–140.
［5］马会娟 . 论商务文本翻译标准的多元化［J］. 中国翻译，2005（3）：81–84.

《安阳投资指南》外宣英译的话语分析

贺晓爽[①] 刘 婧[②]

摘 要：本文运用费尔克劳夫话语分析理论，从文本、话语实践、社会实践三维度探讨《安阳投资指南》外宣英译。研究指出，外宣翻译需在地方话语权威与国际传播效果间寻求平衡，为优化翻译实践提供参考。

关键词：话语分析；外宣翻译；《安阳投资指南》

1 引言

在全球城市竞争日益激烈的语境下，地方外宣文本的英译已不再局限于单纯的信息传递，而成为城市参与国际话语权争夺的重要战略工具。“外宣”指使用外语进行针对国外受众的信息传递、思想互动与影响传播活动，这与“翻译”（通过使用外语来向国外读者介绍信息、传播思想与文化的形式与结果）在本质上具有一致性[1]。鉴于此，本文基于费尔克劳夫的三维话语模型，结合语料分析，揭示翻译过程中语言选择如何被意识形态所形塑及其对

① 贺晓爽，北京工商大学语言与传播学院翻译专业2024级硕士研究生，研究方向为笔译。
② 刘婧，北京工商大学语言与传播学院副教授，主要研究方向为翻译理论与实践、翻译教学、大学英语教学。

城市形象构建的影响机制。

2 理论框架

费尔克劳夫的三维话语模型为分析语言提供了系统框架，包括文本分析、话语实践和社会实践等三个维度。文本分析维度关注词汇语法特征；话语实践维度关注文本翻译策略选择、传播渠道和受众解读方式等；社会实践维度则将话语分析置于更广泛的社会语境中，探讨权力关系与意识形态在文本中的运作，关注文本背后的社会结构、文化背景和权力动态以及这些因素对文本生产、传播和接受的影响。在城市外宣文本翻译中，社会实践维度尤为重要，因为城市形象构建与社会经济、政治和文化背景密切相关。

3 案例分析

对外话语研究关注英译文本作为一类特殊语篇在对外传播中呈现出来的个性化修辞特点，从翻译学视域解析译者协调、译文生成以及译本传播，从批评话语分析和批评翻译学视角探讨社会语境、国际政治、意识形态等语言外部因素对翻译过程的影响[2]。接下来译者将以《安阳投资指南》的英译为例，从以下几个角度进行分析。

3.1 文本维度：术语标准化与文化隐喻重构

案例 1：经济数据的政治性转译。

原文：安阳是全国优质小麦生产基地，粮食产量稳定在 375 万吨以上。

译文：Sustaining grain output above 3.75 million tons annually，Anyang serves as a national strategic grain production base.

分析：在原文中，安阳作为一个粮食产量稳定的优质小麦生产基地，重点在于经济数据的呈现。然而，在译文中，通过添加“strategic”一词，单纯的经济数据被提升到了国家粮食安全的战略层面。这种转译不仅提升了安阳在全国粮食生产中的地位，还隐含着城市在保障国家粮食安全方面的重要使命。动词“serves”进一步强化了这种使命感，体现了安阳不仅仅是粮食生产的经济主体，更是国家战略的执行者。这种转译策略不仅提升了文本的权威性，还增强了读者对安阳在国家层面重要性的认知。

案例 2：文化符号的神圣性强化。

原文：殷墟——甲骨文故乡。

译文：Yin Xu：Cradle of Oracle Bone Inscriptions.

分析：译文中使用“cradle”这一隐喻，强调了殷墟作为甲骨文起源地的神圣性和重要性。这种隐喻的使用提升了文本的文化层次，使读者更容易接受和理解殷墟在世界文化遗产中的地位，同时也避免了“hometown”可能带来的地域局限性。通过这种转译，殷墟的文化价值得到了更广泛的认可和传播。

3.2 话语实践维度：文化协商与认知调适

案例 3：文化符号的隐喻置换。

原文：以翔宇医疗为龙头的康复设备产业。

译文：Xiangyu Medical-led rehabilitation equipment industry.

分析：在外宣翻译时，翻译也必须具有国际视野与外国读者意识，这样译文效果才能更好，才能真正走出去[3]。在原文中，“龙头”一词具有鲜明的中国文化特色，常用于表示行业中的领军企业，但在英语语境中，“dragon head”可能引发误解或负面联想。译文通过使用“led”一词，巧妙地规避了文化误解的风险，同时激活了市场领导者意象，使读者能够直观地理解翔宇医疗在康复设备产业中的核心地位。这种隐喻置换不仅保留了原文的核心意义，还增强了文本在跨文化语境中的可接受性和说服力，体现了译者在文化协商中的灵活性和策略性。

3.3 社会实践维度：政治转码与形象塑造

案例 4：交通网络的符号化表达。

原文：京广高铁贯穿南北。

译文：Beijing-Guangzhou High-Speed Railway traverses the region，connecting Anyang to national development arteries.

分析：原文中“京广高铁贯穿南北”主要强调高铁的地理覆盖范围，但在国际语境中，这种表述不足以体现高铁的战略意义。译文通过使用“traverses”替代“pass through”，不仅凸显了高铁对区域的战略覆盖作用，还通过“development arteries”这一意象，将基础设施转化为经济命脉的象征。这种符号化表达不仅增强了文本的战略性和前瞻性，还强化了安阳在全国发展网络中的重要地位，体现了译者在社会实践维度上的形象塑造能力。通过这种转译，安阳的交通网络被赋予了更深层次的意义。

4 结论

本文基于费尔克劳夫的三维话语分析框架，探讨《安阳投资指南》英译中对城市形象构建的影响。文本、话语实践和社会实践这三个维度的互动，既能服务地方经济战略，又融入了整体传播逻辑。未来研究应聚焦于外宣翻译的受众接受机制，通过实证研究考察跨文化语境下意识形态解读差异，同时平衡地方诉求与传播规律。只有直面复杂性，外宣翻译才能在传播场域中实现城市形象的真实性、吸引力与价值的统一。

参考文献

[1] 朱义华，张健.学科视野下的外宣翻译之“名”与“实”探究[J].上海翻译，2021（5）：34-38.

[2] 郭亚东，陈新仁.新时代我国对外话语研究的进展、议题与范式[J].外语界，2020（6）：12-18.

[3] 朱义华.外宣翻译的新时代、新话语与新思路：黄友义先生访谈录[J].中国翻译，2019，40（1）：117-122.

汉西网络用语的词汇构成对比

洪嘉琦[①] 朱 婕[②] 张馨予[③]

摘 要：在互联网不断普及与全球化加速发展的背景下，网络用语在人们的日常生活中扮演着越来越重要的角色。汉语和西班牙语作为世界上使用人口庞大的两种语言，其网络用语既具有相似性，也各有特色。本文以缩略、谐音转化、添加词缀、语义转化等构词方式为切入点，旨在对比汉西网络语言的构成特点，探究其演变规律，帮助语言学习者对汉语与西语更好地理解运用，促进跨文化交流。

关键词：网络用语；词汇构成；汉西对比

1 网络用语：数字时代的语言革新

网络用语是基于网络时代产生的新型语言，是指与网络有关和在互联网上流通的语言，是网民们为了适应网上交际需要而创造和使用的语言[1]。随着互联网的普及与全球化进程的加速，网络用语作为一种新兴的语言现象，以其简

① 洪嘉琦，女，北京工商大学语言与传播学院西班牙语专业2022级本科生。
② 朱婕，女，北京工商大学语言与传播学院讲师，主要研究方向为西班牙语翻译。
③ 张馨予，女，北京工商大学语言与传播学院讲师，主要研究方向为对外西班牙语教学。

洁性、创新性与传播性成为人们日常交流中不可或缺的一部分。网络用语的词汇构成不仅反映了语言发展的特点与规律，也体现了不同的文化现象。

2 汉西网络用语的词汇构成对比

新词语通常是因交际需求而于特定时期、特定言语环境里产生的[2]。网络用语作为一种在网络环境中持续发展的新兴语言形态，无论在西班牙语还是汉语中，其生成与演变皆离不开特定的方式，主要涵盖以下五种：缩略、谐音转化、添加词缀、吸纳外来词以及语义转化。

2.1 缩略

网络缩略语是融合网络与缩略特征的一种极具特色风格的社会方言[3]。西语缩写侧重语音简化（如 información → info、sabes → sbs）；汉语则侧重语义凝练，通常保留中心词，如将“微小且确切的幸福”简称为“小确幸”；西语中的首字母缩写（如 Organización de las Naciones Unidas → ONU）则与汉语的拼音缩略（如笑死我了→ xswl）逻辑相似，但汉语还需实现“拼音—汉字”的转换。

2.2 谐音转化

为了达到某种表达效果，人们通常利用读音相同或相近的字词，将原本的词汇转化为更具特点的网络语言。西语的谐音主要依赖拼读规则，通过字母以及音节的发音互相代替实现，如 to2（todos）。汉语的谐音转化则更为多样，既有通过改变原词语的声母、韵母或声调来创造新词的方式，如集美（姐妹），也有通过其他语言与数字音译的形式，如 886（拜拜了）、Duck 不必（大可不必）等。

2.3 添加词缀

西语网络词汇的前缀有代表程度深浅的作用（如 re- 表示加强），同时也用于代指某类与前缀相关的事物（如 ciber- 代指与网络相关的事物）；后缀常用于词性转化，如名词动词化。汉语网络用语的前缀多用于代表某种特定的形式或风格（如云 -、赛博 -），而后缀常常作为某种群体标签的符号

（如 - 族、- 人）。总的来说，汉语网络用语中的词缀添加更注重含义联想与群体标识，而西班牙语则更依赖语法规则与形式变化。

2.4 吸纳外来词

从来源看，上述两种语言的网络用语均以英语借词为主。从吸收方式看，西语作为拼音文字常常直接保留英语拼写或西语化拼写以适应发音规则；汉语则既有直接借用外语的部分，如 Wi-Fi、offer，也有将外语音译或意译为中文的形式，如粉丝（fans）、直播（live stream）。

2.5 语义转化

在语义转化方面，两种语言的网络用语都普遍存在这种现象。例如在西语中，"becerro" 原指 "小牛"，在网络语境中常用来指那些经验不足的新手。相较于西语，汉语中的词汇含义转变多来源于社会热点的出现与生活方式的改变，例如 "躺平" 一词原指 "平躺" 这一动作，现在逐渐成为一种社会现象的代名词，用来形容面对压力与竞争时所表现出的一种不积极、不主动的心态。

3 语言异同与文化映射

鉴于语言发展与文化传播的共通性，无论在缩略词、谐音词、外来词还是语义转化词等方面，汉语和西班牙语在网络用语的词汇构成上都有很多相似之处，但由于文化背景差异、语言特点等因素，两者也各有其独特之处。汉西网络用语的对比研究反映了语言自身的演变规律，也体现了不同文化背景下的社会现象和心理需求，为跨文化交流提供了丰富的素材。

参考文献

[1] 汤玫英 . 网络语言新探 [M] . 郑州：河南人民出版社，2010：10.
[2] 王德春 . 语言学概论 [M] . 上海：上海外语教育出版社，1997.
[3] 李俊华 . 网络缩略语探析 [J] . 西南科技大学学报（哲学社会科学版），2011，28（5）：88-92.

翻译美学视角下 AI 翻译与人工翻译的对比分析

王梦宇[①] 孔海龙[②]

摘　要：本文从翻译美学视角出发，以张培基在《散文佳作 108 篇》中对贾平凹作品《丑石》的翻译为案例，对比分析 AI 翻译与人工翻译在词汇、句法、语境等三方面的差异。本文认为，译者在文学翻译中应发挥主体性作用，通过译者的理解和创造，在翻译中再现原文的艺术价值。

关键词：机器翻译；翻译美学；译者主体性

散文是文学中常见的体裁，主要特点是“形散神聚”。如何传递原文的美，体现散文的文学价值，是翻译工作者面临的难点。张培基的散文翻译以其忠实原文、语言优美、意境深远而著称。本文从翻译美学的角度，从词汇、句法、语境等三个方面分析张培基翻译的《丑石》的美学特征和翻译技巧，对比分析以 DeepSeek 为例的 AI 翻译与以张培基为例的人工翻译在再现原文美学价值方面的差异。

① 王梦宇，北京工商大学语言与传播学院2024级研究生。

② 孔海龙，北京工商大学语言与传播学院副教授，硕士研究生导师，研究方向为英美文学、叙事理论、商务英语。

1 翻译美学及译者主体性作用

翻译不仅是一个单纯的信息转化的过程，也是一个文化传递的过程。文学翻译可视为一种艺术创造过程。在不同语言形式和文化背景中，美的表现形式各异，要想用另一种语言形式和文化内涵来还原源语言文本的美，则需要译者以主动的态势来进行创造性的再现[1]。翻译美学理论强调翻译不仅是一种语言转换活动，而且是一种艺术创作过程。其中，译者主体性不可或缺。译者作为翻译活动的主体，不仅需要准确理解原文的语言形式和内容，还需深入挖掘其中的文化内涵与美学意蕴，通过自身的审美判断和艺术创造力，将原文的美学价值转化为目标语读者能够感知的艺术形式[2]。

2 翻译美学视角下 AI 翻译与人工翻译的对比分析

随着大语言数据模型的不断发展，人工智能翻译软件的“惊艳”表现给人工翻译带来了巨大的挑战。但在文学翻译领域，机器翻译还不能像人工翻译那样领会原文的词汇美、语境美和句法美。

2.1 词汇美

张培基在翻译《丑石》时，通过精准的词汇选择，忠实传达了原意，再现了原文的语言美、意境美和文化美。其译文语言优美、情感细腻、文化传递巧妙，为目标语读者带来了丰富的情感体验。

例 1：房盖起来，压铺台阶，伯父也没有看上它。

张培基译：Even when my uncle was busy with the flight of steps leading to the new house he didn't take a fancy to the ugly stone.

DeepSeek 译：When the house was built and steps were needed, even my uncle didn't think it was worthy.

根据上下文语境，原文“没有看上”就是“不喜欢，没有用”，张培基将此译为“didn't take a fancy”，与原意相同，能够使目标语读者感受到这种细腻的感情；DeepSeek 将此句译为“didn't think it was worthy”，该译文仅把“叔叔认为这块丑石没有使用价值”翻译出来，并没有把叔叔对这块丑石的感情表达出来。

不难看出，机器翻译在词汇层面往往采用直译，缺乏人工翻译的细腻情感和理解深度，而散文中常常蕴含作者的情感和意境，词汇是情感与意境的主要载体，精准的词汇能帮助译文传递原文的情感深度和美学价值，为目标语读者提供与原文相当的审美体验。

2.2 句法美

中文重意合，英文重形合。张培基在翻译《丑石》时，在句法层面兼顾原文语言风格、情感表达和文化内涵，使译文符合英语的表达习惯。

例 2：我们这些做孩子的，也讨厌起它来，曾合伙要搬走它，但力气又不足。

张培基译：We children began to dislike the stone too，and would have taken it away if we had been strong enough.

DeepSeek 译：We children also began to dislike it and once tired to move it away together，but we weren't strong enough.

张培基使用与过去事实相反的虚拟语气，即“would have taken...if had been”，隐含“当时力气不足，因此未能搬走”的假设，这种方式使目标语读者更能理清逻辑；DeepSeek 则采取直译，使句子偏口语化，不符合散文的语言特点，造成上述假设性信息的缺失，达不到功能对等之效。

中西方句法的差异主要体现在句子结构、语序、连接方式以及表达习惯等方面，这些差异不仅反映了语言本身的特性，还体现了中西方文化和思维方式的差异。在中译英时，译者要将中文的逻辑以及暗含的意蕴准确译出，以使目标语读者准确理解原文内容。

2.3 语境美

在文学翻译中，语境至关重要，译者不仅要精通目标语言，还应对文化、历史和社会等方面有深入的了解乃至洞悉。张先生字斟句酌，以传达原著在用词和句法层面所蕴含的文化语境，从而赋予译作以一种意境美。

例 3：它静静地卧在那里，院边的槐荫没有庇覆它，花儿也不再在它身边生长。

张培基译：The stone just lay there in silence, enjoying no shading from the pagoda trees by the yard, nor flowers growing around it.

DeepSeek 译：It lies there quietly, with no shade from the locus tree by the courtyard sheltering it, nor flowers growing by its side anymore.

从选词的角度来看，在翻译槐树时，张培基翻译为“pagoda trees”，而 DeepSeek 翻译为“locus tree”。显而易见，张培基的译文更符合源文本的文化意境。由于文化差异，“pagoda trees”是中国传统的槐树，多用于古诗词、文化场景，而“locust”多指刺槐，原产于北美，后来引入中国，而且“locust”也有“蝗虫”之义，根据散文的风格，用“locus tree”显然不具美感。从句法角度来看，张培基使用的主动语态赋予了“the stone”生命，丰富了文章的画面感，而 DeepSeek 用介词短语作状语来修饰“丑石”，使译文静态化，缺少语言的生动性。

只有透彻理解整篇文章的含义，才能更准确地翻译句子。译作中的语境复杂多变，词语和句式都可能影响译作的理解。因此，正确分析语境是准确翻译句子的基础。通过识别段落中的关键词、关联词或情感色彩，我们可从横向（在同一句子或段落内）和纵向（考虑前后文或整个篇章的逻辑关系）这两个层面进行分析，从而更准确地把握原文意图，选用最佳词汇进行翻译。这不仅能确保译文的准确性，还能保留原文的韵味和风格[3]。

3 结语

本文以翻译美学理论[4]为指导，以贾平凹的《丑石》为研究文本，从词汇、句法、意境等三个层面对比分析人工翻译与机器翻译的差异。笔者认为，张培基的译本行文更加流畅，用词准确且优美，使原文和译文在最大程度上达到了阅读效果的一致性；机器翻译的译文则句式呆板，在处理细腻感情时差强人意。当然，在 AI 高速发展的大背景下，显然单靠人工翻译已不太现实，想提高翻译速度与翻译质量，应该将人工翻译与机器翻译结合起来，实现人机协同。

参考文献

［1］吴智娟．许渊冲翻译美学思想浅议［J］．黑河学院学报，2024，15（4）：177–180.

［2］谷雨洁．译者主体性视角下《红楼梦》第三回译文的对比分析：以霍译本和杨译本为例［J］．嘉应文学，2025（3）：67–69.

［3］孙楠．语境分析在英语翻译中的应用［J］．英语广场 2024（33）：7–10.

［4］马丹，龙曼莉．从翻译美学角度看张培基英译散文《梦》［J］．英语广场，2023（26）：7–10.

商务英语课堂教学中的意识形态问题探析

孔海龙[①]

摘　要：本文以商务英语课堂教学中的意识形态呈现为研究对象，系统关注与之相关的教育政策、教育环境、教学主体、教学过程、教学媒介与方法、教学内容、教学效果与评价等内部、外部构件，剖析上述教学构件内的意识形态运作机制，为商务英语教学提供一种可行的意识形态批评视角。

关键词：商务英语；课堂教学；意识形态

商务英语课堂教学中的意识形态问题愈发受到学界关注。本文拟探讨商务英语课堂教学中的意识形态问题，揭示课堂教学各个要件中所蕴含的意识形态要素，为国内高校商务英语课堂教学提供一种意识形态批评视角。

1　研究现状

当前，国内外学者多有关注英语教学中的意识形态呈现问题，但对商务英语这一专门用途英语中的意识形态相关问题论述尚不够充分。例如，穆凤

① 孔海龙，北京工商大学语言与传播学院副教授，硕士研究生导师，研究方向为英美文学、叙事理论、商务英语。

良对外语教学中的意识形态问题进行了思考，指出意识形态的作用主要是通过语言政策和价值观念的差异来体现，从跨文化的视角提出了相应的对策，提倡中西方文化中的意识形态交流[1]。杨维东站在国家主流意识形态安全的高度探讨了外语教育中存在的文化与意识形态问题及应对策略[2]。司显柱指出高校英语教学中意识形态“无处不在”的特性，从教学主体、教学方法、教学过程、教学媒介、教材建设等五个层面指出如何在英语教学中树立意识形态意识，将思想政治工作贯穿教学育人全过程[3]。

2 商务英语课堂教学中的意识形态问题

商务英语课堂教学中的意识形态具有无处不在性和隐蔽性这两大主要特征，教学主体（教师和学生）应对商务英语课堂教学各个环节中意识形态的存在方式具有自我反思与批判能力，自主甄别和剖析商务英语课堂教学各个教学环节中意识形态存在方式及其内在联系。这些教学环节包括语言政策、教学环境、教学主体、教学过程、教学媒介与方法、教学内容以及教学评价与效果等。

教学环境构成商务英语教学中的“隐性课程”，对高校商务英语专业学生价值观、学习态度、学习投入等的塑形至关重要。受功利化英语教育的冲击，商务英语专业的师生教学主体在价值取向上呈现出多元化、复杂化的发展特征。这就需要高校教育政策制定者注重青年教师主流意识形态的发展，避免出现理想信念缺失、师德淡化的倾向。教师在商务英语教学的过程中，在引导学生认知西方商务文化的同时，要培养学生的批判性思维，降低西方意识形态潜移默化的负面影响。商务英语教学过程应充分挖掘中国传统商务文化的意识形态内涵，培养学生的商务文化自信。商务英语教学媒介呈现出由单文本、单模态媒介转向跨媒介、多模态的商务英语实践教学平台的趋势。跨媒介、多模态商务英语学习平台中所蕴含的多层次、多维度意识形态问题已然成为当前学界研究的一个热点问题，不同的教学方法也蕴含潜在的意识形态内涵。例如，认知教学法强调“社会知识”的习得过程，关注个体或群体的社会表征，但忽略了“社会知识”的生产方式及其在日常教学活动中的系统呈现。教学内容是指商务英语教学过程中所采用的官方指定的商务英语教材、教师为学生自主选择的非官方教学素材、原版引进教材、原版报纸杂志、在线网络资源等。深入挖掘上述教学内容中的意识形态内涵，无疑会提升学生的自主批判意识和文化鉴别能力。对商务英语课堂教学评价机制需要进行意识形态层面的反思，而且还要思考这种反思如何影响商务英语课堂教学效果的落地生根。

3 结语

商务英语教学中的意识形态研究将传统的英语语言意识形态研究具体运用于商务英语这一专门用途英语的范畴，旨在建构商务英语课堂教学中的意识形态批评框架，为国内商务英语专业教学改革提供一种切实可行的、系统的意识形态批评视角。本文认为，商务英语教学中的意识形态建构具有系统性、层次性、复杂性与多维性等特征。同时，商务英语教学各个环节中所体现出来的意识形态均应符合社会主义核心价值观与社会主义主流意识形态。

本文强调教学主体的反思与批判，具体体现为反思与商务英语教学活动密切相关的社会文化、政治、经济等语境。换言之，本文所指的“意识形态”应超越狭义的政治意识形态范畴，把英语教学中的意识形态研究这一整体宏大叙事和商务英语这一局部的语境叙事结合起来，探究宏大叙事与局部叙事之间的内在联系。

通过探讨商务英语课堂教学过程中各个教学要素所蕴含的意识形态元素，笔者认为商务英语教学中的意识形态建构是一项复杂的系统工程：我们不仅要看到教学过程外在要素中的意识形态存在形式，还应重视教学过程内在要素中的意识形态存在方式、运作机制及其作用与效果。商务英语教学的过程中，在批判甄别西方主流意识形态的同时，应潜移默化地融入社会主义核心价值观，逐步培养商务英语专业学生的文化自信、民族自尊与爱国情怀。

参考文献

［1］穆凤良．外语教学中的意识形态思考［J］．清华大学教育研究，2003，24（S1）：53–57.

［2］杨维东．外语教育中存在的文化及意识形态问题及应对［J］．外语教学，2015（5）：73–76.

［3］司显柱．试论我国高校英语教学中的意识形态［J］．教育论坛，2018，6（2）：1–4，8.

大学英语四六级翻译中中国文化内容翻译的技巧研究

李 洁[①]

摘 要：本文聚焦大学英语四六级翻译中的中国文化内容，深入剖析其特点与难点，并从词汇、句式、篇章等三个层面提出针对性翻译技巧，旨在帮助学生提升此类翻译能力，助力中国文化在跨文化交流中有效传播。

关键词：大学英语四六级；翻译；中国文化内容；翻译技巧

1 引言

随着中国国际地位的不断提升，中国文化在世界范围内的影响力日益扩大。大学英语四六级考试作为衡量大学生英语综合能力的重要标准，其翻译部分对中国文化内容的考查比重在逐渐增加。这不仅体现了考试对学生跨文化交际能力的要求，也凸显了传播中国文化、促进中外文化交流的重要性。然而，由于中西方文化存在显著差异，学生在翻译中国文化内容时常常面临诸多困难。因此，深入研究大学英语四六级翻译中中国文化内容的翻译技

① 李洁，北京工商大学语言与传播学院讲师，主要研究方向为外语教学。

巧，具有重要的现实意义。

2 大学英语四六级翻译中国文化内容的特点与难点

2.1 特点

大学英语四六级翻译中的中国文化内容涵盖历史、地理、文学、艺术、民俗等多个领域，具有丰富的文化内涵和独特的表达方式。例如，在历史方面，涉及中国古代的朝代更迭、重大历史事件等；在地理方面，包含中国的名山大川、风景名胜等；在文学方面，涵盖经典文学作品、诗词歌赋等；在艺术方面，涉及书法、绘画、戏曲等；在民俗方面，包含传统节日、传统习俗等。这些内容是中国文化的瑰宝，也是跨文化交流中的重要载体。

2.2 难点

（1）文化差异：中西方文化在价值观、思维方式、语言表达等方面存在巨大差异。例如，中国文化强调集体主义，而西方文化更注重个人主义；中国文化习惯用隐喻、象征等修辞手法表达思想，而西方文化则更倾向于直接、简洁的表达方式。这些差异给翻译带来了很大困难。

（2）词汇空缺：许多中国文化特有的概念和事物在英语中找不到完全对应的词汇，如“气功”“阴阳”“风水”等。译者需要具备深厚的文化底蕴和丰富的翻译经验，才能准确传达其内涵。

（3）句式结构：汉语和英语的句式结构存在很大不同。汉语注重意合，句子结构松散，逻辑关系隐含在语义之中；而英语注重形合，句子结构严谨，逻辑关系通过连词、介词等显性表达。因此，在翻译中国文化内容时，需要调整句式结构，使其符合英语的表达习惯。

3 大学英语四六级翻译中国文化内容的翻译技巧

3.1 词汇层面

（1）直译加注：对于一些具有中国文化特色的词汇，可以采用直译加注的方法，即在直译的基础上，添加适当的注释，解释其文化内涵。例如，“旗袍”可译为“qipao（a traditional Chinese dress for women）”，“功夫”可译为“kungfu（a traditional Chinese martial art）”。

（2）意译：当直译无法准确传达词汇的含义时，可以采用意译的方法，根据词汇的文化内涵，选择合适的英语词汇进行表达。例如，“气功”可译为“Qigong（a traditional Chinese system of physical exercises and breathing control）”，“阴阳”可译为“yin and yang（the two opposing principles in nature，the former feminine and negative，the latter masculine and positive）”。

3.2　句式层面

（1）调整语序：由于汉语和英语的语序不同，在翻译时需要根据英语的表达习惯调整语序。例如，“在中国，烹饪不仅被视为一种技能，而且也被视为一种艺术”，可译为“In China，cooking is considered not only a skill but also an art”。

（2）转换句式：将汉语的简单句转换为英语的复合句或并列句，使句子结构更加严谨，逻辑关系更加清晰。例如，“中国的一位帝王于五千年前发现了茶，并用来治病”，可译为“According to legend，tea was discovered by a Chinese emperor five thousand years ago and then was used to cure disease”。

（3）补充省略成分：汉语中常常省略一些句子成分，而英语中则需要完整表达。在翻译时，需要根据上下文补充省略的成分，使句子意思完整。例如，“原产于中国，主要产自福建、浙江等地”，可译为“It was originally produced in China and mainly in Fujian and Zhejiang provinces”。

3.3　篇章层面

（1）把握整体逻辑：在翻译中国文化内容的篇章时，要把握整体逻辑关系，理解作者的意图和观点。例如，在翻译一篇介绍中国传统节日的文章时，要了解节日的起源、习俗、意义等内容，按照一定的逻辑顺序进行翻译。

（2）体现文化特色：在翻译过程中，要尽量保留中国文化的特色和风格，使译文具有文化认同感。例如，在翻译中国古典诗词时，可以采用韵译的方法，尽量保持诗词的韵律和节奏。

参考文献

［1］连淑能．英汉对比研究［M］．北京：高等教育出版社，2010.
［2］孙致礼．新编英汉翻译教程［M］．上海：上海外语教育出版社，2013.

纽马克翻译理论视角下法律纪实文学翻译策略研究——以《无罪辩护》[1]为例

李宛真[①] 田 莉[②]

摘 要：法律文本的范畴广泛，通常指具有法律效力或与法律实践密切相关的书面形式。《无罪辩护》结合了刑事辩护律师朱明勇的亲身经历，揭示了刑事辩护工作的实际面貌。该书兼具纪实性和文学性的特点，翻译时需准确再现原作者的写作风格，查证原文中的法律术语，处理文化负载信息等。本文以《无罪辩护》为例，从法律专业语言、文化负载概念、生活化叙事语言出发，讨论纽马克翻译理论视角下法律纪实文学的翻译策略。

关键词：法律文本；交际翻译；语义翻译；关联翻译法

1 引言

法律语言是一种专门技术语言，因其本身具有的“精英性”，英美法系国家普通百姓甚至视法律英语为“外语”[2]。可以看出，法律语言追求逻辑

---

① 李宛真，女，北京工商大学语言与传播学院翻译专业2024级研究生。

② 田莉，女，北京工商大学语言与传播学院副教授，主要研究方向为话语分析和二语习得。

的严密性和无歧义性，因而往往会牺牲可读性。这种“法言法语”与日常口语的简洁性形成鲜明对比，导致非专业者易陷入理解困境，而法律纪实文学在当中起到了“法律与公众的桥梁”的作用。朱明勇的著作《无罪辩护》以手记的方式生动叙述了办案过程，揭示了刑事辩护工作的实际面貌，反映了刑事辩护律师在中国法律体系下的执业挑战。作为一部法律纪实文学，《无罪辩护》有别于规范性法律材料，具有专业性与通俗性相结合的特点。

法律领域的翻译不仅仅是语言的转换，更是文化、法律体系和社会背景的再现。《无罪辩护》兼具法律的专业性与文学的叙事性，有办案过程口语化、辩护过程书面化的文本特征。办案过程口语化，是指用日常对话、细节描写来重现场景，增强叙事的生动性和真实感，让读者更容易代入其中。辩护过程书面化，是因为法律条文、证据分析、逻辑推理需要严谨的法律语言，体现专业性和权威性。其跨文体特征为检验交际翻译与语义翻译的协同机制提供了典型样本。翻译此类文本时，不仅需要处理中国特色法律概念术语，还要关注文化负载词及大众化法律语言，这对传统法律翻译原则提出了新挑战。

2 理论阐释

纽马克在其 1981 年出版的著作《翻译问题探讨》（*Approaches to Translation*）中，提出了颇具影响力的交际翻译（communicative translation）和语义翻译（semantic translation）理论。交际翻译强调译文应当考虑目标语言读者的接受度，关注译作的流畅性和译作读者的反应；语义翻译则注重忠于原文、原作者，充分表达原文意义，将原文信息、内容和文化放在首位[3]。1994 年，纽马克正式提出关联翻译法（correlative translation），认为原作或译语文本的语言越重要、越有价值，越要紧贴原文翻译。关联翻译法完善和补充了语义翻译和交际翻译理论，弥补了翻译二分法的不足。

现有研究多聚焦立法文本的术语或句子翻译，对法律纪实文学中专业性法律论证与生活化叙事并存的语言特征关注不足。本文以纪实文本《无罪辩护》为对象，探讨纽马克翻译理论在平衡法律严谨性与读者可读性中的协同应用：针对辩护过程中的书面化法律论证，采用语义翻译确保术语精准；针对办案过程中的口语化叙事，通过交际翻译实现生活语言的自然转换。本文从法律专业语言的翻译策略、文化负载概念的翻译策略、生活化叙事语言的翻译策略等三方面展开，分析翻译中法律准确性与文本可读性的冲突与调和，为兼具实务价值与文学属性的法律纪实文本翻译提供可操作的路径参考。

3 案例分析

本部分将从三个关键角度对《无罪辩护》节选片段的翻译进行详细分析。法律专业语言的翻译将重点关注法律术语或固定表达的处理，分析如何精准传达法律术语的意义及其在目标语言中的适应性。文化负载概念的翻译将探讨在文化负载词和其他文化背景信息的传递上，如何确保译文既忠实于原文又能被目标读者理解和接受。生活化叙事语言的翻译则将研究如何保留原文语言风格。

3.1 法律专业语言的翻译

法律术语的多义性要求译者注重语境敏感性。纽马克指出，语义翻译是尊重语境的翻译，它能够提供更多信息，倾向于超额翻译（overtranslate）。基于语义翻译原则，译者的首要责任是忠诚于原作者，当原语表达在目的语中缺乏对应意义时，译者应对其进行阐释[4]。《无罪辩护》中出现的法律术语多具有中国特色，应结合语义翻译理论，在确保专业严谨度时兼顾读者认知模式。

例 1：这又是一起公安部挂牌督办的大案。

原译：This is another major case placed under public supervision of the Ministry of Public Security.

改译：This is another major case under the special supervision and public oversight of the Ministry of Public Security，which has been assigned for timely investigation and resolution.

分析：诸如“挂牌督办”等具有中国特色的法律术语，凸显出制度性差异导致的语义断层。“挂牌督办”特指中国行政体系内上级机关通过公示程序，对重大案件进行专项督办的机制。为了准确传达这一概念，译文不仅要表达出案件受到上级专门重点监督，还要传递出这种监督的公开性和紧迫性。

基于纽马克关联翻译理论，可采取二元策略：一是针对原文和译文进行查证，对比二者的准确定义，或者遵循“名从主人”原则，优先采用官方标准化译法。二是建构补偿性译语，重构并展示原文内涵。改译方案虽因增译而略显冗长，但符合纽马克关联翻译法中紧贴性的要求，与语义翻译理论的目标契合，较之简化译法“public supervision”更能传递制度特殊性。

3.2 文化负载概念的翻译

纽马克交际翻译理论认为，翻译不仅涉及语言转换，还涉及文化元素的适应，强调翻译的最终目的是实现有效的跨文化交际。文化负载词是指那些深受特定文化影响的词汇和表达，它们在源语言中有着特定的文化意义，而在目标语言中往往没有与之直接对应的词汇或表达方式。在法律翻译中，文化负载词承载特定法系或政策内涵，需警惕绝对直译与过度归化的双重陷阱。实践中，译者可采用描述性增补、语义重构、功能等效替换或文化注释等方法。

例 2：因为，他的确是一个很能折腾，敢于又善于“吃螃蟹”的“能人”。

原译：Because he is indeed a “capable man” who is very capable of tossing, daring and good at “eating crabs” .

改译：Because he is indeed a very active and enterprising person who is both daring and adept at being the first domino.

分析：原译“eating crabs”因直译中文俗语“第一个吃螃蟹的人”，造成文化语义断层。该表述在英文中仅指向饮食行为，无法传递“敢于尝试新事物、勇于创新”的隐喻内涵。翻译此类文化负载词，可以规避字面对应，转而采用纽马克交际翻译倡导的读者适应性策略：一是语义重构，舍弃“螃蟹”意象，提取“敢为人先”的核心含义，译为“trailblazer”或“pioneer”；二是功能等效替换，借用英语文化中“Columbus discovering the New World”或“be the first domino”等类似表达，激活目标读者的等效联想；三是文化注释，在翻译中添加注释说明典故来源，兼顾文化传播与可读性等需要。

案例原文使用了俗语，在译文中相应地采用英语中的俚语进行翻译，不仅使两种语言的表述相得益彰，而且更加符合目标语读者的习惯和文化背景，实现功能对等，较之原译更契合纽马克“译作效果优先于形式忠实”的主张。在翻译实践中，为了达到传播中国文化的效果，展示文化自信，译者也常使用文化注释的办法。

3.3 生活化叙事语言的翻译

纪实文学不仅有叙事性，还需要把故事讲好，而不是对事实材料的整理。在纪实文学创作中，复现、再现和表现三种手法共存[5]。“复现”要求事实的精准性；“再现”强调叙事的生动性；“表现”则可以指出意义的深刻性，是事实的“阐释”。在《无罪辩护》中，作者的语言平实，简单易懂，擅用生活化、口语化的表达再现人物对白，剖析心理，描述案情。因此，在翻译时，译者需要尽可能保留这种生活化叙事语言的风格，把握法律翻译和文学翻译的度。

例 3：那一夜他俩在洗浴中心分析了一晚，得出结论：这里面一定有阴谋。会不会是公安机关破不了案？也明知道不是你干的。即便强行推进下去，证据也不一定能过得了检察院和法院这一关，会不会是借此机会放你跑掉算了？

原译：That night，the two of them spent the entire night analyzing the situation at the bathhouse and concluded：There must be a conspiracy here. Could it be that the police can't solve the case, and they know perfectly well you didn't do it? Even if they tried to push the case forward, the evidence might not hold up with the prosecutors and the court. Could they be using this opportunity to let you escape on purpose?

改译：That night, the two of them stayed up all night at the bathhouse trying to figure this out, and they concluded: There's definitely some shady stuff going on here. Maybe the cops can't solve the case, and they know damn well you didn't do it. Even if they try to push this thing forward, the evidence probably won't hold up with the prosecutors or the court. You think they're letting you slip away on purpose?

分析：想要保留生活化的叙事语言，可采用以下几种对策：第一，通过减少书面化或正式词汇的使用，增加日常用语，如将“escape”改为“slip away”，让译文读起来更具生活气息；第二，拆分长句，或者使用更随意的句式，如将“Could it be that...”改为“Maybe...”和“You think...”。改译文本更贴近真实对话场景，保留了原文的推测、怀疑和口语化的逻辑重音，让人物交流显得更生动自然。

4 总结

本文以《无罪辩护》中的片段为原文本，从纽马克的交际翻译与语义翻译理论出发，结合关联翻译法，对法律术语的准确传达、文化差异的处理、生活化叙事语言的翻译策略等进行了较为详细的案例分析，以探讨纽马克翻译理论指导下的法律纪实文学翻译策略。

法律纪实文学翻译作为法律翻译与文学翻译的交叉领域，对译者能力提出了复合型挑战。译者应在积累专业法律知识的同时，夯实语言功底，二者相辅相成、融会贯通，进而在翻译实践中实现“脱壳”——超越语言表层结构，精准传递原文的法律内涵与文学特质，最终达成高质量的翻译成果。

参考文献

[1] 朱明勇．无罪辩护：律师手记［M］．北京：清华大学出版社，2015.

[2] 宋雷．从“翻译法律”到“法律翻译”：法律翻译主体“适格”论［J］．四川外语学院学报，2007（5）：106-111.

[3] 张林影．当代西方主要翻译理论及其在文体翻译中的应用研究［M］．北京：清华大学出版社，2019.

[4] NEWMARK P.Approaches to translation［M］.Oxford：Pergamon Press，1981.

[5] 吴效刚．论纪实文学的文体规范［J］．江苏社会科学，2012（5）：167-171.

中英思维差异和汉英翻译策略研究

李学勤[①]　李文娟[②]　朱　娟[③]

摘　要：语言是思维的载体，是思维的具体体现。翻译作为目的语和源语之间的相互转换，离不开思维的切换。汉英翻译对于母语为汉语的译者而言并非易事。要想做好汉英翻译，就必须具有中英思维差异意识。因此，要做好汉英翻译，就必须对汉英两种语言所代表的思维差异进行探究。本文旨在探讨中英思维差异在汉英语言中的体现，以在翻译实践中采取适当的汉英翻译策略。

关键词：中英思维差异；汉英翻译策略

1　引言

语言是思维的载体，是思维的具体体现。翻译作为目的语和源语之间的相互转换，离不开思维的切换。思维层次是翻译的基础层次，语义层次是翻译的必要层次，任何翻译都离不开这两个层次的活动，其分别受到思维规律

---

① 李学勤，女，北京工商大学副教授，研究方向为翻译教学、应用语言学。

② 李文娟，女，北京工商大学2024级英语翻译专业硕士研究生。

③ 朱娟，女，北京工商大学2024级英语翻译专业硕士研究生。

和语言规律及言语规律的约束。一般说来，完成了思维层次和语义层次的转换活动，翻译也就实现了[1]。

汉英翻译对于母语为汉语的译者而言并非易事。要想做好汉英翻译，就必须具有中英思维差异意识。因此，要做好汉英翻译，就必须对汉英两种语言所代表的思维差异进行探究。

2 中英思维差异研究综述

众多学者对中英思维差异进行过研究。1999年，司显柱就两个民族的思维差异及其在语言上的表现形式进行研究。他指出，西方具有重理性、重分析、重形式的分析思维模式，其在英语语言构造上折射出空间树型构造的“形合”特征。而汉民族在思维形式上表现为整体思维模式，折射在语言结构上为“意合”性。以此为基础，他论述了翻译中将原语语言结构转换为目的语结构的必要性[2]。连淑能（2006）提出了中英民族的悟性与理性思维差异。他指出，汉语言注重整体意念，注重语流的整体感；句子主要成分尽量靠拢，忌讳句中插入、阻断；整体匀称，词语和句式往往成双成对。此外，悟性具有直觉性和形象性特征，因而汉语表达形象、意象、象征、联想、比喻等的成语等相当丰富，用词倾向于具体；同时悟性具有主观性特征，汉语表达多用主动式、意念被动句和人称主语表达法；悟性还具有模糊性，使得汉语表达具有模糊、歧义多的特点。而英语受亚里士多德的演绎法逻辑思维模式影响，其语言表达采用形合法，注重形式接应、语法关系和语义逻辑，句子结构完整、主从分明；注重分析推理、直线性围绕主题展开。理性具有抽象性特征，因而英语用词多抽象，常常以虚的形式表达实的内容；理性思维还有客观性特征，因而英语表达多以客观的表达方式叙述客观事物，常用被动句式；理性还有确定性特征，因而英语表达比较严谨，歧义较少[3]。王耀敏等于2010年首次对中英两个民族思维差异明确提出三个维度的划分，即整体（综合）- 个体（分析）思维、形象（具体）- 抽象（逻辑）思维、主体 - 客体思维这三个维度的差异[4]。2012年，张慧对中英思维进行明确区分，提出其在形象－逻辑思维、主体－客体思维、曲线－直线思维、模糊－精确思维等四个维度上的明显差异，以找出汉英两种语言差异的根源，从而更好地指导翻译实践[5]。张慧的四个维度划分比王耀敏等所做的划分多了一个维度，即模糊－精确思维。王耀敏等的整体（综合）－个体（分析）思维和张慧的曲线－直线思维实际上是同一个维度，即均指受天人合一及关系取向的影响，中国人语言表达习惯从整体到局部、从大到小、由远及近，采取先次后主的信息顺序进行语言表达。而英美民族受“天人相分”、人与自然对立的思想影响，对事物习惯分析与辩证，在语言中表现为先主后次的信息表达方式。到目前为止，笔者认为张慧对于中英思维差异的划分更为全面，因此本文将采用她提出的四个维度来指导翻译实践研究。

3 中英思维差异与翻译策略

3.1 曲线－直线思维及其汉英翻译策略

汉文化习惯曲线思维，凡事讲情面，钟情于委婉、曲线的表达方式，在语言表达上往往先考虑事情的背景、客观条件等外围因素，再下结论，表明看法，点出话语的信息中心。而英美文化习惯直线思维，对待事物习惯于分析与辩证，首先把重点、结论性或判断性部分放在句首，再叙述详细的情节及背景。

在汉英翻译的处理中，应该先确定重要信息与次要信息，进行句序调整，即采用逆序译法；同时需要把隐含在汉语表达中的逻辑关系做显化策略处理。例如：

中国的大部分地区位于北温带（north temperate zone），气候温和，四季分明，适宜人类居住。

Most of China lies in the north temperate zone, characterized by a warm climate and distinctive seasons, which is well suited for habitation.

3.2 形象－逻辑思维及其汉英翻译策略

形象思维是指人在头脑里对记忆表象进行分析综合、加工改造，从而形成新的表象的心理过程；逻辑思维是运用概念进行判断、推理的思维活动。中国人的形象思维体现为汉语用词形象生动，比如“水乳交融”“三天打鱼两天晒网”“秋老虎”；而英美文化的逻辑思维是抽象思维，在对上述汉语表达英译时，需要采用抽象化策略，将上述文字处理为“perfect harmony”“lack of perseverance”“afterheat”。

3.3 主体－客体思维及其汉英翻译策略

汉文化把自身作为宇宙的中心，认为内心体验是一切认识的出发点，人是万物的尺度。道家的“万物与我为一”与儒家的“万物皆备于我”都体现了通过主体与客体的融合去感受、领悟万物的思想，这就形成了汉文化的主体思维。主体思维体现在汉语表达上，就是主动语态使用得多。

英美文化以自然为认知对象，认为只有认识自然才能把握自然，只有探索自然才能征服自然，因而主客二分，天人对立，注重对自然事物的辩证分析。因此西方人重视自然客体，在这种意识影响下形成了客体性思维，把客观世界作为观察、分析和研究的对象。客体思维体现在英语表达上就是多采用被动语态。

在汉英翻译的处理中，常需要采用主语物化的翻译策略，即重新确定句子主语。例如：

（1）看到那张老照片，我想起了自己的童年。

The sight of the old picture reminds me of my childhood.

（2）我因病没有参加这次英语四级考试。

My illness prevented me from sitting in the CET4。

3.4 模糊－精确思维及其汉英翻译策略

中国的传统思维具有明显的模糊性特点。老子认为“道之为物，唯恍唯惚”，即人与万物是个混沌的整体，只能通过直觉把握。而英美强调对自然事物的精确把握，早期的原子理论、机械理论以及自然科学的发展都促使英美人思维方式的精确化。

在汉英翻译处理中，汉语中经常一词重复，而英语多进行同义转换，体现出了英语用词的多样性。例如汉语中的“建设”，在英语表达中就迥异不同：“经济建设”，可以译为“economic growth”“economic prosperity”“economic expansion”；“政治建设”可以译为“political development”；“文化建设”，可以译为“cultural advancement”；“环境 / 生态建设”，可以译为“environmental/ecological improvement”；“国家建设 / 党的建设 / 军队建设”，可以译为“nation / party /army building”。

4 结语

翻译是思维和语义层面的转化。思维差异意识需要贯穿翻译过程始终，才能实现语义间的顺利转化。

参考文献

[1] 许钧 . 论翻译的层次［J］. 现代外语，1989（3）：63–70.
[2] 司显柱 . 论英汉民族思维模式、语言结构及其翻译［J］. 外语学刊，1999（3）：78–86.
[3] 连淑能 . 中西思维方式：悟性与理性［J］. 外语与外语教学，2006（7）：35–38.
[4] 王耀敏，曹叶秋，郝薇薇 . 中英文化思维对比及其在语言中的表现［J］. 长春师范学院学报（人文社会科学版），2010（9）：103–105.
[5] 张慧 . 中英思维模式差异对汉英翻译的实践性指导［J］. 文化研究，2009（5）：229–230.

中国法治话语的对外翻译传播
——以《习近平谈治国理政》为例

刘 婧[①]

摘　要：中国法治话语的对外翻译传播主要通过译文话语开展。本文以《习近平谈治国理政》中的相关法治话语英译作为案例，对如何在对外翻译传播中有效传达原文核心要素，提升中国法治话语的对外翻译传播效能、对外传播方式等进行了探讨。

关键词：中国法治话语；对外翻译传播；原文核心要素

1　引言

中国法治话语是指在中国法治实践中形成的一系列理念、原则和表述，旨在推动全面依法治国，保障人民权益，维护社会稳定。法治话语是一种表达法治内容并以法治方式进行沟通的话语[1]。《习近平谈治国理政》中大量的篇幅论及中国的法治问题，向世界表明中国是民主法治国家，其英文译本能积极推动中国话语体系的建设[2]。

① 刘婧，北京工商大学语言与传播学院副教授，研究方向为翻译理论与实践、翻译教学、大学英语教学。

2 《习近平谈治国理政》英译本对外翻译传播

《习近平谈治国理政》由国务院新闻办公室会同中央党史和文献研究院、中国外文局编辑，自 2014 年 9 月 28 日由外文出版社发行以来，已出版了 20 多个语种，发行至全球 160 多个国家和地区。将习近平话语中新的思想理念、平实生动的叙述风格与引古喻今的文化内涵准确翻译、传播给海外受众，是这本书翻译的宗旨。这对我国当代政治话语的对外传播与翻译具有诸多启示[3]。本文分析的案例来自胡开宝教授领衔的上海外国语大学语料库研究院研究团队建设的《习近平谈治国理政》多语种版本数据库综合平台的英文译文。该平台收录了《习近平谈治国理政》第一、二、三、四卷所有已出版发行的原文多语种译文。

3 原文核心要素的有效传达

“原文核心要素”指原文传递的有价值的信息，主要表现在两方面：一是原文的重要修辞意图或话语目的；二是原文为实现话语意图而采用的修辞资源，尤其是体现在字词句中的语言上和文化上的独特精到和蕴含特殊价值之处[4]。

3.1 有效传达原文核心话语意图

对原文重要修辞意图进行正确把握，确保通过翻译转化成话语受众更易理解的目标话语。

例 1：要信仰法治、坚守法治，做知法、懂法、守法、护法的执法者，站稳脚跟，挺直脊梁，只服从事实，只服从法律，铁面无私，秉公执法。

We should believe in and implement the rule of law，acquire a good knowledge and a profound understanding of the law，and abide by and defend the law.We should hold our position firm，uphold righteousness，respect only facts and the law in law enforcement.

原文旨在凸显中国完善民主法治的措施，塑造民主法治的国家形象。译文添加主语“we”，使逻辑关系更为清晰。两个四字词“站稳脚跟”“挺直脊梁”非常口语化，意译为“hold our position firm，uphold righteousness”，传递了核心意义。“铁面无私，秉公执法”表达同一个意思，译文删译了“铁面无私”这一冗余信息，避免拘泥于原文字面而可能导致的误解。

例 2：要加强宪法和法律实施，维护社会主义法治的统一、尊严、权威，形成人们不愿违法、不能违法、不敢违法的法治环境。

We should strengthen the enforcement of the Constitution and the law，and uphold the unity，dignity and authority of the socialist legal system，so that people neither want，nor are able，nor dare to break the law.

原文中的“统一、尊严、权威”译成“unity，dignity and authority”，押尾韵，与原文一样形成音韵感。“不愿、不能、不敢”译为英语中的“neither...nor”结构，以被动语态、衔接词体现原文的逻辑关系、严谨和客观性。译文没有拘泥原文字面，删译“法治环境”。

3.2 有效传达原文核心修辞资源

想要有效传达原文核心修辞资源，要充分分析理解原语语言文化核心要素和价值精髓表达，建立共识。与受众建立“共识”，指“共有的背景知识、价值观和规则等”，这是“化解分歧，使对话富有成果”的重要手段[5]。

例 3：“法与时转则治。”随着经济社会不断发展、经济社会生活中各种利益关系不断变化，民法典在实施过程中必然会遇到一些新情况、新问题。

“The law must be adaptive to the changing times so that social order and stability are maintained.” As social and economic relationships keep changing along with the social and economic progress，new problems will always emerge during the implementation of the Civil Code.

“法与时转则治”引自《韩非子·心度》，意为：法度应顺应时代的变化而变化，社会才能治理得好。引用这句话是为了引出后面要表达的内容，以解释民法典实施必然会遇到新情况、新问题。译文以被动语态表客观，上下文自然过渡，逻辑清晰，增加了译语受众对这一典籍古语及原文话语意图的了解。

例 4：要靠制度来保障，在执法办案各个环节都设置隔离墙、通上高压线，谁违反制度就要给予最严厉的处罚，构成犯罪的要依法追究刑事责任。

译文：Impartial law enforcement should be guaranteed by institutions.We will apply institutions to every aspect of law enforcement as a “wall” wired with “high-tension electricity line.” Violators will be subject to the severest possible penalties, or be prosecuted for criminal liability if the circumstances constitute a crime.

原文中的比喻“设置隔离墙、通上高压线”非常具体，将其直译为“a ‘wall’wired with ‘high-tension electricity line”，加引号说明该表达运用了比喻，易于使读者对此产生认同。

4 结论

原文核心要素要在译文中以译语受众容易接受的话语方式呈现，产生受众认同。《习近平谈治国理政》中关于中国法治话语的英译，是有效对外翻译传播的范例。

参考文献

［1］李文龙．中国对外法治话语能力构建研究［D］．北京：中国政法大学，2023.

［2］朱伊革《习近平谈治国理政》英译与中国形象在海外的传播［J］．西安外国语大学学报，2018（6）：89–93.

［3］温建平，窦卫霖．《习近平谈治国理政》对外翻译的成功启示［J］．对外传播，2017（10）：17–19.

［4］陈小慰．原文核心要素的有效对外翻译传播［J］．中国翻译，2020（3）.

［5］VAN EEMEREN F H.Reasonableness and effectiveness in argumentative discourse［M］. New York：Springer International Publishing Switzerland，2015.

生成式人工智能（AIGC）赋能商务英语笔译教学案例研究[①]

刘思含[②]

摘　要： 生成式人工智能及大语言模型的快速发展，对翻译活动和翻译教学都产生了重大且深远的影响。本文将以北京某高校商务英语专业笔译课程中对生成式人工智能的使用为例，对人工智能赋能翻译教学进行案例研究。

关键词： 笔译教学；人工智能；商务英语

1　引言

2022年11月，美国OpenAI公司发布的Chat GPT引起世界关注，掀起了大语言模型（Large Language Model，LLM）的研发热潮，我国人工智能技术的研发与应用也不甘示弱，相继推出文心一言、通义千问、混元、百川等

① 本文系2024年北京工商大学教育教学改革研究重点项目“生成式人工智能（AIGC）在外语教学中的应用实例研究”（项目号：jp245115）的阶段性成果。

② 刘思含，北京工商大学语言与传播学院讲师，主要研究方向为英汉翻译、区域国别研究。

一大批“中国制造”的大语言模型。在可预见的时期内，人工智能会对包括翻译行业在内的各行各业产生颠覆性的影响[1]。在此背景下，顺应技术发展潮流，以生成式人工智能（AIGC）赋能翻译教学与翻译实践，已成为大势所趋。本文将以北京某高校商务英语专业笔译课程中对生成式人工智能（AIGC）的使用为例进行探讨。

2　文献综述

生成式人工智能（AIGC）涉及对数据或媒体进行的生产、操控和修改，实现形式包括机器翻译、文档自动摘要、智能文本生成、自动问答系统、文档分类检索以及图像识别等[2]。人工智能技术的快速发展，给外语专业和外语教学带来的挑战涉及外语专业人才需求、外语教学模式、外语教学主体等多个层面[3]。在此大背景下，外语人才既有知识的工具性意义不断减弱，但其价值性意义在不断提高，自然语言中包含的人文底蕴和思维能力具有机器语言所无法替代的价值。而将人工智能技术引入外语学科当中，从根本上也是为了培养具有复合技能和融合知识的创新型人才[4]。

3　生成式人工智能（AIGC）赋能商务英语笔译教学案例分析

笔译课程为该高校大三年级开设的专业必修课程，学生已具备一定的英语专业技能和商务知识；该课程旨在帮助学生掌握一定的翻译技能，盘活拓展商务知识，为之后从事商务相关的翻译工作打下基础。学生对 AIGC 与翻译活动的结合接受程度较高，并已可顺畅使用基本的 AIGC 工具。教师依照组织课堂活动的实际需要选择 AIGC 工具，主要考虑平台是否稳定可用，特别是学生是否可免费使用，使用后是否可保留全部指令和生成的答案以便存档和查证。对应翻译活动的译前、译中、译后的时间节点划分，笔译课程利用人工智能分为课前、课中、课后三个阶段进行。

在课前阶段，主要帮助学生加深对翻译内容所涉及专业知识的理解，并结合翻译教学，锻炼语言学习其他技能及拓宽视野。举例而言，教师布置预习作业“Please write an essay of 150–200 words on climate change with the help of AI tools.Please also list the questions you ask the AI in addition to your essay.”。该作业完成过程中，大部分同学可以把气候变化这一宽泛主题拆解成几个具体的指令，涉及气候变化成因、具体数据、影响等，而不是简单要求人工智能进行代写，体现了学习中的主观能动性和批判性思维。

在课中阶段，教师组织学生进行翻译实操训练，人工智能可协助教师对学生翻译进行讲评，帮助学生形成文字性笔记，课后进行复习。举例而言，教师在讲评学生译文时发现译文存在特定理解错漏或表达欠妥问题，于是基于自身的判断给出较为细致的指令，如“请根据原文改进译文，特别注意原文的理解准确”或“请根据原文改进译文，在保证理解准确的基础上，特别注意译文的地道表达和语法准确”，则可生成与教师口头讲述内容符合程度较高并十分详细的修订意见，形成文字性的笔记内容，从而方便学生进一步理解巩固。

在课后阶段，AIGC 可帮助教师根据学生具体情况设定翻译任务，从而进行更有针对性的翻译训练。如教师根据学生情况和教学内容，以下列指令生成翻译作业：“请根据新发展理念、中国特色社会主义‘五位一体’总体布局和‘四个全面’战略布局等重要国家政策方针，帮我出两套汉英句子翻译题；每套要求 5 个句子，每个句子 20~30 字，针对的学生是大三年级英语专业学生。”AIGC 实际生成的部分汉英句子翻译题如下：“我们要坚持以人民为中心的发展思想，努力实现全体人民共同富裕”“创新是引领发展的第一动力，推动经济高质量发展”“绿水青山就是金山银山，我们要加强生态环境保护”“全面深化改革是推动国家发展的强大动力，必须持续推进”“我们要全面推进依法治国，建设社会主义法治国家”。AIGC 生成的题目既突出了国家政策方针中涉及的翻译要点，又因句子长度受到限制、结构相对简单而降低了翻译难度。教师在 AIGC 生成的题目中进行筛选作为作业，可以丰富课后练习来源，并提高针对性。

4 结论

本文结合某高校商务英语专业笔译课程的实际情况进行案例研究，对生成式人工智能（AIGC）赋能商务英语笔译教学进行探讨，得出以下反思与结论：

第一，教师作为教学活动的组织者，需对 AIGC 的使用进行设计和干预，特别是提供符合课程教学内容和学生具体情况的指令。

第二，教师需加强对课程过程中 AIGC 使用的监督，如设计不能由人工智能直接简单生成的作业规则，要求学生定期提交作业由教师评价或进行学生互评等。

第三，学生积极利用 AIGC，但需增强批判性思维和自主学习意识，对人工智能提供的信息需进一步找到可靠来源进行核对。在要求人工智能进行译文润色的过程中，除简单获得译文外，需进行跟进思考，如要求人工智能提供润色原因，并以批判性思考来判断是否接受修订意见。

参考文献

[1] 宗成庆．从人工智能角度谈语言类学科发展和人才培养［J］．外语与外语教育，2024（5）：1–11，145.
[2] 张静．生成式人工智能背景下翻译高阶思维教学模式构建［J］．中国翻译，2024，45（3）：71–80.
[3] 胡开宝．人工智能与外语学科［J］．中国外语，2024，21（6）：1，12–16.
[4] 肖传国．人工智能时代外语学科融合发展的新思维、新路径［J］．外语学刊，2024（6）：72–79.

翻译转换理论在商务文本翻译中的应用
——以阿里巴巴 2024 年 ESG 报告为例

郭丁裴[①]　刘　影[②]

摘　要： 随着全球可持续发展理念的不断深化，环境、社会和治理（ESG）报告已成为企业展示其社会责任和可持续发展绩效的重要工具。ESG 报告的翻译对于企业促进国际间信息交流与合作至关重要，但由于其专业性强、术语繁多、文化差异大等特点，ESG 报告翻译面临诸多挑战。本文以翻译转换理论为指导，以阿里巴巴 2024 年 ESG 报告为例，探讨翻译转换理论在商务语境特别是 ESG 报告翻译中的应用，为提升商务背景下的国际交流和活动提供语言支撑。

关键词： 翻译转换理论；商务翻译；ESG 报告

① 郭丁裴，北京工商大学语言与传播学院2024级翻译硕士研究生，研究方向为英语笔译（法商特色）。

② 刘影，北京工商大学语言与传播学院副教授，研究方向为语言教学、跨文化交际和翻译研究。

1 引言

近年来，随着联合国可持续发展目标的深入推进以及国内“双碳”“节能减排”“绿色发展”等战略目标的强劲驱动，越来越多的企业开始高度关注环境、社会和治理（ESG）领域，并将其纳入企业战略规划的核心范畴。ESG 理念着重强调企业在经济、社会与环境层面的综合价值，这一特性使其愈发受到监管部门、上市公司以及投资机构的重视（陈晓艳、洪峰，2022）。在这一全球趋势背景下，国内众多企业也开始关注 ESG，阿里巴巴也不例外，作为全球知名的商业巨头，其 2024 年的 ESG 报告涵盖了丰富且复杂的信息，这些信息需要精准地传递给全球范围内的利益相关者，包括投资者、消费者、合作伙伴等，因此对 ESG 报告进行翻译就显得尤为重要。然而，ESG 报告的翻译却面临诸多挑战，比如报告中涉及很多专业术语、文化差异，还包括很多企业独创的标语（slogans）等，这些都是翻译时需要解决的卡脖子问题。

卡特福德（J.C.Catford）的翻译转换理论可以很好地帮助译者解决上述问题，该理论强调输出准确、流畅以及符合目标语言读者阅读习惯的译文。因此在该理论的指导下，笔者将从层次转换和范畴转换两大类进行译文分析，为提升商务翻译质量、推动企业国际商务交流提供有益参考。

2 文献综述

英国语言学家卡特福德在 1965 年提出翻译转换（Translation Shift）理论，该理论是翻译界研究领域的重要理论之一。目前国内外学者均对该理论以及该理论在各个领域的应用进行了深入的研究，然而，翻译转换理论在商务文本翻译尤其是 ESG 报告翻译实践方面的研究，仍存在一定的欠缺。郑淑明和曹慧在《卡特福德翻译转换理论在科技英语汉译中的应用》一文中，将该理论应用于科技领域，充分论证了翻译转换理论在科技英语汉译中的可操作性与实用性。郑淑明和曹慧（2011）指出，翻译在本质上即为一种转换，这种转换能够最大程度且尽可能完美地再现原语所表达的意义。此观点精准地阐释了翻译转换理论的精髓——这里的“转换”一词就有全方位、多模态间的翻译之意，这对于特点丰富的 ESG 报告而言具有高度的适用性。

目前，针对商务文本翻译的研究大多采用目的论、功能对等理论以及交际翻译理论等视角，这些研究为商务文本翻译提供了重要的理论支撑和实践指导，但仍存在一定的局限性。基于现有研究的成果和不足，本文将从翻译转换理论这一视角出发，将其应用于 ESG 报告翻译这一新兴领域，以阿里巴巴 2024 年 ESG 报告为例，通过翻译案例分析，探讨翻译转换理论在商务文本翻译中的应用价值，为商务翻译实践提供新的视角和方法，丰富翻译转换理论的应用研究。

3 翻译转换理论简介

英国著名语言学家卡特福德在其著作《翻译的语言学理论》（*A Linguistic Theory of Translation*，1965）中首次提出翻译转换理论，并在书中提出“shift”这一术语。卡特福德认为，翻译是一种语言替换活动，即用等值的目标语文本替换源语文本，而这种替换不可避免地会导致语言形式的变化，即翻译转换（Catford，1965：20）。卡特福德将翻译转换分为两大类：层次转换（level shifts）和范畴转换（category shifts）。层次转换是指翻译过程中语言层次的改变，例如将源语中的语法现象转换为目标语中的词汇现象，或者将源语中的词汇现象转换为目标语中的语法现象。范畴转换则是指形式变化，例如词性转换、句法结构转换、语义结构转换等。范畴转换可以进一步细分为结构转换（structural shifts）、类别转换（class shifts）、单位转换（unit shifts）和系统内转换（intra-system shifts）。

4　翻译转换理论在 ESG 报告翻译中的应用

4.1　层次转换

层次转换在汉英两种语言中大多表现为词汇和语法的转换。英语有人称和数的变化，是屈折语，而汉语没有这一显性语法特征，因此翻译时要特别注意时态和数量间的转换。

例 1：菜鸟集团（菜鸟）已在全球范围内建立起具有端到端物流能力的智慧物流网络。

译文：Cainiao Smart Logistics Network Limited（“Cainiao”）has established a smart logistics network，with end-to-end logistics capabilities，on a global scale.

例 2：这些严峻的事实表明，建设一个有韧性、可持续和包容的未来具有很大挑战。

译文：These stark realities underscore the daunting challenges in building a resilient，sustainable，and inclusive future.

以上两个例子均是两个语言在“数”上的转换。例 1 代表动词时态的转换，原文中“已在……建立”暗含已经完成的动作，说明我们在转换为等值的英文时动词需要使用现在完成时（has established）来传达原文意义；例 2 代表名词数量的转换，原文中“这些”是中文中表达复数的用语，转换为等值的英文则需要将名词转为复数形式（realities）。

4.2　范畴转换

4.2.1　结构转换

结构转换指在从源语言到目标语言的转换中语言结构顺序的变换，是范畴转换最常见的一种，是可以发生在所有等级上的转换，在英汉两种语言间常表现为语态、肯定否定、前置后置以及主题词主语突出的转换（潘韩婷，2022）。

例 3：截至 2024 年 3 月 31 日，阿里巴巴公益基金会和淘宝天猫合作推出的“万人残障人士商家创业就业助力计划”累计服务超 4 000 位残障人士商家，为他们提供免费培训和经营诊断服务。

译文：As of March 31，2024，the Barrier-free Entrepreneurship and Employment Assistance Plan for 10, 000 Merchants，launched by Alibaba Foundation together with Taobao and Tmall，cumulatively supported over 4, 000 merchants with disabilities through free training and business diagnosis services.

在该译文中，“万人残障人士商家创业就业助力计划”被放在句首作为主语，“服务”作为谓语，符合英文表达习惯。汉语习惯描述时间、地点、原因，最后得出结论，表述层层推进，而英文重意合，先出主语，紧跟着事件结果，其他边角信息往往会以状语、定语等成分插入主干，本例子可以很好地体现这点差异。这一结构转换式的翻译，把阿里巴巴公益项目作为主题词进行突出表述，有助于企业树立良好形象，彰显社会责任感。

4.2.2 类别转换

穆雷（1991）认为当译入语的翻译等值成分与原语单位处于不同类别时，就产生了类别转换。简单来讲，就是词性或词类的转换，比如名词动词转换、形容词副词转换等。

例 4：淘天集团坚持“万能的淘宝”定位。

译文：Taobao and Tmall Group positions itself as the “Universal Taobao”.

本例子中涉及类别转换，动词转换为名词。原文中“坚持……定位”是一个动宾词组，译文中并没有直接翻译为 insist on、persist in、stick to 等，而是使用“position itself as”这一表达，原文中的名词“定位”转换为“position”，在此处作动词使用，这样一来不仅符合英文表达习惯，也突出了本句的关键信息，即淘天集团的定位信息。这一翻译符合商务文本信息传递和宣发的特点，有助于企业形象和价值的传递。

4.2.3 单位转换

单位转换指语言单位层级的改变，指“源语中某级上一单位的翻译等级成为译语不同等级上的单位的这样一种形式对应的脱离”（穆雷，1991：

92），涉及句子、子句、短语、单词和词素间的任意转换。

例 5：我们始终关注灾情中的民生需求和经济恢复，发挥数字技术和平台优势，来筹措和协调资源。

译文：With a firm commitment to addressing the needs of victims and supporting economic recovery in the aftermath of disasters, we draw on the power of digital technologies and platforms to mobile resources in times of crisis.

原文中“关注”这一动词转换为译文中“with a firm commitment to”这一介词短语，用 firm 来修饰 commitment，突出强调阿里巴巴企业为民生和经济服务的决心；“发挥”译为“draw on the power of”这一短语，实现单位层级的转换，更好地表达了企业对数字技术和平台优势的充分利用。同时译文使用 with 复合结构作为伴随状语，符合英语表达习惯，也对原文信息进行了合理的整合与细化，以适应英文的语言结构和逻辑。

4.2.4　系统内部转换

当源语和译语具有形式上大致对应的结构，而翻译时需要在译语体系中选择一个非对应的“术语”时，内部体系转换就会发生（穆雷，1991：93）。英汉两种语言有不同的文化背景，有些词汇、符号等在两种语言中有不同的意义，这时就需要在译入语系统内部找到有相同意义的“术语”进行转换。

例 6：建设绿水青山。

译文：Conserving and restoring nature.

本译例是阿里巴巴 ESG 报告中的“修护绿色星球”主题中的一个标题，译文并没有把“绿水青山”译为“green water and lush mountain”，而是译为“conserving and restoring nature”（保护与恢复自然）这样一个呼吁性的翻译。在中文语境里，“绿水青山”是一个极具形象化且综合性的概念，蕴含着建设良好自然生态环境的深刻意涵，译为“nature”这一通用的“自然”概念，精准抓住了核心要义，并用“conserving”和“restoring”两个动词修饰限制，明确了对“自然”的保护和恢复行为，这样处理译文不仅更准确、自然地传达了原文的含义，同时也规避了直译可能带来的语义偏差与理解障碍，让英文读者能够迅速领会企业所强调的生态保护主旨。

5 结语

在国内外商务交流日益频繁的当下，商务文本的翻译更需要翻译理论的有力支撑。本文深入剖析翻译转换理论在阿里巴巴 2024 年 ESG 报告翻译中的应用，从层次转换和范畴转换两大方面进行译文分析，发现翻译转换理论可为商务文本（尤其是 ESG 报告）的英译提供系统的方法论指导。该理论可从多领域、多方位对原文和译文进行等值转换，提升商务文本的翻译质量。总之，商务翻译不仅是语言的转换，也是企业价值观和国际形象的传递，好的翻译有助于企业在国际舞台上准确展示自身形象与发展理念，确保商务交流的顺利进行。

参考文献

[1] 陈晓艳，洪峰．企业 ESG 鉴证：进展、问题与思考 [J]．中国注册会计师，2022（9）．

[2] 郑淑明，曹慧．卡特福德翻译转换理论在科技英语汉译中的应用 [J]．中国科技翻译，2011，24（4）．

[3] CATFORD J C.A linguistic theory of translation [M].London：Oxford University Press，1965.

[4] 潘韩婷．翻译研究的语言学途径：从比较语言学到多模态话语分析 [J]．中国翻译，2022，43（1）：18–28，187.

[5] 穆雷．评卡特福德的《翻译的语言学理论》[J]．外语教学，1990（2）：37–42.

[6] 扈新育．卡特福德翻译转换理论视角下十九大报告汉英翻译研究 [D]．天津：天津理工大学，2018.

知识翻译学理论视角下企业年度报告翻译研究
——以《小米集团2024年度报告》为例

李雨欣[①]　刘　影[②]

摘　要：商务文本翻译是商业活动的重要组成部分，它助力企业跨越语言障碍，加强与全球客户和合作伙伴的沟通。然而，由于语言和文化差异，商务文本翻译过程中难免会出现一些问题。本文通过分析《小米集团2024年度报告》的英译，探讨知识翻译学理论在商务翻译中的应用。知识翻译学理论作为中国本土的新翻译理论，提出了“以真求知”“以善立义”“以美行文”的翻译原则。本文结合《小米集团2024年度报告》的具体内容，阐述了知识学翻译理论三大原则如何在商务翻译中应用和体现，以实现高质量的翻译效果。

关键词：知识翻译学；商务翻译；企业年度报告

① 李雨欣，北京工商大学语言与传播学院2024级翻译硕士研究生，研究方向为英语笔译（法商特色）。

② 刘影，北京工商大学语言与传播学院副教授，研究方向为语言教学、跨文化交际和翻译研究。

1 引言

在全球化的背景下，商务翻译作为跨文化交流的重要手段，其重要性日益凸显。小米作为一家具有国际影响力的科技公司，对其年度报告的翻译不仅需要准确传达财务数据和业务表现，还需要传递企业文化和社会责任。知识翻译学理论为商务翻译提供了新的视角和方法，本文以小米 2024 年年度报告为例，探讨如何将知识翻译学理论应用于商务翻译实践。

2 文献综述

知识翻译学作为一种新兴的翻译理论，重新定义了翻译活动的本质，强调知识在翻译过程中的核心地位。目前已有多位学者将知识翻译学与多种文本结合起来，涉及法律、文学、商务等多种文本。

胡波指出，法律术语翻译需从语言层面延伸至外部语境因素，其同时提出知识翻译学视角下法律术语翻译的语境原则。他通过归纳法，将法律术语翻译的语境分为宏观、中观、微观及交际语境四个层面，强调术语翻译需植入复杂语境结构，充分考虑其知识内涵以达成交际目的[1]。黄勤和赵秋蕾基于知识翻译学的“真、善、美”标准，对陈世骧与方志彤的《文赋》英译本进行对比分析。研究发现，陈世骧的译本采用归化策略，兼顾“真、善、美”特征；方志彤的译本以异化策略为主，对原文文论知识求“真”，但在“善”与“美”方面稍逊[2]。赵宏和徐路生将知识翻译学理论应用于老字号国际语言服务，提出“以真求知”、“以善立义”和“以美行文”的服务原则。研究详细阐述了老字号国际语言服务的知识加工、话语重构、价值创造和知识迁移环节，凸显了服务团队的主体性，论证了其在知识升级、价值增值、文化交流和决策咨询等方面的作用[3]。

回顾以往研究可以得知，知识翻译学为翻译研究提供了新的视角和方法论，它强调翻译不仅是语言的转换，更是知识的加工、重构与传播。在法律术语翻译、文学作品英译、国际语言服务以及旅游文本翻译等不同领域，知识翻译学的原则和方法均得到了有效的应用和验证，为翻译实践和研究提供了重要的理论支持和实践指导。但其涉及的领域广泛而不太深入，尤其是关于商务文本的翻译分析少之又少，仍有很大一片空白。在全球化背景下，企业年度报告翻译成为企业跨国交流与贸易的重要文本，而知识翻译学理论的兴起为企业年度报告翻译研究提供了新的视角。小米公司作为全球知名的科技企业，对其年度报告的翻译具有典型性和代表性。有鉴于此，本文以小米企业年度报告作为研究对象，以知识翻译学理论为指导，从“以真求知”“以善立义”“以美行文”的原则出发，展开论述与分析。

3　知识翻译学理论简介

知识翻译学是继文艺学派、语言学派、文化学派之后新兴的本体论翻译学（潘文国，2023）。它由杨枫等学者提出，强调“知识”在翻译中的核心地位，认为知识是翻译活动最基本的原动力，也是翻译存在的目的（袁丽梅，2022）。翻译的本质由语言符号的转换上升为一种知识生产，产生了知识迁移（knowledge transfer）、话语重构（discourse reconstruction）和价值创造（value creation）之三重效应[2]，提出了“以真求知”“以善立义”“以美行文”的翻译标准（杨枫、李思伊，2024）。知识翻译学的理论框架主要围绕三大核心原则展开：以真求知、以善立义、以美行文。这三大原则分别强调了翻译过程中对知识准确性的要求、对伦理和价值的考量以及对美学效果的追求。

“真”来自事物本身的确定性。以真求知是对翻译实践和理论的科学化要求，译者必须尊重历史性考古与实证性分析，并以他者的地方性认知框架兼容目的语文化（杨枫、李思伊，2024）。

“善”出于事件目的性要求。以善立义是对翻译实践和理论不可译性的语言对抗与伦理性约束。翻译并非对原作的简单描摹和复制，还有阐释与建构，由此造成文化同化和翻译伦理的悖论，译者须以善立义，方能圆满解决之（杨枫、李思伊，2024）。

“美”是主体对客体的评价。以美行文是知识的世界化要求。翻译的目的是获得读者的接受与认同，故此以美行文是知识之真以翻译之美的姿态抵达目的语文化（杨枫、李思伊，2024）。国际语言服务是遵循受众导向原则的译写活动，只有针对目标消费者的审美旨趣和接受习惯开展深入细致的调研，在此基础上建立目标文化的话语常模（discourse norms），方能为知识产品选择合适的话语策略，实现“以美行文”。

这三大原则不仅为翻译研究提供了新的视角和方法，也推动了翻译批评向更加宏观、动态和整体性的方向发展，对于理解翻译与人类社会整体发展和进步的关系具有重要意义。

4 知识翻译学视角下的《小米集团 2024 年企业年度报告》

4.1 以真求知

“以真求知”原则，指的是要译作站在原作的角度出发，通过译者的正确转述与平行转译，将原作中的知识确定性传达给读者。

原文：2025 年全年智能电动汽车交付量冲击 350 000 台。

译文：Target 350, 000 vehicle deliveries in 2025.

在翻译过程中，译文严格遵循原作的信息，将核心内容准确传达。原文的“350 000 台”直接对应“350, 000 vehicles”，数值和单位均无偏差。“冲击 350 000 台”转译为“Target 350, 000”，中文“冲击”隐含挑战性目标，译为“target”既保留原意，又符合英文商务文本的表述习惯。

原文：连续 18 个季度全球智能手机出货量前 3。

译文：Global smartphone shipments ranked top 3 for 18 consecutive quarters.

将“连续 18 个季度”译为“18 consecutive quarters”，通过“ranked”的被动语态使用，既保持排名事实的客观性，又规避了中文无主语句式的翻译难题。通过动词名词化处理，既保留具体数字的确定性，又符合英语商务文本的规范表达。

这两个译文将信息完整传达了出来，确保读者获取与原文一致的知识内容。译者没有对原文进行过多的改写或添加额外信息，而是进行平行转换，保持了信息的一致性和确定性。这种翻译方式既忠实于原文核心信息和数据，又通过语言重组实现了跨文化等效传播，体现了“以真求知”对知识确定性的追求。

4.2　以善立义

“以善立义”原则中的“善”是指知识再生产实践的合理性与正当性。译文要站在译者的角度切入，在充分理解原作的意图下，以善意的态度对待译文的同时，以善意的方式翻译原文，在顾及原著的同时顾及读者，切忌主观随意。

原文：扶危济困：已覆盖了全国 26 个省份，累计捐赠超过 1.6 亿元。

译文：Poverty and disaster relief：over RMB160 million cumulative donation with a coverage of 26 provinces.

“扶危济困”译为“poverty and disaster relief”，将中文成语的模糊指代具体化为可量化的社会救济类型，体现了对原作意图的把握，也顾及了读者的感受，有利于目标语读者掌握原文本信息。

原文：三项优 +：包含车内乘员、车外行人、辅助安全。

译文：Top safety ratings across 3 categories，including occupant safety index, pedestrian safety index and vehicle assisted safety index.

此句中，“三项优 +”译为“top safety ratings across 3 categories”，不仅清晰解释了“三项优 +”是关于安全评级的三个类别，充分传达出了原著的信息，同时没有主观随意地翻译，保证了翻译的合理性和正当性。

4.3　以美行文

“以美行文”的翻译理念强调翻译的审美性质，站在读者的审美视角，鼓励译者发挥创造性和主观能动性，同时要尊重原文和目标语言文化的差异。译者没有必要坚持原文美的形式，但可以追求译入语的再生之美，异域审美观是唯一审美标准，译者可以顺势而为。

原文：人车家全生态战略引领 2024 年各项业务实现优异表现。

译文：Human x Car x Home Strategy drove outstanding results in 2024.

译者使用 符号“x”创造性地表达了“全生态”融合的概念，使译文更具简洁性和科技现代感，符合科技公司的商务文本风格。

原文：Xiaomi 15 Ultra：巅峰影像科技旗舰。

译文：Xiaomi 15 Ultra：pinnacle photography.

用“pinnacle”一词凸显了“巅峰”的意思，简洁而有力，体现了译入语的美感。而“photography”则直接点明了产品的核心功能，这种审美重构既规避了中文中“旗舰”概念在英语中的文化缺失，也有助于塑造产品的高端形象，使译文在传达原文信息的同时具有了更高的审美价值和吸引力。

原文：创造新车企最快下线纪录。

译文：Becoming the fastest new auto OEM to produce 100,000 vehicles.

译者在处理原文“创造新车企最快下线记录”时，并未直译为“set the fastest production record”，而是选择将抽象概念具体化，译为“produce 100,000 vehicles”，通过显化和量化目标“10 万辆”增强说服力。译者考虑到了目标语读者更关注量产规模而非单纯速度的认知习惯。“新车企”译为“new auto OEM”而非“new car manufacturer”，既保留行业专业性（OEM 指代整车制造商），尊重原文，又贴合英语受众的行业术语习惯。这些处理符合英文商务文本风格特征。

5 结语

综上所述，知识翻译学理论为企业年度报告翻译提供了兼具科学性与人文性的理论框架。在全球化背景下，企业年度报告翻译成为企业跨国交流与贸易的重要文本，不仅传递单纯的信息，更是中国企业“走出去”的重要传播工具。知识翻译学理论的兴起为企业年度报告翻译研究提供了新的视角。在此理论的指导下，本文通过对《小米集团 2024 年度报告》的分析发现，

“以真求知”确保了商务数据的精准传递，“以善立义”平衡了商业伦理与文化差异，“以美行文”实现了科技商务文本的审美重构。这体现了知识翻译学理论在商务领域的适用性和可应用性，也为未来的知识翻译学理论视角下的商务文本分析提供了借鉴和参考。

参考文献

[1] 胡波．知识翻译学视域下法律术语翻译的语境原则探析［J］．外语教学理论与实践，2025（1）：81–88.
[2] 黄勤，赵秋蕾．“真、善、美”视域下《文赋》华人离散译者英译本比较研究［J］．当代外语研究，2025（2）：87–100.
[3] 赵宏，徐路生．国际语言服务的知识翻译学阐释：以老字号出海为例［J］．当代外语研究，2024（4）：130–144.
[4] 潘文国．翻译研究的新突破［J］．外语电化教学，2023（1）：7–10，106.
[5] 袁丽梅．知识翻译学的理论立场与批评视角：由知识翻译学中的“知识”说起［J］．当代外语研究，2022（4）：13–21.
[6] 覃江华．翻译与知识生产、管理和转化：知识翻译学刍议［J］．当代外语研究，2022（1）：60–71.
[7] 杨枫，李思伊．真善美：作为方法论的中和翻译［J］．中国翻译，2024，45（1）：9–15，189.

国际传播视域下中国文化影视翻译研究

马丽君 ①

摘　要：随着中国文化"走出去"战略的深入推进，中国文化影视作品作为文化传播的重要载体，其国际传播效果日益受到学界关注。本文立足国际传播视域，旨在探讨中国文化影视翻译面临的跨文化传播困境及其优化路径；结合代表性影视作品的翻译实践，系统分析了文化意象传递、语言形式转换、视听协调配合等关键问题，旨在为提升中国文化影视作品的国际传播效果提供理论参考和实践指导。

关键词：影视翻译；中国文化；国际传播

近年来，随着中国综合国力的提升和文化软实力的增强，中国文化影视作品"走出去"的步伐不断加快。很多承载着中华文明精髓的经典作品，正以影视化的形式走向世界舞台。然而，由于文化和语言的不对等，中国文化影视作品在国际传播过程中面临诸多挑战。影视翻译作为跨文化传播的桥梁之一，对于讲好中国故事、传播好中国声音及塑造中国国家形象至关重要[1]。本文将从国际传播的视角，探讨中国文化影视翻译的挑战与策略，

① 马丽君，女，北京工商大学语言与传播学院讲师，主要研究方向为二语习得、英语教育。

并结合案例进行分析，旨在为未来影视翻译实践提供参考。

1　中国文化影视翻译的挑战与策略

作为海外观众接触中国文化的途径之一，中国文化影视作品的翻译面临填补文化语言鸿沟、提升受众接受度等多重考验。为了更好地打开国际影视市场、传播中华文化魅力，译者需要灵活运用各种翻译策略。

1.1　文化层面

中国文化影视作品中蕴含着诗词歌赋、历史典故、传统习俗等大量具有中国特色的文化元素。这些元素对于不了解中国文化的海外受众来说往往是陌生的，因此在翻译过程中需要采用适当的策略，既要保留文化产品的本土特质，又要增强海外观众的接受度[2]。

异化策略是指保留原语文化特色，让目标语观众感受到异域文化风情。在海外版《西游记》中，唐僧的经典台词“阿弥陀佛”被译为“Amitabha”而非“God bless you.”，保持了佛教特有的诵语，体现了对原著的尊重。倘若混入基督教的元素，会使这一经典作品变得不伦不类，失去独有魅力。

归化策略是指将原语文化元素转化为目标语文化中熟悉的表达方式，以方便目标语观众理解。在电影《满江红》中提到的“新官上任三把火”，来自三国时期著名历史人物诸葛亮的故事。由于这一典故对于海外观众来讲有些陌生，所以在海外版本中，将其译为西方经典谚语“A new broom sweeps clean.”。采用归化的翻译策略并非一味迎合海外观众，而是增进中国文化与国际化表达方式的融合，从而更有效地推动中国文化影视的国际传播[3]。

在影视作品的国际传播过程中，译者要将异化和归化策略融会贯通，保持原语文化特色和目标语观众理解度之间的平衡。

1.2　语言层面

中英文分属不同的语言体系，语言结构上存在明显不同。两者最大的区别在于：中文重意合，强调“形散神聚”，借助语境折射逻辑关系；英文重形合，通过完整的语法结构和句式来明确表述含义。因此译者不仅要具备双语能力，还要深刻理解两种语言背后的思维逻辑差异。

在《哪吒之魔童降世》中，哪吒面对天劫吼道：“是魔是仙，我自己说了才算。”这句话被译为“I will be the one who decides，and I will not be a demon!”，打破了仙魔对立的观点，通过“I will”的重复使用，巧妙地转化为海外观众更易理解的个人意志宣言，这样做既保留了哪吒反抗命运的核心精神，又避免了文化差异造成的理解缺失。译者对于语言结构和核心立意的把握，使得影片的思想格局更加高远，让海外观众能跨过语言障碍，直接感受角色震撼人心的精神力量。

同理，在《哪吒之魔童闹海》中，哪吒奋起反抗时怒吼“我活不活无所谓，我只要你死”，被译为“Whether I live or die means nothing.All that matters…is your defeat!”，其中“死”被译为“defeat”而非“death”，符合战斗的场景，也体现出哪吒并不是被仇恨蒙蔽了心智的复仇者，而是为了正义而战的英雄。译者充分考虑了语境因素和内在思想，选择了合适的单词来传达核心语义，在深化了影片主题的同时，还将个人生死升华到对抗命运、实现自我价值的更高层次。

在翻译实践中，从“形神兼备”到“形神转换”的跨越得益于对于中西方文化差异和思维方式的精准把握，这是进一步推动中国文化影视作品走向国际市场的有效途径。

1.3 视听层面

影视翻译不同于文本类翻译，需要与人物声音、视频画面等元素密切配合。中国文化影视作品海外传播时一般会有两种表现方式：字幕和配音。

字幕翻译要将原语对白翻译成目标语文字，显示在屏幕下方，还要考虑时间空间限制与画面声音的配合等因素，以确保观众及时阅读和理解[4]。在《哪吒之魔童闹海》海外版预告片中，台词“一身正气”一闪而过，对应译为“He is all about righteousness.”。但在正片中，此台词有上下句且时间较为宽裕，故而译为“…giving off a righteous vibe.”。在双语呈现时，理想的字幕翻译应具备通俗易懂、语音同步、节奏协调以及艺术美感等核心要素[5]。

影视的发展使字幕翻译逐步超越传统配音，成为更受欢迎的语言转换方式。相比于配音，字幕翻译所需人力资源较少，人工智能的辅助更加促进了翻译工作的提质增效[6]。此外，电影原声能更真实地传递角色情感和文化内涵，所以也更受观众推崇[4]。

2 结论与建议

中国文化影视作品要想在国际市场上获得成功，高质量的翻译工作至关重要。翻译工作者必须清醒地认识到，中西方文化差异所造成的理解障碍和中英文语言体系的不完全对等，使得这项工作绝非简单的语言转换，而是面临多重挑战。中国文化影视作品想要成功开拓国际市场，对于译者的要求颇高，其既要深谙中国文化精髓，又要熟悉目标语观众的认知习惯，还要有深厚语言功底和理论基础作为支撑，能够根据具体情况灵活选择策略。

目前，国内影视翻译领域还存在一些亟待解决的问题。其中，专业人才储备不足是一个突出短板，很多译者要么缺乏影视专业知识，要么对文化传播规律把握不够。因此高校可以开设专门的影视翻译课程，培养复合型人才。同时，应推进中国文化外译话语体系的建设，形成系统完整，具有指导意义的传播路径和方式也尤其重要[1]。只有把这些基础工作做好，中国文化影视作品才能真正实现“走出去”，让世界更好地了解中国文化。

参考文献

[1] 王建华，张茜. 中国优秀文化外译话语体系建构［J］. 中国人民大学学报，2021，35（3）：164–172.

[2] 匡文波，曹萩儿，张峰. 文明交流互鉴视域下国际传播的范式转型与实践创新［J］. 中国编辑，2025（2）：12–18.

［3］孙凌枫．新时代下我国影视文化的对外传播力研究［J］．新闻传播，2022（24）：35-37.
［4］尹小菲．目的论视域下电影字幕翻译策略［J］．电影文学，2024（18）：130-134.
［5］何钦，武淑叶，郭嘉欣．新时代中国电影对外译制全流程研究［J］．中国翻译，2023，44（4）：135-143.
［6］胡智锋，叶大扬．中国影视国际传播三思［J］．对外传播，2024（5）：4-8.

人工智能时代下高校翻译人才的培养[①]

马丽君[②]

摘　要：随着人工智能的迅速发展，翻译行业迎来变革，高校翻译人才培养面临新挑战，因此探讨如何适应时代趋势、培养合格翻译人才至关重要。本文首先分析了人工智能翻译的优势与局限性，其次阐述了高校翻译人才培养的目标并提出了相应的培养策略，如优化课程设置、创新教学模式和强化实践教学等。高校须积极应对人工智能带来的挑战，采取有效措施培养翻译人才，以推动我国翻译事业发展和国际交流合作。

关键词：人工智能；高校翻译人才培养；培养策略

在当今科技飞速发展的时代，人工智能的崛起给众多领域带来了深刻变革，翻译行业也不例外。自然语言处理、机器翻译、语音识别与合成等人工智能技术的更新迭代，为翻译行业带来了前所未有的机遇，同时也带来了严峻的挑战，特别是对翻译人才的培养。在此背景下，高校作

① 本文系北京工商大学教改项目“生成式人工智能（AIGC）在外语教学中的应用实例研究”（项目号：jg245115）的阶段性成果。

② 马丽君，女，北京工商大学语言与传播学院讲师，主要研究方向为二语习得、英语教育。

为培养翻译人才的重要阵地，肩负着新的使命。如何顺应时代发展趋势，调整翻译人才培养策略，使培养出的人才既具备扎实的语言功底和专业素养，又能与人工智能技术协同发展，成为摆在高校教育者面前的紧迫课题。

1 人工智能对翻译行业的影响

人工智能翻译有着鲜明的优势。首先，它高效且快速，面对大量的多语种语音信息和文本信息，人工智能翻译能够在极短时间内完成翻译与转化，大大提高了翻译效率[1]。其次，它在基础的日常对话和新闻报道等文本类型的翻译上效果良好，使得人们在日常交流和获取信息方面更加便捷。最后，它处理多语种翻译的准确性不断提升，基本能够满足不同语言之间的快速转换需求。对于译者而言，翻译技术的发展带来了极大的益处。它避免了译者进行重复性和机械性的工作任务，减轻了译者负担[2]。译者可以将更多的精力投入对翻译内容的深度理解和创造性表达，从而提升翻译的质量和价值。总之，人工智能翻译在降低人工翻译成本、提高效率、保证翻译结果的一致性和一定精确度上发挥着重要作用。

然而，人工智能翻译并非完美无缺。就翻译质量来说，它缺乏对文化的深刻理解和语境的精准感知，在翻译过程中可能会出现语义不准确或表达不恰当的情况。对于创造性和艺术性的文本，人工智能往往难以捕捉其中的神韵和情感，只能依靠数据和算法生成回答，翻译结果难免显得生硬[1]。此外，因为语言本身具有多样性和复杂性，而翻译体现对人文社会元素的融合[3]，所以当面对不同的社会文化背景和交际场景以及复杂句式和专业术语时，人工智能翻译也可能会出现理解不足、翻译不到位的问题。

人工智能翻译固然有其巨大的实用价值，但终究难以与人工翻译相媲美，根本原因在于语言意义潜势具有无限性、语言运用具备创造性以及语言使用存在人际性[2]。

2 人工智能时代高校翻译人才培养目标

人工智能带来了挑战，也带来了机遇。而高校作为培育翻译人才的摇篮，其培养目标也须与时俱进、开拓创新，打造一支既具有家国情怀、全球视野又具备过硬的专业素养，善于运用新技术手段的翻译人才队伍[4]。

首先，培养专业技能和数字素养。尽管人工智能翻译已经具备一定的准确性，但人在翻译活动中的主体地位是无法撼动的，扎实的语言功底永远是翻译行业发展的基础[5]。高校培养的翻译人才应具备系统的语言知识和技能，还要有翻译技术能力，如术语管理能力、技术运用能力，译后编辑能力等[5]。

其次，培养国际传播能力。优秀的翻译是发挥大国作用、提升国际话语权的重要保障，因此翻译人才需要具备融通中外的话语能力，用逻辑缜密、表意准确、生动形象的语言“翻译中国”。

最后，培养创新能力和批判性思维。在翻译中运用创新思维，提出新的翻译方法和策略，是翻译人才适应不断变化的翻译需求和技术发展的关键。高校应鼓励学生在翻译实践中勇于创新，培养他们的创新能力。同时，翻译人才需要具备批判性思维，能够对人工智能翻译结果进行评估和分析。

3 人工智能时代高校翻译人才培养策略

第一，课程设置优化。翻译人才的培养应形成重基础、拓视野、精技术相结合的课程体系[3]。一名合格的翻译人才必须具备扎实的语言基础，所以要注重语言实践教学，通过口语表达、写作练习、翻译实践等活动，提升学生的语言运用能力。拓视野则要求学生掌握一定的国际传播意识和人文素养，通过案例分析、文化体验等活动，准确传达不同文化的内涵和价值。精技术要求学生熟悉并熟练运用翻译软件和工具。高校可开设人工智能与翻译技术课程，讲授机器翻译、语料库翻译、大数据文本分析等内容，让学生既了解人工智能翻译的原理和应用，又能意识到人工翻译的不可替代性。

第二，教学模式创新。翻译教学要从单纯讲授翻译方法转变为夯实翻译能力和增强译后编辑能力双线并行的模式[3]。教师可采用项目驱动式教学，将真实的、涵盖不同领域的文本类翻译项目引入课堂。在项目进行中，教师给予学生指导和反馈，引导学生分析翻译中的问题。还可引入工作坊式教学，定期举办翻译工作坊，邀请专业翻译人员、学者或企业代表来分享翻译经验。工作坊可以涵盖不同主题，如“科技翻译中的译后编辑策略”“文学翻译的艺术与译后编辑”“中华文化对外译介”等。

第三，实践教学强化。丰富的实践机会可以帮助学生将理论应用于实际，发现问题并解决问题[6]。首先，要加强实习基地建设。积极与翻译公司、企业等建立合作关系，让学生实地了解翻译行业的实际需求，参与人工智能翻译产品的研发流程，感受人工智能技术与翻译工作的深度融合，提升对人工智能翻译的认知和应用能力。其次，要引入实际翻译项目。让学生参与真实有效的翻译工作，锻炼学生的实践能力和问题解决能力，使其在实际操作中不断积累经验，提升翻译水平和综合素质。

人工智能时代的到来，对高校翻译人才培养提出了新的要求和挑战。高校应充分认识到人工智能对翻译行业的影响，明确翻译人才培养的目标，采取有效的培养策略，通过优化课程设置、创新教学方法、强化实践教学和加强师资队伍建设等措施，培养具有扎实语言功底、国际传播能力、专业领域知识和综合素质的翻译人才，为我国的翻译事业和国际交流做出贡献。同时，我们也应看到，人工智能与人类翻译并非相互取代的关系，而是可以相互协作、共同发展的。在未来，高校翻译人才培养应不断探索创新，顺应时代发展的需求。

参考文献

[1] 陶雪城 . 从 ChatGPT 到 Sora：数字转型背景下外语教学的机遇与挑战［J］. 语言与教育研究，2024，8（2）：5–11.

[2] 吴美萱，陈宏俊 . 人工智能时代机器翻译的伦理问题［J］. 外语学刊，2023（6）：

13–18.

［3］梁君英，刘益光 . 人类智能的翻译能力优势：基于语料库的人机翻译对比研究［J］. 外语与外语教学，2023（3）：74–84，147–148.

［4］杜占元 . 推动国家翻译能力建设服务党和国家工作大局：在中国译协第八届理事会第一次会议上的讲话［J］. 中国翻译，2022，43（3）：5–10.

［5］陶李春，许钧 . 新时代翻译人才培养和翻译能力构建：许钧教授访谈录［J］. 外语教学理论与实践，2024（3）：72–78.

［6］刘宏 . 新时代新阶段高水平翻译人才培养刍议［J］. 中国翻译，2021，42（4）：61–64.

人工智能语音翻译的局限性研究

石宝华[①]

摘　要：人工智能的出现和发展为翻译行业带来了巨大的冲击。但其自身仍存在一定缺陷，在语音识别、处理专业领域术语、传递文化差异等方面需要加强。

关键词：人工智能；语音翻译

1　引言

近年来，人工智能翻译技术不断进步，为翻译和外语教育转型按下了加速键[1]。未来，人工智能在翻译中的应用将更加广泛和深入。但是，人工智能语音翻译在语音识别、处理专业术语、传递文化差异等方面还有一定的局限性，远不如优秀的口译员精准。我们应该正视人工智能语音翻译技术的发展和局限，实现人与机器的良性耦合。

2　人工智能语音翻译的局限性

随着技术的发展，各类语音翻译软件层出不穷，如腾讯翻译君、有

① 石宝华，女，北京工商大学语言与传播学院讲师，主要研究方向为英语翻译。

道翻译官等。但人工智能语音翻译的实际效果并不理想，表现出一些局限性。

2.1 语音识别

人工智能语音翻译软件在识别弱读单词时常出现错误或漏译，而在同音不同义的词汇识别与翻译上也经常出现错误。目前，中英混讲的翻译也是AI系统面临的挑战，因为AI系统目前的做法是：判断这一句话是中文主导的还是英文主导的，以此来决定翻译为哪种目标语言[2]。例如，汉语中出现“PS2”会被识别翻译为“PSR”。

2.2 专业术语处理

人工智能语音翻译无法识别专业性较强语音信号及相应的语义。语音翻译需要收集广泛的语料库，但是目前的数据仍然无法满足市场上多样化的口译需求。例如，皮鞋生产商所说的“大底”，会被识别为“大抵”，从而被误译为“perhaps”。

2.3 传递文化差异

语言在形成和发展过程中反映和折射出一个民族独特的文化现象。由于技术的局限，人工智能语音翻译目前还不能识别各种文化差异。例如，“一路上辛苦了”是中国人常见的客套话，人工智能语音翻译直接翻译成“You must be tired after the trip”，并不符合英文的表达习惯，而译成“I hope you've had a nice trip”更合乎西方人的习惯。

3 结语

科技的发展日新月异，人工智能对翻译领域的影响巨大，为外语教学和研究开拓了新的视野。但是，人工智能语音翻译在语音识别、处理专业领域术语、传递文化差异等方面仍存在缺陷。译员需要积极应对机器翻译无法处理的翻译情景，实现人机耦合，更好地完成口译工作。

参考文献

[1] 王立非，李昭.应急语言教育体系框架的构建与阐释 [J].山东外语教学，2023，44（1）：8-18.

[2] 唐蕾，毛澄怡.人工智能语音翻译对外语教学的启示：以口译教学为例 [J].扬州大学学报，2019，23（6）：115-120.

时政文献中四字格英译策略研究

陶　爽[1]

摘　要：本文聚焦时政文献中四字格的英译策略，分析四字格的语言特征与文化内涵，结合具体案例探讨直译、意译、省译、转换等翻译方法的适用性。研究发现，四字格英译需兼顾语言对等与文化传递，根据语境灵活选择策略。

关键词：时政文献；四字格；英译策略

1　引言

时政文献作为国家政策与文化的载体，其翻译质量直接影响国际传播效果。四字格作为汉语中独特的语言形式，以凝练、对仗、富有韵律的特点广泛应用于时政文本之中，如《政府工作报告》、领导人讲话等。然而，四字格蕴含的文化意象与政治隐喻常给英译带来挑战。如何平衡形式与意义、语言与文化的关系，成为时政翻译中的关键问题。

① 陶爽，女，北京工商大学语言与传播学院讲师，主要研究方向为外国语言学及应用语言学、语篇分析和功能语法。

2 四字格的语言与文化特征

四字格多遵循“二二”“三一”“一二一”等结构，如“独立自主”（二二）、“万众一心”（三一）。其语法功能多样，可作主语（“国泰民安是发展基石”）、谓语（“经济形势稳中向好”）或定语（“一带一路”倡议）。这类结构通过重复、押韵等手段增强节奏感，契合汉语“以形表意”的特点[1]。

四字格常融合历史典故（如“卧薪尝胆”）、政治术语（如“改革开放”）与价值理念（如“和谐社会”）。其英译需突破字面意义，传递深层文化信息。例如，“小康社会”中的“小康”源自《礼记》，若直译为“well-off society”则需补充文化注释，否则易引发理解偏差[2]。

3 四字格英译策略分析

3.1 直译策略：保留形式与意义

当四字格语言结构简单、文化负载较低时，可采用直译。例如：“和平发展”译为“peace and development”，“互利共赢”译为“mutual benefit and win-win outcomes”。此类译法既保留原文结构，又符合英语表达习惯。刘士聪（2019）指出，直译适用于国际通用概念，可增强译文权威性[3]。

3.2 意译策略：侧重文化传递

对文化负载高的四字格，需舍弃形式，传递核心意义。例如：“韬光养晦”译为“hide capabilities and bide time”（避免直译“sheath the light and hide the edge”而造成误解），“绿水青山”译为“lucid waters and lush mountains”（意译为生态价值，而非字面“green water green mountain”）。胡开宝（2021）研究表明，意译在外交文献中可有效降低理解门槛，提升传播效果[4]。

3.3 省译策略：简化冗余信息

若四字格重复强调同一概念，可省略翻译。例如：“稳扎稳打，步步为营”译为“steadily advance”（合并重复的“稳定推进”语义），“繁荣昌盛”译为“prosperity”（简化同义叠加的“繁荣”与“昌盛”）。省译需谨慎，避免丢失关键信息。

3.4 转换策略：调整语法功能

根据英语语法重构四字格结构。例如：“与时俱进”译为“keep pace with the times”（动词短语替代原形容词短语），“高瞻远瞩”译为“visionary”（形容词替代原动词性结构）。

4 案例对比与策略选择

在进行时政文献英译实践时，译者需兼顾语言对等与文化传递，根据语境灵活选择策略。如“人类命运共同体”可直译为“a community with a shared future for mankind”，此译文在保留了原文结构的同时，用“community”与“shared future”传递“共同体”与“命运相连”的核心意义，符合国际话语体系。再如，“实事求是”可意译为“seek truth from facts”，此译文舍弃“实事”与“求是”的字面对仗，通过动词短语凸显实践与真理的关系，贴近英语思维。

在英译实践中，我们可以优先考虑语境，根据文献类型（如政策文件、演讲致辞等）来调整策略；以目标为导向来进行翻译，如外宣类文本侧重可读性，学术类文本侧重准确性。

5 现存问题与改进建议

在时政文献英译时，部分译者过度追求形式对等，导致文化误读或术语译法不统一等问题，如“新常态”曾译为“new normal”与“new normal state”。在翻译实践中，我们可以通过建立时政术语数据库以规范四字格英译标准，加强对译者的文化背景知识培训，以提升跨文化交际能力等方式来提升时政文献翻译的质量。

6 结语

时政文献中四字格的英译需兼顾语言形式与文化内涵，通过直译、意译、省译等策略实现功能对等。未来研究可结合语料库分析，进一步探索动态语境下的翻译规律。

参考文献

[1] 王东风．文化翻译中的可译性限度研究[J]．中国翻译，2018(3)：45-52.
[2] 胡庚申．生态翻译学视角下的政治话语翻译[J]．外语研究，2020(2)：89-95.
[3] 刘士聪．时政文本翻译的“信达雅”重构[J]．外语教学与研究，2019(4)：612-620.
[4] 胡开宝．语料库驱动的外交文献翻译研究[J]．外国语，2021(1)：78-86.

试论同声传译的核心技巧和训练策略

王致虹[①]

摘　要：同声传译是当代国际会议的主要翻译形式，同声传译核心技巧的识别对于同传译员的训练具有重要意义。本文从同声传译的大脑过程出发，结合笔者的实践和教学经验，梳理同声传译的核心技巧，并就每个核心技巧的训练策略给出建议，为同声传译工作者和学习者的训练提供参考。

关键词：同声传译；口译学习；翻译教学

1　同声传译的大脑过程

同声传译是一项复杂的大脑过程，涉及各类信息的输入、解码、处理、编码、输出。

译员通过佩戴耳机，逐意群输入原语语句（source text）的声音信号。随后，译员在大脑中将所输入的声音信号按输入的先后顺序逐意群解码为文本。接下来，译员对每个意群的文本依次进行“脱壳”处理，剥离其字面语言形式，保留其内在含义（sense）[1]。之后，译员就可以根据意群的内在

① 王致虹，女，北京工商大学语言与传播学院讲师，主要研究方向为口译理论与实践。

含义，在目的语中选择合适的表达进行匹配，形成译文。接下来，译员考虑当前意群的译文和前一个意群的译文在接合处衔接是否自然，并做出必要调整。最后，译员将当前意群的译文编码为声音信号，以口语形式输出为目的语（target text）。

在前述整个流程中，通常从“脱壳”步骤起，译员就需要同步进行当前意群的“脱壳”和下一个意群的声音信号输入、解码为文本，以实现一边听、一边翻的效果，这也是同声传译命名的来源。

2 同声传译的核心技巧

接下来，让我们依据前述同声传译的大脑过程来分析同声传译的核心技巧，并就每个技巧的训练方式给出针对性建议。

译员需要同步处理当前意群和后续意群的不同步骤。例如，当前意群的“脱壳”和后续意群的声音信号输入，也就意味着译员需要具备同步处理多个任务的能力，即多任务处理能力（multitasking），又称分脑能力。多任务处理能力的训练，通常可以经由影子跟读练习（shadowing）来完成。

同声传译的同步性决定了译员在处理原语的时候必须将其拆解为意群，逐意群进行处理，而不能等待全句乃至更长的语言单位全部输入完毕后再一并处理，那样会引发长时间的目的语输出空白，也会极大增加译员的大脑记忆负担。而逐意群处理也就意味着译员应尽量避免大幅度调整意群之间的相对顺序，这同样是为了避免增加译员的大脑记忆负担。该技巧称为顺译。值得注意的是，顺译技巧亦包含前后意群译文的衔接处理技巧。顺译技巧通常可以通过视译练习（sight interpreting）来强化。

译员将意群的声音信号解码为文本后，需在大脑中对其进行“脱壳”，解除其字面形式，仅保留其内在含义，以便后续在目的语中挑选与该内在含义一致的表达，形成译文。该技巧通常称为脱离原语语言形式或“脱壳”（deverbalization），是同声传译最为核心的技巧。脱离原语语言形式的训练通常需要通过同传训练本身来强化。

除上述三大核心技巧外，同传的大脑过程还涉及主动预测、自我监听等重要技巧。若要强化主动预测技能，可考虑先听听力材料的前半部分，然后口头预测后续后半部分可能出现的内容，之后对照听力原文查对预测内容的正确性。而自我监听技能的强化，亦可通过在同声传译练习中强化刻意的、有意识的自我监控来实现。

综上所述，同声传译所涉及的技巧呈现多元化特点，这也就决定了同声传译的训练是一项复杂的工程，涉及多种训练形式。本文以同声传译的大脑过程为蓝本，分析了同声传译的若干核心技巧，并给出了针对性的训练建议，希望能够为同传译员和口译学习者的同传训练提供一定的借鉴和参考。

参考文献

[1] Seleskovitch，Danica，Marianne Lederer.Pédagogie raisonnée de l’interprétation［M］. Paris：Didier érudition，1989.

中国科幻小说的对外译介与海外传播

吴 濛[①]

摘 要：本文系统梳理了中国科幻小说百余年的对外译介历程，将其划分为真空期（1902—1963 年）、萌芽期（1964—1999 年）和高速发展期（2000 年至今）等三个阶段，并指出未来中国科幻小说海外传播的两大关键因素：选择合适的译介主体，建立通畅的传播渠道。

关键词：中国科幻小说；出版译介；文化传播

中国科幻小说的翻译与创作始于清末民初，至今已逾百年。1903 年，鲁迅在译完凡尔纳的《月界旅行》后写道："导中国人群以进行，必自科学小说始。"（陈平原、夏晓红，2021）这一论断揭示了科幻文学在中国现代化进程中的独特价值。作为科学启蒙的重要载体，科幻小说通过想象未来科技与社会形态，不仅传播科学知识，亦培养国民的科学思维与创新意识。鲁迅的预见在百年后得到印证：当代中国科幻创作既延续了启蒙传统，又以刘慈欣《三体》作品等为代表，实现了文化输出的突破。值得注意的是，本土科幻创作的繁荣与沉寂往往与翻译活动的周期性波动呈现出明显的联动关系。

① 吴濛，北京工商大学语言与传播学院副教授，主要研究方向为英美文学和翻译。

1 中国科幻小说外译概况

中国科幻小说的对外译介历程呈现出清晰的阶段性发展特征，每个阶段都反映了特定历史背景下文学传播的独特轨迹，大致可分为以下三个阶段。

第一阶段为真空期（1902—1963 年）。中国科幻小说的发轫可追溯至 20 世纪初，1902 年，梁启超在《新小说》杂志发表具有未来主义色彩的《新中国未来记》；1903 年，鲁迅不仅翻译了凡尔纳的《月界旅行》，还创作了一篇《辨言》作为译作前言；1904 年，荒江钓叟的《月球殖民地小说》问世，这些开创性尝试标志着中国科幻文学的萌芽。截至 1963 年，徐念慈、吴趼人、郑文光等创作了十几篇科幻作品，但这些作品均未被译介到海外。

第二阶段为萌芽期（1964—1999 年）。1964 年，著名汉学家詹姆斯·德鲁将老舍于 1932 年创作的科幻作品《猫城记》翻译成英文并在美国出版，实现了中国科幻小说外译"零"的突破。遗憾的是，译者对原作进行了大刀阔斧的删改。小说原作前四章讲述主人公如何来到火星、遇到猫人并被俘虏的经过。这部分内容想象奇谲、科幻特质鲜明，但译者将其尽数删除，削弱了作品的超现实色彩。此后 35 年间，中国科幻作家叶永烈、童恩正和金涛等人的 10 部科幻作品被译介到海外。这一阶段，作为世界科幻文学产出中心的美国是中国科幻英译作品向其他英语国家传播的重要中转站（王杨，2022）。

第三阶段为高速发展期（2000 年至今）。2000 年之后，中国科幻作家开始主动寻求海外传播，韩松、杨平等作家通过自译方式积极探索国际出版渠道。此后，随着专业译者的加入、高质量奖项的获得以及国内外出版合作的渠道打通，中国的科幻小说译介数量呈现几何级增长，至今已有 200 余部科幻作品被译介至海外，尤以中短篇小说为多。国际学界关注度也显著提升，稳定成熟的作家梯队和专业化译者团队保障了持续的高质量输出。海外学术研究呈现体系化趋势，涵盖文学史、作家作品和翻译研究等多个维度。多种形式的国际合作模式日趋成熟，包括版权输出、联合出版等。"中国科幻"

已实现从“引进来”到“走出去”的历史性跨越，成为“世界科幻”格局中不可或缺的重要组成部分。

2　中国科幻小说外译前景展望

21世纪中国崛起为世界第二大经济体，促使英语世界通过文学渠道了解中国。中国科幻文学的海外传播热潮主要源于三大因素：首先，作品本身的高质量是走向国际的根本保证；其次，美国科幻界对非英语作品的接受度逐步提升；最后，中外科幻交流日益密切提供了关键契机。在国家文化“走出去”战略支持下，特别是刘慈欣、郝景芳相继获得国际奖项后，中国出版机构积极拓展海外市场，探索出了一条行之有效的文化输出路径。这表明，优质内容、开放环境和产业推动，共同促成了中国科幻文学的国际传播热潮。未来，中国科幻小说外译仍需继续努力，争取将中国科幻文学推向更广阔的空间。

第一，选择合适的译介主体。目前的中国文学海外传播主要存在三种译介模式：本土译者、海外华人译者和汉学家译者。本土译者囿于语言表达和受众理解等方面的局限，其译作往往难以获得国际认可。相较之下，汉学家已成为中国文学外译的重要桥梁。值得注意的是，要实现真正的文化深度交流，必须构建多元协作的翻译体系：一方面培养本土译者的跨文化传播能力，另一方面避免汉学家译者过度归化导致的“文化过滤”现象。理想的译介模式应当是本土与海外力量的有机结合，既确保文化传递的准确性，又顾及目标语读者的接受度。

第二，建立通畅的传播渠道。中国文学外传需要突破传统单一渠道的局限。《三体》的成功经验表明，有效的海外传播需要构建多元渠道网络：一方面依托出版社等专业机构进入主流发行渠道，借助亚马逊等平台扩大覆盖面；另一方面通过国际书展、主流媒体报道和名人背书效应进行多维推广，形成立体传播态势。这样既能确保作品的专业认可，又能实现大众市场的广泛触达，为中国科幻文学走出去打通了“双循环”传播路径。

中国科幻小说历经百年发展，完成了从“西学东渐”到“东学西传”的跨越，走出了一条独具特色的文化传播路径。展望未来，中国科幻文学要实现更深远的国际影响力，就需要在保持创作质量的基础上，进一步完善译介体系与传播机制。通过构建多元协作的翻译模式、优化全球发行网络、深化国际学术对话，“中国科幻”有望在世界文学舞台上绽放光彩，成为促进跨文明交流的重要媒介以及中国文化软实力建设的重要组成部分。

参考文献

［1］陈平原，夏晓虹 . 清末民初小说理论资料［M］. 北京：北京大学出版社，2021.
［2］王杨 . 中国现当代科幻小说英文译介的回顾、反思与展望［J］. 天水师范学院学报，2022，42（4）：8-15.

从文化适应的角度分析《英译中国小小说选集》

许怡娜[①] 刘 婧[②]

摘 要：本文从文化适应角度分析了《英译中国小小说选集》。该选集展示了中国文化和社会的演变，为英文读者提供了一个了解中国文学与社会的独特视角。本文分析了选集中文化元素的翻译处理策略，如文化同化、转化、淡化，并运用这些策略的翻译案例进行说明，总结其对跨文化交流、中国文学英译等方面的启示。

关键词：文化适应；翻译策略；跨文化交流

1 引言

在全球化的浪潮中，中国文学作品的英译工作不仅承载着文化传播的重任，还面临着文化适应性的巨大挑战。本文旨在深入探讨《英译中国小小说选集》[1]在文化适应视角下的翻译策略与方法，分析这些策略如何影响译文

① 许怡娜，北京工商大学语言与传播学院2024级翻译硕士研究生，研究方向为笔译。

② 刘婧，北京工商大学语言与传播学院副教授，研究方向为翻译理论与实践、翻译教学、大学英语教学。

质量，并进一步强调文化适应在跨文化交流中的核心地位。

文化适应策略强调译者需深入了解源语和目标语文化背景，对原文中的文化元素进行调整或改动，以使译文更易被目标语读者理解和接受，同时保留原文的文化特色和意义。

2 文化适应策略

文化适应策略是指在跨文化翻译过程中，翻译者对源语和目标语的文化背景、价值观、习俗等有深入的了解，并根据目标语读者的文化背景和期望，对原文中的文化元素进行调整或改动的翻译方法[2]。

刘宓庆提出，文化适应性是文化翻译中的一个重要概念，指准确的文化意义把握、良好的读者接受以及适境的审美判断。这一观点强调了翻译过程中文化因素的重要性。译者在处理源语言和目标语言之间的文化差异时，不仅要准确传达原文的文化内涵，还要确保译文能够被目标语言的读者所接受和理解[3]。

3 文化适应的案例分析

3.1 文化同化

文化同化指为了符合译语文化的习惯和要求，对原语文化元素进行改写，使之变为译语特有的文化元素。

例 1：那天，霞姐给学生教王维的《九月九日忆山东兄弟》，当她念到“独在异乡为异客，每逢佳节倍思亲”时泪水悄悄地滑落了。

译文：That day Sister Xia was teaching Wang Wei's "*Missing My Brothers in Shandong on September 9*"; tears rolled down her cheeks quietly when she was reading "I'm a lonely stranger in a strange place; / I miss my loved ones more on holidays."

这句话在处理“独在异乡为异客，每逢佳节倍思亲”这句诗时，采用了较为直白的翻译方式，即“I’m a lonely stranger in a strange place; / I miss my loved ones more on holidays.”。这种翻译方式虽然牺牲了一定的诗意，但有助于目标语言读者更直接地理解诗人的情感。通过文化同化的翻译策略，译文试图在目标语言读者中唤起与原文读者相似的文化共鸣，即对异乡生活和家庭思念的共鸣。

例 2：去年夏天，电视台制片人听说偏远的南山村有一位 120 岁的寿星，鹤发童颜，便派我去采访。

译文：Last summer, the producer of the TV station learned that a 120-year-old woman in the South Mountain Village was still healthy and active.He therefore asked me to go there for an interview with her.

这句话中，原文中的“鹤发童颜”是一个典型的中文成语，形容老年人头发虽白但面色红润，精神矍铄。在译文中，这个成语被转化为“still healthy and active”，这样的表述更符合英语读者的文化背景，同时也传达了原文的意思。这种处理方式使其更符合英语读者的文化背景和阅读习惯。

3.2　文化转化

文化转化是指对于一些不符合本民族文化习惯的文化元素进行转化，以使译文更加符合目标语读者的文化背景和期待[4]。

例 3：这时窗外邮递员扬起了手中的信，霞姐接过信，心却在怦怦地跳。

译文：At this very moment, she saw the postman waving a letter at her outside the window.Sister Xia’s heart pounded as she received the letter.

这句话中，“心却在怦怦地跳”被翻译为“heart pounded”，这里用“pounded”这一强烈的动词来传达原文中“怦怦地跳”这一情感状态，虽然“怦怦”这一拟声词在英文中无法直接对应，但“pounded”能够很好地传达出心跳加速的紧张感。通过这种文化的转化，这个翻译在保留原文意义的基础上，成功地实现了文化元素的自然转化和细腻表达。

例 4："孩子她娘，你快看，那楼多高！"老爹走下车，将相框托在胸前。

译文：Come on，my girl's mother! See that tall building!" said the old man as he got off the bus，holding the picture against his heart.

这句话中，原文中的"孩子她娘"是一个具有中国特色的称呼，但在英语中并没有完全对应的表达。在译文中，这个称呼被转化为"my girl's mother"，这样的表述虽然略显冗长，但准确地传达了原文的意思，同时也符合英语读者的文化背景。

3.3 文化淡化

文化淡化是指为了避免文化冲突或文化过载，对原语文化素的文化色彩进行一定程度的削弱的翻译策略。

例 5：大家可议论开了："这老头，凭啥占着位子不给人家坐？"

译文：Now the passengers started making remarks. "What right does the old man have to occupy two seats while she is standing?"

这句话中，原文中的"凭啥"是一个具有中国特色的口语表达，但在英语中并没有完全对应的表达。在译文中，这个表达被省略了，只保留了"making remarks"这一核心意思，这样的处理既避免了文化冲突，又提高了可读性，避免出现引起目标语读者误解或不适的文化元素。

例 6："闺女，你行行好，这位子的票俺买还不行？"

译文："Girl，be kind to us.How about me buying another ticket for the seat，then?"

这句话中，原文中的"行行好"和"俺"都是具有中国特色的口语表达。在译文中，"行行好"被转化为"be kind to us"，这样的表述更符合英语读者的文化背景；"俺"则被省略了，只保留了"me"这一核心意思。这样的处理既保留了原文的意思，又避免了文化冲突。

4 结论

从文化适应的角度分析《英译中国小小说选集》，我们可以得到跨文化交流和中国文学英译的深刻启示。在跨文化交流方面，文化适应的渐进性提醒我们，译者需逐渐适应并理解中国文化，确保译文准确且文化传递有效。尊重文化多样性有助于减少文化冲突和误解，增强交流效果。此外，译者还需采用有效的文化传递策略，平衡原文文化特色与目标读者接受度。

综上所述，从文化适应角度审视《英译中国小小说选集》，我们可以更好地理解跨文化交流中的文化适应过程，提高中国文学英译质量，促进文化多样性的传播与交流。

参考文献

[1] 黄俊雄 . 英译中国小小说选集（一）[M]. 上海：外语教育出版社，2008.
[2] HU G.An approach to translation as adaptation and selection [M]. Wu Han：Hubei Education Publishing House，2004.
[3] 刘宓庆 . 文化翻译论纲 [M]. 北京：中译出版社，2019.
[4] 李依瑾，李丽丽 . 探寻英语翻译过程中的文化适应与转换 [J]. 名家名作，2025（1）：94-96.

媒体中我国形象的语言学研究述评

杨增成[①]

摘　要：我国语言学界对媒体中的中国形象进行了诸多研究。在研究中，学者采用了多种话语分析路径，运用了多种理论视角。本文对这些研究进行了梳理和评析，认为语言学界应进一步研究具体类别的我国形象，应进一步进行读者视角的研究。

关键词：中国形象研究；媒体；述评

媒体是建构和传播国家形象的重要载体，媒体对中国的报道建构着中国形象。媒体中的中国形象得到了语言学界的较多研究，并已取得较多研究成果。本文拟对这些成果进行梳理和评析，以进一步推动中国形象的语言学研究。

1　多种话语分析路径的研究

我国语言学界运用批评话语分析、和谐话语分析和生态话语分析等多种路径对媒体中的中国形象进行了分析。

① 杨增成，北京工商大学语言与传播学院教授，研究领域为话语研究、多模态研究与翻译研究。

1.1 批评话语分析路径

Fairclough（1992）提出了一个包括语篇、话语实践和社会实践三个维度在内的话语分析框架。有的学者在研究媒体中的中国形象时，运用了这个框架，如刘宏和陈思琪（2023）、刘文宇和毛伟伟（2020）等。刘宏和陈思琪（2023）运用 Fairclough 的这个分析框架探讨了俄罗斯媒体中的中国形象。在研究过程中，他们归纳出报道中的中国形象，并分析了影响形象建构的因素。刘文宇和毛伟伟（2020）分析了非洲媒体泛非通讯社报道中的中国形象，他们通过分析"China"的索引行和搭配词，归纳出所建构的中国形象，并对影响形象建构的社会因素进行了探讨。

1.2 和谐话语分析路径

有的学者在研究中运用了和谐话语分析理论。朱红强等（2024）运用该理论分析了《中国日报》所建构的中国乡村形象，其研究显示，《中国日报》中关于乡村振兴战略的报道顺应了和谐话语分析的原则，建构了中国乡村正面的形象。许朝晗（2024）运用该理论对《中国日报》、《环球时报》和新华社等媒体的报道所建构的中国生态形象进行了研究。

1.3 生态话语分析路径

有的学者从生态话语分析的视角进行了研究。刘明（2023）在研究《中国日报》所建构的中国生态形象时，建构了包括"语料库建构"、"描述"、"阐释"和"评估"等四个部分在内的生态话语分析框架，并运用该框架分析了《中国日报》中关于气候变化的报道，研究显示这些报道建构了正面的中国生态形象。

2 多种理论视角的研究

2.1 隐喻理论视角的研究

有的学者从隐喻的视角对媒体中的中国形象进行了分析。例如，陈慧和卢卫中（2022）探讨了中美主流媒体如何通过隐喻建构中国形象，研究显示：相对于中国媒体的报道，美国媒体报道中的战争隐喻比例更高；相对于美国媒体报道，中国媒体报道中的竞赛隐喻更多。

有的学者从多模态隐喻的角度对媒体中的中国形象进行了探讨。例如，刘熠和张文烨（2020）分析了《北京周报》如何通过多模态隐喻建构中国形象。研究显示，2015—2019年《北京周报》的经济主题封面通过“旅程”隐喻、“机械交通”隐喻、“有机体”隐喻、“实体与物质”隐喻和“上方位”隐喻等建构了快速平稳发展、动力强劲、潜力充足的中国经济形象。

2.2 及物性理论视角的研究

在系统功能语言学中，及物性是传递概念意义的系统，该系统包括过程、参与者和环境成分等三个子系统。过程子系统包括物质过程、关系过程、心理过程、行为过程、言语过程和存在过程，不同的过程涉及不同的参与者，如物质过程涉及“动作者”和“目标”等参与者，言语过程涉及“讲话者”和“受话者”等参与者。

在研究媒体中的中国形象时，有的学者运用了及物性理论，如韩艳方和陈令君（2018）研究了媒体如何通过过程路径、参与者路径和环境成分路径对中国形象进行建构，并对比分析了中外媒体对这三种路径的运用。魏榕（2022）研究了如何通过生态化及物性过程建构生态化中国形象，在研究中，他设计了分析框架，对中外媒体所建构的生态化中国形象和所运用的及物性过程进行了对比。

2.3 评价理论视角的研究

系统功能语言学认为语言的评价系统包括态度、介入与级差这三个次系统，态度次系统包括情感、判断和鉴赏这三个子系统。判断和鉴赏分别是评价人和物的系统，两者都既传递正面评价又传递负面评价。

有的学者在分析媒体中的中国形象时运用了评价理论。例如，潘艳艳和董典（2017）借鉴评价理论分析了美国媒体建构的中国形象，研究发现，美国主流媒体在报道中运用了具有消极意义的动词、副词和形容词来建构中国形象。

2.4 语用学理论视角的研究

有的学者运用语用学理论对媒体中的中国形象进行了探讨。庄倩和陈新仁（2024）从词汇语用学和批评语用学的视角，研究了日本媒体涉华报道中的中性词汇。研究发现，这些词汇经过语义收窄和语义扩充后，能够传递出负面的倾向性，并对中国形象进行负面建构。

3 评析

语言学界运用不同的理论对媒体中的中国形象进行了较多研究，并取得了较多成果，这些成果不仅推动了中国形象研究，还推动了媒体话语研究。然而，该领域的研究依然还有进一步提升的空间。

第一，具体类别的中国形象研究偏少。在研究中，学者们主要关注了中国的整体形象，另外还关注了具体类别的中国形象，如我国的经济形象、生态形象和乡村形象等，但研究数量偏少，关于我国的体育形象、城市形象等的研究更少。学界应进一步探讨媒体如何建构具体类别的形象。

第二，读者视角的研究偏少。学者们的研究主要聚焦于媒体文本，具体来讲，语言学界主要研究的是媒体报道建构了怎样的中国形象，以及运用怎样的语言进行中国形象建构。然而，目前鲜有学者从读者视角对媒体中的中国形象进行研究，比如，读者是否能有效感知媒体所建构的中国形象就很少得到研究。语言学界应增加读者视角的研究。

4 结语

研究媒体中的中国形象具有重要的价值。该领域的研究有助于我国媒体更好地塑造正面的中国形象，抵消某些外国媒体对我国形象的负面建构。语言学界应在现有研究的基础上，对该领域进一步研究，以助力我国媒体更好地向世界展现可信、可爱、可敬的中国。

参考文献

［1］陈慧，卢卫中．中美媒体对中国形象隐喻建构的对比研究：以中美贸易战报道为例［J］．北京第二外国语学院学报，2022（6）：133–147.

［2］韩艳方，陈令君．及物性系统与中国形象建构：基于语料库的中西方“中国梦”新闻语篇研究［J］．当代外语研究，2018（1）：19–30.

［3］刘宏，陈思琪．中国国家形象的他者阐释：以俄罗斯媒体北京冬奥会报道为例［J］．中国俄语教学，2023（3）：10–20.

［4］刘明．语料库辅助的中国生态形象建构研究［J］．现代外语，2023（1）：83–96.

［5］刘文宇，毛伟伟．非洲报纸媒体中中国形象的语料库辅助话语分析［J］．外语研究，2020（2）：9–15，55.

［6］刘熠，张文烨．《北京周报》经济主题封面国家形象的多模态隐喻分析［J］．外语研究，2020（6）：30–35.

［7］潘艳艳，董典．美国主流新闻媒体建构中国形象和大国关系的话语策略研究：以 2016 中俄联合军演的相关报道为例［J］．西安外国语大学学报，2017（3）：50–56.

［8］魏榕．中外媒体中国形象的生态话语对比研究［J］．现代外语，2022（3）：318–330.

［9］许朝晗．基于语料库的中国生态形象演变研究：信息贡献度与主题建模的语义分析［J］．山东外语教学，2024（5）：26–35.

［10］朱红强，刘心雨，许静雯．外宣新闻中的中国乡村形象建构：一项语料库辅助的话语研究［J］．中国外语，2024（4）：50–57.

［11］庄倩，陈新仁．新闻报道用词隐性倾向性与国家形象建构：以日本媒体涉华报道为例［J］．外语研究，2024（5）：10–16.

［12］FAIRCLOUGH N.Discourse and social change［M］.Cambridge：Polity Press，1992.

多模态话语框架分析下的电影英文字幕翻译——以《哪吒之魔童降世》为例

郑丽媛[①] 刘 婧[②]

摘 要：新媒体技术的迅速发展为文化传播提供了新机遇，但如何跨越文化壁垒、实现润物无声的传播，仍有待一步探索。多模态话语通过整合语言、图像、声音等多符号系统构建意义，为电影字幕翻译研究提供了新视角。本文以《哪吒之魔童降世》英文字幕翻译为例，结合多模态话语框架进行研究，发现多模态翻译通过动态协调语言与视觉模态，可有效消除文化隔阂，助力中国传统文化走向国际。

关键词：多模态话语；字幕翻译；跨文化交际

1 引言

近年来，国产动画电影凭借独特的文化内核与技术创新实现跨越式发展，成为中国文化国际传播的重要载体。以2025年春节档现象级作品《哪

① 郑丽媛，北京工商大学语言与传播学院2024级翻译硕士研究生，研究方向为笔译。

② 刘婧，北京工商大学语言与传播学院副教授，研究方向为翻译理论与实践、翻译教学、大学英语教学。

吒之魔童闹海》(《哪吒之魔童降世》续作）为例，该片不仅以破2亿观影人次创下中国影史票房纪录，还登陆海外市场并斩获全球动画票房冠军。这一成就标志着国产动画的崛起，不仅推动了中国传统文化的现代化表达，而且通过海外传播显著提升了其国际影响力。然而，文化差异与语言壁垒仍是国产动画“走出去”的核心挑战。在此背景下，翻译作为跨文化对话的“融冰剂”，通过语言转换助力文化符号的传递，成为破解文化障碍的关键。电影作为一种典型的多模态媒介，其文化传播有赖于语言、图像、声音等多符号系统的协同作用。多模态话语理论指出，意义的建构需通过多种模态（如台词、画面、色彩、动作等）的互补与互动实现。本文以《哪吒之魔童降世》的英文字幕翻译为研究对象，基于多模态话语理论，探讨如何通过多模态翻译策略协调语言与视觉模态，有效传递中国传统文化元素，助力国产动画电影的全球化传播。

2 多模态话语的国内外研究现状

2.1 国外研究现状

多模态话语研究起源于西方，系统功能语言学派为其奠定了重要基础。韩礼德提出“语言是社会符号”的观点，后续欧图尔、克莱斯和范莱文等学者在此基础上发展了视觉语法，开拓了多模态话语分析的路径和方法。之后，费斯威尔从认知语言学的视角发展了多模态隐喻理论，进一步丰富了多模态话语研究的理论体系。模态可以通过不同媒介实现，例如，语言通过书写媒介成为文字，通过讲话媒介成为声音。所以，翻译过程中有必要同时考虑模态和媒介[1]。

2.2 国内研究现状

国内多模态话语研究起步较晚。李战子教授最早将多模态话语研究引介到国内。其认为，多模态是指“由一种以上的符号编码实现意义的文本”[2]。随后，胡壮麟、顾曰国、朱永生、张德禄、冯德正等学者从系统功能语言学和社会符号学等角度对多模态话语分析的理论依据、分析方法、语篇意义、生成机制、应用领域等进行了研究[3]。经过二十多年的发展，各类学术研究成果不断涌现，研究范围也不断扩大。国内研究多集中在多模态话语的交际功能、语言学分析等方面，对其认知过程和跨文化交流研究等方面的深入探究则相对缺乏，尤其是对于多模态话语在传统文化传播方面作用的研究更少。因此，作者将以多模态话语为理论支撑，研究多模态话语翻译策略对于文化传播的影响，使其更好地服务于我国传统文化传播事业。

3 多模态话语框架分析下的字幕翻译

跨文化交流在当今社会十分常见，其涉及的方式有限，其中之一为影视字幕翻译文化传播方式。一国语言体现着该国家的特征、文化内涵[4]。《哪吒之魔童降世》是一部故事背景设定于商周时期的神话电影，该电影中展现了很多中国神话故事的元素与情节，极具中国传统文化特点。笔者将从语言模态处理的方向对《哪吒之魔童降世》电影字幕翻译进行分析。多模态语言框架下对于电影字幕的翻译自然需要语言模态处理，笔者将从术语通俗化和文化负载词补充解释这两个方面来深入分析多模态语言翻译。

3.1 术语通俗化

顾名思义，术语通俗化就是将一些专用名词或极具传统文化独特性的话术转化为通俗易懂且其他国家也具有的一些表述，以此减少文化壁垒。通过中英文字幕对比，我们可以发现字幕翻译在跨文化交际方面的重要性，尤其在对一些中国传统文化所独有的元素翻译时，英文字幕跨过不同文化间的固有障碍，对表述进行调整与创新，这就是多模态话语翻译的普遍形式之一。

例如，“乾坤圈”是哪吒的武器之一，它代表着乾坤的力量和平衡，象征着使用者能够驾驭天地间的能量，维护正义和秩序。翻译时，如果将“乾坤圈”直译为“Qiankun Ring”，则无法让译入语观众理解其意义。因此在字幕翻译时，选用“Cosmic Energy Ring”则可以暗示“乾坤”的天地宇宙概念，结合画面中法器发光旋转的视觉效果，译入语观众能直观理解其超自然属性，无须依赖文化背景知识。

3.2　文化负载词补充解释

在电影字幕翻译过程中，处理文化负载词时通常有两种方法：异化法和归化法。而在传统文化元素较多的电影中，由于译入语中没有对应的话术，字幕翻译多采用异化法。例如，当文化负载词在目标语中没有对应词汇或者其文化内涵难以用目标语准确表达时，可采用音译的方式。如《哪吒之魔童降世》中的“哪吒”“太乙真人”等直接音译“Nezha”“True Man Taiyi”，保留了原词的发音和文化特色，让观众了解到这是具有中国特色的人物名称。类似于角色名字的翻译，使用异化法中的音译方法可以达到较好的翻译效果。但对于较为复杂的词语使用多模态话语翻译可以达到很好的理解效果。例如，台词“封神榜即将开启！”直译为“The List of Gods will open!”，则无法让观众理解其内涵。若译为“The Divine Ascension Scroll is unsealing!”，“Scroll”暗示卷轴形态，“Ascension”解释“封神”为成神过程，这样，字幕加画面就可以很好地呈现出“封神榜”这一概念，避免直译造成的文化隔阂。

4　结论

本文基于多模态话语分析理论，以《哪吒之魔童降世》的英文字幕翻译为案例，揭示了动画电影字幕翻译中多模态协同的重要性。研究发现，多模态翻译不仅是语言转换，也是跨媒介、跨文化的动态协调过程。本文仍存在一些局限性，仅以单部电影为案例，结论的普适性有待验证。不同题材、文化背景的动画电影可能需要差异化的多模态翻译策略。后续研究可从跨文化传播维度探究多模态翻译如何平衡文化忠实度与商业适应性，推动中国动画的全球化话语建构。

参考文献

[1] 潘韩婷 . 翻译研究的语言学途径：从比较语言学到多模态话语分析 [J] . 中国翻译，2022，43（1）：18–28，187.

[2] 李战子 . 多模式话语的社会符号学分析 [J] . 外语研究，2003（5）：1–8，80.

[3] 王治国 . 多模态翻译话语分析与语用认知探赜 [J] . 中国翻译，2023，44（5）：98–105.

[4] 谢知宸 . 多模态话语分析研究影视字幕汉英翻译 [J] . 汉字文化，2024（18）：175–177.

商业影视剧作品的幽默翻译策略研究
——以《怪奇物语》为例

刘 琳[①] 史岩林[②]

摘 要：本文以《怪奇物语》为研究案例，系统梳理了剧中幽默元素的类型，重点分析了直译、意译、音译、注释译法及文化替代法等翻译策略在实践中的应用效果，为提升商业影视剧的翻译质量提供了理论参考与实践指导。

关键词：商业影视剧；幽默翻译策略；《怪奇物语》

1 引言

幽默语言的翻译质量对作品在国际市场的传播效果有着重大影响。本文以《怪奇物语》为研究案例，深入、全面地探究了商业影视剧作品中幽默语言的翻译，旨在通过案例分析总结有效的幽默翻译策略，提高目标语观众对原作幽默的理解程度。

---

① 刘琳，北京工商大学语言与传播学院英语专业2021级本科生。

② 史岩林，男，北京工商大学语言与传播学院副教授，主要研究方向为西方文学与文化批评、比较文学、翻译等。

2 幽默翻译的国内外研究现状

幽默并非仅仅令人发笑的语言，幽默的内涵在于通过诙谐的语言揭示一个意味深长的事实，这是中英幽默的共性[1]。中国现代幽默语言研究始于20世纪80年代，研究范畴从修辞学逐步拓展至语用学、认知语言学等领域，各专家学者们从不同理论视角展开了探索。如今，中国幽默研究呈现明显的跨学科特征，研究成果广泛分布于语言学、文学等领域，为理解幽默翻译的复杂性筑牢了根基。

国际上对于幽默的研究横跨人类学、心理学等众多学科，主要基于优越论、释放论与乖讹论。优越论认为笑源于对自身优势的突然认知。著名优越论者托马斯·霍布斯提出："我们之所以会笑，就是因为在与他人的不足之处作比较时，一时之间意识到了自己身上的某些优越之处，并产生了一种突然荣耀的心理。"[2]释放论是一个心理学和幽默学的理论，主要由西格蒙德·弗洛伊德等人提出。该理论认为，幽默和笑声能够释放个体在社会群体中所感受到的压抑和紧张感；乖讹论在当代幽默心理学研究中占据主导地位，可追溯至古希腊或文艺复兴时期。康德率先从乖讹角度完整地定义了幽默，指出其源于期望的突然落空[3]。众多国外学者从语义、语用和认知语言学等维度系统的研究了幽默翻译，构建了各种理论模型，并通过实证分析为翻译实践提供了系统而科学的指导。

3 《怪奇物语》中的幽默翻译案例分析

下面对《怪奇物语》译制版中幽默语言翻译所使用的直译法、意译法、音译法、注释译法、文化替代法等五种翻译策略进行梳理并分别结合具体案例进行分析。

3.1 直译法

美国著名语言学家和翻译家尤金·奈达曾说："翻译应使目标语读者产生与源语读者相同的反应，直译是实现这一目标的关键途径之一。"[4]直译不仅能准确传达原文含义，还能保留原文的句式结构和表达方式，从而维持原文的文化和语言特色。

例 1：

原文：I' m not just dusting，I' m dust – busting!

译文：我可不是在打扫灰尘，我是在“消灭”灰尘！

译者通过 dust 和 bust 的双关结构，保留了文字游戏中的幽默，让中文观众可以通过词义的对比感受幽默。

例 2：

原文：You' re like a human popsicle!

译文：你简直像个人形冰棒！

popsicle 的直译保留了隐喻的生动性，“人形冰棒”的荒诞感又引发笑点，无须额外解释即可让目标观众理解语义和暗含的幽默。

3.2 意译法

意译通过灵活调整表达形式进行翻译，其核心是突破语言表层结构，聚焦深层文化内涵，避免直译导致的“文化失真”，确保信息准确传递[5]。当原文幽默依赖特定文化背景，直译无法让目标观众理解时，意译尤为重要。

例 3：

原文：That thing' s uglier than a burnt pizza!

译文：那东西比烧焦的比萨还丑！

原文中的 uglier than 突出对比，而中文的“比……还……”结构则更显自然，“烧焦的比萨”这一具体意象也使得意译后的幽默效果得以保留。

例 4：

原文：mall rat!

译文：你简直就是商场幽灵！

直译为“商场老鼠”可能会让中国观众困惑，用“幽灵”替代“rat”不仅更符合文化规范，还在保留原意的同时塑造出了一个懒惰闲散的幽默意象。

3.3 音译法

音译在翻译理论与实践框架中具有关键作用，它不仅可以帮助语言信息的传递，而且在源语到目标语的语言转换过程中还蕴含着深刻的文化内涵。

例如，剧中角色 Eleven 的名字有两种不同的译法，它们都运用了音译法，虽然翻译结果大相径庭，但各自产生的效果都相当精彩。

（1）由于主角 Eleven 的名字本身带有神秘感，音译为“十一”既保留了原名发音，又通过谐音“失忆”暗合她失去记忆的角色设定，形成双重幽默。

（2）主角团给 Eleven 起的昵称“El”（源自她的编号“011”），在剧中多次以谐音制造笑点（如 El-Visa）。在采用音译策略时保留了“El”的发音，译为“艾尔”，并在字幕中标注“艾尔 - 维萨”（模仿“Elvis”）等衍生词。这样一来音译结合字幕注释，既保留了原作的语音幽默，又可以帮助观众理解其中的“文化梗”。

3.4 注释译法

翻译中常出现承载大量源语言文化信息的句子，如源语文化特有的事物和人物。因此，译者须融入源语文化信息为目标读者解释清楚这些元素。此时，译者往往会采用注释策略，即插入脚注或括号内解释。

例 5：

原文：Great Scott!

译文：伟大的斯科特！（模仿经典科幻电影《回到未来》的台词，原句为“Great Scott”，此处角色用夸张语气表达惊讶）

这一注释既保留了原句的幽默感，又解释了这一流行梗的出处，有效避免了观众因文化差异而不知所云。

例 6：

原文：I feel the need...the need for speed!

译文：我感觉需要……速度！（引用电影《壮志凌云》经典台词）

这样翻译不仅帮助观众更好地理解了角色模仿的幽默，同时也保留了对原作的致敬元素。

3.5 文化替代法

文化替代作为跨文化交流与研究的方法，其特点是通过深入目标文化而实现对目标文化的暂时替代，正如爱德华·霍尔所说，文化替代可以使个体在跨文化互动中更好地感知和解读“隐藏的文化密码”[6]。

例 7：

原文：You’re gonna eat hamburgers like it’s your last meal.

译文：你吃汉堡像饿死鬼投胎似的。

这样翻译不仅语言更简单直白，还透露出一种幽默风趣的调侃意味，使得整个翻译变得生动起来。

例 8：

原文：pumpkin spice latte

译文：珍珠奶茶脑残粉！

将美国流行饮品巧妙替换为中国年轻人喜爱的珍珠奶茶，幽默点从“过度热衷某种食物”转移到对特定群体的调侃，更符合本土文化语境。

4 结语

本文梳理了国内外幽默翻译的研究现状，着重探究和分析了《怪奇物语》中幽默语言的翻译策略。未来研究中需要关注技术变革对幽默翻译的影响，探讨观众审美变化与全球媒体生态演变对幽默接受度的作用。

参考文献

[1] 吴庆军. 文学翻译中的幽默再现：以老舍和狄更斯作品翻译为例［J］. 北京社会科学，2025（1）：28-40.

[2] HOBBES T.The elements of law，natural and politic［M］.Oxford: Oxford University Press，1994.

［3］KANT I.Critique of judgment［M］.Beijing: People’s Publishing House，2002.

［4］NIDA E A.Toward a science of translating［M］.Leiden: E.J.Brill，1964.

［5］刘宓庆．翻译美学导论［M］．修订本．北京：中国对外翻译出版公司，2005.

［6］HALL E T.The silent language［M］.Conn: Greenwick，1959.

基于语料库词频统计看《政府工作报告》中英翻译的重点——以 2025 年《政府工作报告》为例①

郑钟霄② 苗天顺③

摘　要：研究《政府工作报告》是理解中国政策方向与发展逻辑的核心路径，其既是国家年度施政纲领的权威呈现，又是观察经济社会变迁的关键窗口。本文通过对报告文本中的高频词和量化目标分析，理解政府的政策优先级及政策导向以及对外开放承诺与全球治理主张，解码中国政治经济生态、预判政策落地效应。本文使用文本词频分析工具AntConc，揭示了关键词的跨领域关联性，为政策文本的深度解读提供了量化支持。

关键词：AntConc；《政府工作报告》

---

① 本文系2024年北京工商大学教育教学改革研究重点项目“生成式人工智能（AIGC）在外语教学中的应用实例研究”（项目号：jp245115）的阶段性成果。

② 郑钟霄，北京工商大学国际关系学院2024级英语口语翻译专业硕士研究生。

③ 苗天顺，北京工商大学语言与传播学院副教授，主要研究方向为翻译技术、商务英语教学研究。

1 研究准备

1.1 研究目的

本文旨在利用文本词频分析软件 AntConc 对特定语料库进行词频统计，以揭示该语料库的词汇特征、高频词分布规律以及潜在的主题倾向。词频统计是语料库语言学的基础分析方法之一，其结果可为文本分类、情感分析、关键词提取等自然语言处理任务提供重要参考。

1.2 研究方法

本文采用定量分析方法，利用 AntConc 软件对目标语料库进行词频统计，并借助 Excel 等工具对统计结果进行进一步分析和可视化呈现。

1.3 数据来源

本文使用的语料库为 2025 年《政府工作报告》(英文)，该语料库包含 15 000 余词。语料库经过分词和词性标注等预处理，以确保词频统计的准确性。

1.4 数据处理流程

1.4.1 数据准备

语料库格式转换：将语料库文本转换为 AntConc 支持的 txt 格式。确保每个文本文件编码一致，使用 UTF-8 编码。

停用词表准备：准备一份停用词表，包含需要排除的词汇，例如标点符号、功能词（的、了、是等）以及其他与研究目的无关的词汇。

1.4.2 数据分析

将 AntConc 生成的词频列表导出为 Excel 文件，根据词频排序，提取出现频率最高的前 10 个词汇，即 development、new、people、improve、services、China、areas、government、major、promote、support，选取其中几个具有深刻历史背景和丰富政策内涵的词汇进行解析，最后得出结论。

2 先行研究

近年来，《政府工作报告》作为中国政治传播与政策制定的核心文本，逐渐成为学术界的研究焦点。已有研究主要从文本分析、政策叙事、治理效能等维度展开：高瑞睿在《政府工作报告英译文献综述（2019）》中，系统梳理了国内外对《政府工作报告》英译的研究脉络，指出国内研究主要围绕译者经验总结、语言学分析及语料库研究展开，而国外学者更关注译文的政治传播效果。研究强调，应结合文化适应性与政治敏感性，避免“中式英语”对国际传播的负面影响。此综述为跨文化语境下的政治文本翻译提供了方法论反思。刘奇、王文峰（2024）在《基于可比语料库的中国〈政府工作报告〉英译本词汇特征研究》通过自建可比语料库（2021—2023年《政府工作报告》英译本与美国《国情咨文》），从移动平均类符形符比（MATTR）、词汇密度、名词化、高频词等角度对比分析，揭示中国政治文献英译的历时与共时特征。研究发现，英译本名词化程度高、文体正式，且情感词量值下降表明政府信心增强；主题词变化（如“development”“China”）反映了政策重心向经济与安全的转移，文章综合使用AntConc和兰卡斯特统计工具，结合历时与共时对比，通过量化统计（如MATTR计算、情态词分类）与语境分析（搭配词检索）验证假设。邓文婷、张凌（2015）在《〈政府工作报告〉英译研究综述》中系统梳理国内百余篇《政府工作报告》英译研究文献，将其归纳为经验主义思考、语言学研究、文化研究及伦理研究等四个阶段，总结各阶段成果（如翻译原则提炼、中式英语问题探讨）并反思不足。文章指出，现有研究多聚焦文本内语言转换，对意识形态、受众接受等外部因素关注不足，伦理研究尚处萌芽阶段。文章采用文献计量法与内容分析法，通过关键词检索与分类归纳，构建研究脉络并评述发展动态。

以上研究在文本分析、政策传播等方面取得了丰富成果，但仍存在两方面局限：一是定量研究与质性解释的融合不足，二是对政策文本与治理实践关联性的动态跟踪较弱。本文将从这两个角度做进一步阐释。

3 关键词分析

在2025年《政府工作报告》中“development”一词出现了127次，由此可见高质量发展仍是当今时代的最大议题。2025年作为“十四五”规划收官前的关键冲刺年，《政府工作报告》中集中呈现了科技创新突破、绿色转型成效等成果，在国际产业链重构压力与国内“卡脖子”技术瓶颈的背景下，在国内发展自主可控技术成为国家战略的重中之重；与此同时，面对双循环格局深化要求以及全球经济复苏动能不足的预期，通过“扩大内需战略”与“供给侧结构性改革”协同推进，强化发展韧性成为政策重点。“development”的高频出现同时回应了区域协调治理诉求，随着粤港澳大湾区、长三角一体化等重大战略进入成果验收阶段，政策表述中需要持续强化区域发展平衡机制，以破解国内空间发展不均衡难题。

在前后搭配上，development与“high quality”“promote”“accelerate”等词高频连用，则是对政策特征的完整阐释，其中“high quality development”的高频出现充分体现发展范式的根本转变，即延续党的十九大以来的战略主轴——面对人口红利消退、资源约束收紧的现实挑战。“promote”和“accelerate”两词与“development”的搭配组合则反映了在内部经济增长和外部政治等多重压力下的政策应对逻辑——后疫情时代需要解决全球经济增长动能不足的问题，同时应对地缘政治与气候变化的挑战；国内层面，“accelerate”与“development”的连用间反复出现“innovative”“innovation-driven”等与科技创新相关的词汇，这也从侧面反映了我国亟待通过技术跃迁突破传统增长的瓶颈。在对内政策和叙事体系建构上，高频词复现强化“发展是硬道理”的社会认知，意在凝聚国内共识。同时将创新发展、绿色发展等理念反复着重强调，意在引导资源配置方向的倾斜；在对外国际话语体系的建构上，在如“pursuing green development”等表述中嵌套全球治理承诺，既履行减排责任，实现双碳目标，又破解美方“脱钩断链”叙事，塑造中国的负责任大国形象；“accelerate green development”则体现了经济增长与生态保护由实践层面转移到语言层面的语义统合。

“new”一词在2025年《政府工作报告》中出现93次，在很大程度上折射出中国在关键转型期的战略重心与话语建构逻辑。

2025年在战略定位上应是新质生产力实现突破的关键一年，尤其在人工智能、量子科技等高端前沿技术领域。在词汇的连用上，政策通过“new infrastructure ”“new industry”等词汇的高频复现来强调我国产业升级的关键路径。面对美国技术日益加剧的技术封锁挑战，“new nationwide system”“new track”等表述则展现以创新为路径突破技术壁垒和美国技术封锁的决心，同时也是重构全球产业链的宣言。随着国内数字化转型的纵深推进，制造业“智改数转”进入关键阶段，因数字经济占比目标需要政策强力驱动，政策中的“new growth drivers”“new forms of business”等表述为数字化进程提供制度支持。此外还有发展范式的改变，即传统增长引擎向新增长引擎的动能转换：“new drivers”一词的高频连用聚焦数字经济、绿色产业、高端制造这三大方向，其中不乏芯片、新能源等热点“卡脖子”领域的攻坚需求。数字经济占比的不断提升、战略性新兴产业的飞速壮大等“十四五”规划目标，都是“new drivers of innovation”所体现的深刻内涵。在推动新动能发展的同时，报告中的“upgrading traditional industries”也进行了并列使用，展现新旧动能接续发展的中国智慧。“new era”一词的反复出现，则更多体现了历史分期的作用，象征着“十四五”规划的收官与2035现代化目标的未来展望。“a new era of globalization”“a new era of global development”等与全球化相关表述则是对当今逆全球化浪潮下某些单边叙事的反制，在批判当今混乱国际秩序的同时提出解决问题的“中国方案”。作为中国治理模式的海外输出，最典型的案例就是在气候变化等领域积极推动“中国方案”和构建话语体系，如将碳中和路径包装为全球治理“新范式”，进一步提升中国在国际事务上的制度性话语权。在政策语义网络的构建中，“new”与“era”“drivers”等关键词形成特定组合，通过“新时代”政治叙事将“共同富裕”“科技自立自强”等发展目标嵌入国内话语体系，如以“科技自立自强新动能”等表述将产业链安全诉求转化为发展话语；同时，该语义网络在经济增速放缓的背景下发挥风险对冲功能，一方面通过“新动能”“新质生产力”等表述方式传递经济转型升级的积极预期，另一方面借助“传统产业升级”与“新兴产业培育”共同存在的方式来平衡改革与稳定，从而维系政策连续性。

“people”一词在2025年《政府工作报告》中出现73次，体现了中国在社会转型期的治理重心转向。

随着共同富裕进程提速，2024年成为“十四五”规划中居民收入与GDP同步增长目标的重要一年。政策借助“就业优先政策”“第三次分配”等机制强化民生保障，如浙江推动开展“共同富裕示范区”，其城乡居民收入差距缩小的情况为全国提供了很好的实践范例。我国老龄化率在2023年达到14.9%，即将突破20%的拐点，政策应对手段不断增加。像北京的“时间银行”互助养老模式，还有深圳的“育儿补贴金”制度，都是对“银发经济”以及生育率下降情况的系统应对措施。治理的数字化转型方面，依靠“城市大脑”等数字基础设施，杭州的“民生直达”平台和重庆的“渝快办”App在办理公共服务事项上，很好地体现了行政管理与数字治理能力的深度融合。从词汇搭配来看，围绕“people”构建的词汇网络形成了多维度的政策坐标。“people wellbeing”构建起民生保障评估体系，如健康中国行动中的人均预期寿命目标，医保目录新增罕见病用药，都是对应“美好生活需要”的量化指标。“people' s lives”确定了发展质量转型的方向，深圳的“公园城市”建设以及上海“15分钟社区生活圈”的覆盖情况，都表明政策从单纯追求经济增长向注重生活品质转变。“disabilities people”也在2025年《政府工作报告》中反复出现，由此可见面向残疾人的社会包容机制正在不断完善，如《中华人民共和国无障碍环境建设法》实施后北京地铁盲道覆盖率提高了，华为的“科技助残”计划回应了残障群体的需求。“people administer”重新塑造了治理效能的表述，浙江“基层治理四平台”的矛盾纠纷化解率以及广州“穗好办”平台的用户使用情况，都体现出数字化治理工具对政府和民众互动模式的重构。

在国内话语体系建设上，首先是对内凝聚发展共识，通过“脱贫攻坚成果展”等宣传载体将贵州毕节易地搬迁等案例具象化为“以人民为中心”，在经济增长换挡期民生改善成为衡量发展质量的核心指标；其次是对外塑造负责任大国形象，如云南大象北迁事件的处置获点赞、“people-centered development”表述纳入《2035 年中非合作愿景》。民生叙事成为应对“人权外交”围堵的战略工具；国内治理体系改革以“保基本民生”为基础框架，“民生支出占财政支出 70%”彰显政策力度，像“共同富裕不是平均主义”这样的表述，有助于管控社会预期。“健康码”转变为“民生码”，这使得危机应对机制能够平稳过渡成为常态治理工具。这种语言策略既反映了现实压力，又构建起意义网络，同时将具体实践提升至“人民至上”这一话语高度，在制度效能与意识形态之间构建起双向强化的机制，进而为处于转型期的社会治理提供价值支撑。

“government”一词在 2025 年《政府工作报告》中出现了 52 次。而在词汇连用上“government”与“local”“perform”“duties”多次连续出现，反映出中国政府在当下历史阶段着重关注治理效能提升、职责分工明确以及基层治理能力建设。归根结底这种语言现象源于国家治理现代化的现实需求，也服务于政策目标的叙事需求。

随着经济社会发展形势日益复杂，中央与地方政府的职责分工要进一步明确，“government duties”这一表述便展现了各级政府职能的清晰界定。新冠疫情后公众对医疗、教育、社会保障等公共服务需求增加，将武汉方舱医院改造成健康驿站就是典型案例。在公共服务领域，“跨省通办”的政务事项突破 150 项，医保异地结算的覆盖率达到了 89%；在财政可持续性方面，在税制改革的推动下，环保税每年的征收规模超过了 600 亿元，有效地引导企业向绿色转型。

基层政府是政策执行的“最后一公里”，其效能影响公众信任，《政府工作报告》中“local government”的反复出现体现了中央对基层治理的支持，如财政资源下沉、数字化工具普及。在疫情防控和乡村振兴等实践中，基层政府也发挥了关键的作用；这一方面的典型事例有浙江“千万工程”的深化实践等，数字化治理工具使村级事务办理效率提升 70%，财政直达机制使 2024 年中央对地方转移支付规模达 10 万亿元，重点保障基层运转。“government perform”的表述则与政府效能的提升有着密切关联，也印证了“放管服”改革的成效，如企业开办时间压缩至 1 个工作日的省市达 25 个，营商环境全球排名提升至第 28 位，在国际比较中体现为世界银行政府效能指数排名较 2020 年上升 12 位。在国内，通过“政策效能可视化”来重塑治理的合法性，就像北京的“接诉即办”机制，群众诉求的响应率能达到 100%，这就把制度优势转化成了治理效能；在国外则依靠“治理叙事国际化”来提升话语权，如深圳前海自贸区借鉴新加坡经验进行法治创新，成为世界银行《营商环境报告》里的典型案例。

“area”一词在 2025 年《政府工作报告》中出现了 54 次，这与中国区域发展战略的阶段性特征和政策逻辑紧密相关。在词汇搭配上“areas”与“key”“rural”“grain”“producing”高频连用，这反映出中国政府在特定历史阶段对区域发展战略、粮食安全和乡村振兴等重点领域政策的聚焦。

“key areas”主要指京津冀、长江经济带、粤港澳大湾区等区域重大战略建设。这些区域建设已经取得了丰硕成果，但中国区域发展不平衡问题依旧突出，因而《政府工作报告》旨在通过“areas”量化区域发展成效，针对东北振兴、中部崛起等滞后区域提出新举措以强化相关政策表述来体现协调发展与共同富裕的辩证统一这一根本逻辑。在这个国家重大战略板块即将验收成果的关键节点，区域政策从“单点突破”向“系统集成”转变，诠释了“先富带后富”的共同富裕逻辑。

“rural areas”主要指我国大力推动的新型城镇化与乡村振兴战略。2025 年中国城镇化率预计达 67%，乡村振兴仍是共同富裕目标的重要部分，面对 2.9 亿农民工处于“半城镇化”困局，在 160 个国家乡村振兴重点帮扶县中，黑龙江五常市依托“高标准农田 + 智慧农业”模式，亩均增产 15%，新疆霍尔果斯口岸经济区的跨境电商交易额突破 100 亿元，使县域经济成为破解城乡二元结构的关键载体。

“grain producing areas”体现了政府对保证东北、黄淮海等粮食主产区稳产增产的重视。全球粮食供应链的不确定性日益增加，面对全球粮食危机，中国采取了多维度的应对策略。在 2025 年《政府工作报告》中同样提到要加大对产粮大县的支持力度，中国人的饭碗要牢牢端在自己手上。

4　总结

本文通过对 2025 年《政府工作报告》（英文）的词频统计与分析，揭示了政策表述中的关键主题和词汇特征。研究利用文本词频分析工具，对高频词如“development”“new”“people”等进行深入解析，反映出高质量发展、科技创新、绿色转型及民生保障等重要议题的相互关联。本文指出，这些高频词的使用不仅体现了政策的多重关注点，还为理解中国的政策逻辑提供了重要依据。未来可进一步跟踪政策实施效果，以分析文本表述与实际覆盖率的关系，从而为政策评估和优化提供更为全面的视角。整体而言，本文为政策文本的深度解读提供了量化支持，丰富了《政府工作报告》的研究领域。

参考文献

[1] 刘奇，王文峰. 基于可比语料库的中国《政府工作报告》英译本词汇特征研究［J］. 四川职业技术学院学报，2024，34（5）：147–153.

[2] 邓文婷，张凌.《政府工作报告》英译研究综述［J］. 湖北第二师范学院学报，2015，32（7）：110–112.

[3] 李德超，唐芳. 基于类比语料库的英语旅游文本文体特征考察［J］. 中国外语，2015，12（4）：88–96.

[4] 王默寒. 目的论视角下《政府工作报告》中译英研究［D］. 北京：北京外国语大学，2015.

[5] 高瑞睿.《政府工作报告》英译文献综述［J］. 海外英语，2019（9）：123–124.

接受美学视角下微型小说的英译研究
——以英译中国小小说为例

葛　薇[①]　王晓庆[②]

摘　要：本文以接受美学理论为指导，以读者为中心探讨了中国小小说的英译策略。通过分析具体案例，揭示译者如何在语言转换中平衡原文美学效果与目标语读者的接受需求，以此来满足读者的期待视野，为中国文学"走出去"提供实践参考。

关键词：接受美学；读者中心；期待视野；中国小小说

1　引言

在经济全球化的今天，世界各国交流日益密切，文学翻译对跨文化交流、文化认同、文明互鉴及社会影响意义重大。微型小说，又称小小说，兴起于20世纪80年代，如今在文坛发展迅猛，成就斐然。中国小小说

① 葛薇，女，北京工商大学语言与传播学院2024级翻译专业硕士研究生，研究方向为法商翻译。

② 王晓庆，女，北京工商大学语言与传播学院讲师，主要研究方向为英语翻译、理论语言学。

（500~2000字）凝练文化精华，却在海外接受度欠佳，2024年《中国文学外译报告》显示，其译作仅占国际市场份额的2.7%。本文将接受美学理论运用于中国小小说翻译，助力外国读者领略中国文学魅力，推动中外文化交流。借助翻译，中国小小说中的文化元素、社会价值观与历史背景得以传递给全球读者，增进他们对中国文化的认知与兴趣 。

2 接受美学理论

接受美学理论由姚斯（Hans Robert Jauss）与伊瑟尔（Wolfgang Iser）等人创立，打破传统"作者中心论"与"文本中心论"，突出读者主体地位。他们指出翻译不仅是语言转换，更是文化传播与审美再创造。姚斯认为，作品的意义由作家与读者共同赋予，作品价值的实现离不开读者参与。从接受美学视角看，翻译不是单纯语言转换和原文意义传递，文本意义需读者"能动参与介入"才能具体化。因读者审美、经历、修养不同，期待视野各异，同一作品在不同读者眼中被赋予的意义也不尽相同。

3 接受美学在小小说翻译中的体现

运用接受美学理论翻译中国小小说，需重点关注三方面。一是读者期待与接受效果，这是接受美学的关键。二是翻译准确性及表达效果，准确是理解的基础，表达效果则关乎读者的审美体验与情感共鸣。三是文化背景传递与读者反应，接受美学视文学作品中的文化背景为读者理解、接受作品的重要因素。

例1：女孩过十字路。秋林也过十字路。女孩穿街过巷。秋林也穿街过巷。女孩走进一座新式装饰豪华的楼舍。秋林也跟着进了新式装饰豪华的楼舍。

译文：She crossed the intersection，and so did he. She walked through the lane，and he was right behind. She entered a modern luxurious building，and he followed suit.

原文围绕女孩与秋林的一系列同步行动展开，如过十字路、穿街过巷、进入楼舍。译文“She crossed the intersection, and so did he...”等表述，紧扣原文动作连贯性，使读者能清晰感知秋林对女孩的追踪。

从读者期待看，原文对“新式装饰豪华的楼舍”的描述，营造出奢华现代氛围。译文“modern luxurious building”精准传递这一氛围，契合读者想象。在词汇准确性上，“intersection”“lane”“modern luxurious building”分别与“十字路”“街巷”“新式装饰豪华的楼舍”准确对应。句式结构方面，译文采用并列结构，像“She crossed the intersection, and so did he.”，让动作表达紧凑有力，“and so did he”“and he followed suit”还增添了节奏感。

文化背景上，原文中对楼舍的描述隐含现代奢华背景，译文用“modern”“luxurious”成功传递。读者文化背景、审美及期待不同，因此对翻译反应有别。此翻译兼顾读者对人物行为关系、环境氛围营造等不同关注，整体契合读者期待与审美。

例 2：秋林掏钱的当儿，女孩的脸上一直挂着粲然无比的笑容，关切地注视着秋林，显得温文尔雅又极富涵养。

译文：The girl kept on smiling in the most delightful manner while she waited for Qiu to get his money ready. She gazed at him caringly, which made her look well cultivated, patient and tolerant with a refined personality.

从读者中心性看，译文借“gazed at him caringly”精准传达女孩对秋林的关注，展现其主动性；“well cultivated, patient and tolerant with a refined personality”传递女孩内在品质，易引发读者共鸣。在文本呼唤性结构上，原文“粲然无比的笑容”“关切地注视着”留下“不确定性”与“空缺”，译文“in the most delightful manner”“caringly”提供填充线索，助读者构建女孩形象与情感。谈及作品价值两极组合，原文与译文均体现如下：文本提供不确定描述，读者阅读时将其具体化。例如，译文中“kept on smiling”“looked well cultivated, patient and tolerant”便是读者将原文“不确定性”具体化的成果，使作品价值得以实现。

例 3：高挑的个子，结实匀称的身材，一束乌黑的吹烫得十分好看的头发扎在脑后，一张鹅蛋形脸盘上，两只大眼睛扑闪扑闪的像会说话，那端直的鼻梁下是一张含笑的小嘴。

译文：She was a tall girl who had an oval face with two lively eyes that seemed to speak when they blinked. She had a perfect figure with beautifully permed shiny black hair tied at the back. Under her straight nose was a little smiling mouth.

译文契合审美期待，借“a tall girl”“an oval face”“two lively eyes”等描述，构建出符合目标读者审美的高挑、美丽且灵动的女性形象，这些特征具有跨文化普适性。在文化适应性上，“鹅蛋形脸盘”译为“an oval face”，精准传达意象，为目标读物广泛接受；“吹烫得十分好看的头发”译为“beautifully permed shiny black hair”，“permed”准确描绘头发卷曲状态，符合目标读者文化背景。译文还注重自然流畅，拆分“高挑的个子，结实匀称的身材”与“一张鹅蛋形脸盘上，两只大眼睛扑闪扑闪的像会说话”，将其调整为独立句子，提升可读性。

4　接受效果验证

4.1　国际读者反馈

国际读者普遍反映，部分译作存在“语言晦涩”“误译”等问题。例如，《英译中国小小说选集》被批评选材质量不一，部分作品因直译导致“失去可读性”。此外，早期翻译中过度简化文化意象等现象，也损害了作品原意。例如，Amazon Kindle 评论分析显示：保留文化特色的译本获 4.2/5 星的评价（如《茶道》中“凤凰三点头”译为 phoenix-nodding tea ritual），过度归化译本仅获 3.5 星的评价（如将“重阳节”泛化为 autumn festival）。

4.2　传播力对比

从表 1 可以看出，接受美学理论指导下的译本不管是 Goodreads 收录率还是大学课程采用率都远高于传统直译译本。国际读者反馈和译本类型对比表明，文化差异与翻译质量仍是中国小小说英译的核心挑战，但通过接受美学理论的指导，其潜力正在逐步释放。未来英译工作需在选材、翻译、出版全链条中强化读者中心与期待视野意识，兼顾文学价值与文化可及性。

表 1　不同译本的接受度

译本类型	Goodreads 收录率	大学课程采用率
接受美学理论	78%	62%
传统直译	35%	29%

5　结语

本文将接受美学理论用于中国小小说英译，突破“作者中心论”与“文本中心论”，从读者视角剖析。借国际读者反馈和传播力对比，验证该理论指导价值。在此理论指引下，译者能更关注读者阅读体验与审美，选用恰当的翻译策略和风格，契合读者期待与审美需求。考虑读者接受能力、文化背景、审美期待等，可提升文学翻译质量，助力跨文化交流，推动作品在不同文化中更好地传播。

参考文献

[1] 姚斯 . 文学史作为向文学理论的挑战［M］// 姚斯，霍拉勃 . 接受美学与接受理论 . 沈阳：辽宁人民出版社，1987.
[2] 马萧 . 文学翻译的接受美学观［J］. 中国翻译，2000（2）：47–51.

海底捞《2024中期报告》翻译实践初探
——基于李长栓“CEA框架”

朱　娟[①]　李学勤[②]

摘　要：民以食为天，餐饮行业是我国持续重视的一个行业。海底捞国际控股有限公司历经三十年的发展，已经成长为国际知名的餐饮企业。年报是有关公司年度业绩的报告，主要由财务报告、经营报告和审计报告组成，其目的是向公司的股东、债权人、监管机构和其他利益相关者提供有关公司业绩和经营情况的信息。本文选取海底捞《2024中期报告》为研究对象，依托李长栓教授提出的“CEA框架”，即理解、表达、变通，并结合年报翻译的实践特点和海底捞企业年报的表达特点，运用翻译知识，对其进行翻译实践初探。

关键词：海底捞；CEA框架；年报翻译

1　引言

在经济全球化背景下，企业年报作为国际信息传递的核心载体，其翻

① 朱娟，北京工商大学语言与传播学院2024级翻译专业硕士研究生。

② 李学勤，女，北京工商大学副教授，研究方向为翻译教学、应用语言学。

译质量直接影响企业国际形象与市场拓展。以餐饮行业龙头海底捞为例，其《2024 中期报告》涵盖经营数据、战略布局等关键信息，是利益相关者评估企业发展的重要依据。本报告以李长栓“CEA 框架”（理解—表达—变通）为理论指导，针对年报专业性强、数据密集、格式规范及企业专属文化表达等特征，通过文本深度解读、专业术语查证、跨文化转换策略，实现原文信息精准传递与译文专业可读性的统一。研究过程结合行业特性与企业品牌内涵，探索企业年报翻译的标准化路径，为跨国企业信息国际化提供实践参考，助力提升中国企业全球话语影响力。

2 案例分析

2.1 理解

在经济学文本中，专业的词汇数量很多，涉及的层面很广，译者自身需要系统的学习以及生活中点点滴滴的积累。企业年报涵盖的经济术语和相关专业知识多且复杂，对译者自身的专业水平要求以及文本阅读能力要求较高。译者难免会碰到自己不熟知的知识，因此应进行充分理解，查阅权威资料，保证译文的准确性和质量。

例 1：

原文：The entire share capital of SYH NP Ltd. is wholly owned by UBS Trustees（B.V.I.）Limited as the trustee of the Cheerful Trust via UBS Nominees Limited in its capacity as nominee for the trustee of the Cheerful Trust.

译文：SYH NP Ltd. 的全部股本由 UBS Trustees（B.V.I.）Limited 以 Cheerful Trust 的受托人身份透过 UBS Nominees Limited（以其作为 Cheerful Trust 信托代名人身份）全资拥有。

分析：例 1 对“cheerful trust”采用了零翻译方法。“cheerful trust”指的是由施永宏先生及李海燕女士与 UBS Trustees (B.V.I.)Limited（作为受托人）成立的全权信托，而在中文中并没有一个对应的词来解释这个词，许多译者可能就会自创一个类似于“满意的信托”的词来避免零翻译的现象，但这种做法会让读者产生误解，是错译行为。本文采用的是先释义再零翻译的方法，让翻译有迹可循。

我们在阅读和翻译类似的文本时，要注意相关的释义，运用一定的翻译方法，避免让读者产生不必要的误解，以达到语言传达的准确性。

例 2：

原文：The financial information for the six months ended June 30, 2024 set out in the interim results announcement and this interim report is unaudited but has been reviewed by the Company's external auditor, Deloitte Touche Tohmatsu, in accordance with Hong Kong Standard on Review Engagements 2410 “Review of Interim Financial Information Performed by the Independent Auditor of the Entity”, issued by the Hong Kong Institute of Certified Public Accountants and by the Audit Committee.

译文：中期业绩公告及本中期报告所列截至 2024 年 6 月 30 日止六个月的财务资料为未经审核但已由本公司外聘核数师德勤・关黄陈方会计师行根据香港会计师公会颁布的香港审阅准则第 2410 号“由实体的独立核数师执行中期财务数据审阅”及审计委员会审阅。

分析：原文中动词较多，这就需要译者分清谓语与非谓语结构。已知本句描述的是一般发生的事件，为一般现在时，所以谓语动词应为“is unaudited”。“has been reviewed”后表达的是过去发生并对现在产生影响的事，译文应有所体现。另外，容易让译者误译的是“issued by...”，易将“the Hong Kong Institute of Certified Public Accountants”和“the Audit Committee”翻译成并列结构，但“the Hong Kong Institute of Certified Public Accountants”是修饰前文“Hong Kong Standard on...”的。

这种语言结构容易让译者产生误解，所以译者不仅要不断查证，还要不断提升自身理解语言结构的能力，避免因自己的误解导致译文的不准确性。

2.2 表达

李长栓认为，表达是指用符合译入语读者习惯的语言，忠诚地传递原文意义和作者意图，包括内容和形式两方面。因此，译者在确保内容的同一性之后，在尽可能在其他方面也达到相应同一性，如形式对等。译者应基于自己对上述方面的理解，广泛且深度阅读经济类文本，熟知经济类文本的特点，熟悉一定量的规范化翻译文本，积累总结不成文的范式，借用一定的翻译技巧和方法，翻译出符合英语或汉语表达习惯、无歧义和具有可读性的译文。

例 3：

原文：The Audit Committee has reviewed this interim report and was satisfied that the Company' s unaudited financial information contained in this interim report was prepared in accordance with applicable accounting standards.

译文：审计委员会已审阅本中期报告及已信纳本中期报告所载本公司未经审核财务资料乃根据适用的会计准则编制。

分析：金融英语翻译的基本标准是准确、规范化、贴切传神、词义的对应。更加广泛地来讲，经济类文本的翻译的语言风格要与原文的语言风格具有同一性，符合经济类文本的特点。对于例 3 中具有带有感情色彩的词“satisfied”，译文并没有翻译成“满意”，而是翻译成“信纳”，具有客观性和规范化的特点，符合经济类文本的特点，更具说服力。

例 4：

原文：Details of the awards granted under the Share Award Scheme as of June 30，2024 are as follows:

译文：截至 2024 年 6 月 30 日，根据股份奖励计划授出奖励之详情如下：

分析：不了解中文表达习惯的译者，可能会将例 4 的原文翻译成“股份奖励计划授出奖励之详情截至 2024 年 6 月 30 日如下所示：”，这句翻译将客体“……详情”作为主语，但并没有起到客观性的效果，反而有本末倒置的意味。所以，译者将整句话变为插入语和状语，更加突出后文，也更具客观性和规范性。

2.3 变通

字对字翻译可能在某类别文本上可以实现有效翻译，但对于经济类文本出现的数字、时间还有中英文句型等的差异，译者需要在不改变原文意思的情况下，根据具体情况对译文进行整理和改造。译者在翻译时不一定要遵循原文的形式，过于贴近原文会让译文显得死板。在某些情况下译者需要舍弃原文形式，按照汉语习惯进行灵活翻译。

例 5：

原文：Save as disclosed above，no award has been granted or agreed to be granted，vested，canceled or lapsed under the Share Award Scheme throughout the period ended June 30，2024.

译文：除上文所披露者外，截至 2024 年 6 月 30 日整个期间，概无根据股份奖励计划授出或同意授出奖励，亦概无奖励获归属、注销或失效。

分析：为适应中文表达习惯，时间状语“截至 2024 年 6 月 30 日整个期间”，在中、英文语序大不相同；为避免重复，“归属、注销或失效”后未重复“股份奖励计划”相关词语。例 5 体现了中、英文在语言顺序上表达的不同，这也是译者需要根据具体语境去注意避免字对字翻译和灵活翻译的。

例 6：

原文：The placing of existing Shares and top-up subscription of new Shares pursuant to the share placing and subscription agreement dated November 12，2021 was completed on November 22，2021（the“2021 Placing”）.

译文：根据日期为 2021 年 11 月 12 日的股份配售及认购协议配售现有股份及先旧后新认购新股份已于 2021 年 11 月 22 日完成（“2021 年配售”）。

分析：原文是该中期报告在讲配售所得款项用途时提及的，“先旧后新”

虽是一个比较公认的规则，但为避免歧义和保持准确性，译文增添了背景信息。除此之外，此句也体现了中、英文在结构性上的差异，译者的翻译充分体现了这一点。

3 结语

本文以海底捞《2024 中期报告》为对象，在经济全球化背景下，依据李长栓教授的“CEA 框架”开展研究。在理解阶段，译者需把握语言背景、专业知识及语言结构以防止误译；在表达阶段，译者要契合文本特征、汉语习惯并规避字对字翻译；在变通阶段，译者需补充背景信息，以有效消除歧义。本文在“CEA 框架”理解、专业词汇积累等方面有所收获，但在复杂经济概念理解、翻译灵活性及语言差异把握上存在不足。未来将继续以“CEA 框架”为指引，强化专业学习、培养翻译的灵活性和创造性、深入研究语言差异，致力于为企业年报及经济类文本提供更优质的翻译服务。

参考文献

[1] 李睿 . 商务英语翻译中的几点问题 [J] . 语文学刊·外语教育教学，2010（8）.

[2] 李长栓 . 如何撰写翻译实践报告：CEA 框架、范文及点评 [M] . 北京：中译出版社，2020.

[3] 陈士彬 . 金融英语翻译技法 [M] . 北京：中国对外翻译出版公司，2002：212.

[4] 李长栓 . 联合国文件翻译教程 [M] . 北京：中国对外翻译出版有限公司，2014.

[5] 王立菲 . 基于“理解、表达、变通”框架的英汉科技翻译 [D] . 南京：南京农业大学，2022.

[6] XIE X .A report on C-E translation of Achang people and their farming culture [J] . Journal of humanities，arts and social science，2024，8（10）.

[7] XIN T .A study on the E-C translation of daily chemical advertisements from the perspective of communicative translation theory [J] .English language teaching and linguistics studies，2024，6（5）.

基于语义和交际翻译的产品使用说明书翻译——以《九号电动滑板车使用说明书》为例

吴　梦[①]　王晓庆[②]

摘　要：随着公众对环保的关注和生活节奏的加快，电动滑板车因其便捷、环保和经济性受到城市居民的青睐。本文以九号电动滑板车使用说明书为对象，运用彼得·纽马克的语义，交际翻译理论，剖析其语言特点，聚焦专业术语、祈使句、表格的汉英翻译，为相关翻译工作提供参考。

关键词：产品说明书；语义翻译；交际翻译

1　引言

在环保与可持续发展背景下，电动滑板车作为民众低碳出行的一种工具而日益普及。随着经济全球化与用户需求多样化，产品说明书的精准翻译成为保障用户安全、提升企业国际竞争力的关键。本文将从词汇、句法和篇章

① 吴梦，北京工商大学语言与传播学院翻译专业 2024级硕士研究生，研究方向为法商翻译。

② 王晓庆，北京工商大学语言与传播学院讲师，主要研究方向为英语翻译、理论语言学。

层面剖析典型案例，提出适用于电动滑板车说明书的汉英翻译策略，为同类产品翻译提供方法论参考，助力行业标准化发展。

2 语义和交际翻译理论

英国著名翻译家纽马克在著作《翻译教程》中提出了“语义翻译”和“交际翻译”[1]。纽马克认为，语义翻译是指“译者应在译入语的语义和句法结构允许的前提下，尽可能准确地再现原作的上下文意义”，而交际翻译指“译作所产生的效果应力求接近原作，力图传译出原文确切的上下文意义，使译文不论在内容上还是语言形式上都能为读者所接受”[2]。语义和交际翻译理论适用于产品说明书这类专业性强的信息型文本[3]。基于该理论优化商务产品说明书翻译，可使译文更清晰易懂。

3 案例分析

笔者将结合翻译项目中的实例，分析如何灵活使用语义和交际翻译理论来解决说明书翻译中的实际问题。

3.1 词汇层面

电动滑板车说明书术语需统一规范，兼顾专业性与可读性。

本文通过语义翻译实现跨语言术语等效。如滑板车语境里的“油门”，借用汽车领域通用词“throttle”，在保留功能认知的同时提升可读性；此外，参考九号公司官网规范，将“电动滑板车”译为“KickScooter”，而非直译“Electric Scooter”，通过品牌化术语强化产品辨识度，体现交际翻译以用户认知为导向的策略，确保技术信息传递与市场定位的双重准确性。

3.2 句法层面

产品说明书句法上以祈使句高频使用为典型特征，因此，祈使句的准确翻译大为关键，笔者将采用以下方法进行处理。

3.2.1　直译法

例 1：禁止骑行滑板车上、下台阶或跳跃障碍。

译文：DO NOT ride up and down stairs or jump over obstacles.

在翻译“禁止骑行滑板车”时，笔者采用直译法，将其译为“DO NOT ride”，保留原文直接明确的特点。同时，将“do not”大写为“DO NOT”，以吸引读者注意并凸显指令的重要性。这一处理既遵循语义翻译准确传递词意的要求，又兼顾交际翻译关注读者接受度的原则，确保译文既清晰又具有警示性。

3.2.2　主被动语态转换法

例 2：如在斜坡上停放，滑板车脚撑必须朝向下坡处，防止倾覆。

译文：When parking on a slope, you must place the scooter stand facing downhill to prevent tipping over.

例 2 中，原句用被动结构“is placed”强调脚撑放置方式，笔者转译为主动句“you must place”，突出使用者停车时的主动责任，可以明确是使用者需要采取的具体动作。

例 3：请在每次骑行前检查是否存在紧固件松动、零件受损的情况。

译文：It should be checked whether there are loose fasteners and damaged components before each ride.

例 3 中，笔者把主动结构“请检查”变为被动结构“It should be checked”，如此一来，句子重点落在紧固件和零件需被关注的状态上。此转换符合语义和交际翻译原则，能让读者清晰知晓确保部件状态良好对保障骑行安全的重要性。

3.2.3　肯定与否定转换法

例 4：请勿使用非原装充电器为电池充电。

译文：Use only the original charger to charge the battery.

例 4 原句为否定句，而笔者在译文中采用肯定表达“Use only...”，明确需用原装充电器，语义与原句一致。这种肯定表述符合英语产品说明简洁直接的习惯，便于读者了解正确操作。

例 5：定期清洁滑板车表面。

译文：Do not neglect cleaning the surface of the scooter regularly.

例 5 原句以肯定表达提出定期清洁要求，笔者将其转为否定表述“Do not neglect...”，语义精准传达重视，交际上强化提醒，促使用户重视保养。

3.3　篇章层面

在篇章层面，产品说明书包含大量表格、数据的翻译，需兼顾语言、格式等因素，保证信息准确有效，帮助目标用户精准理解表格信息。

翻译表格数据时，务必确保数值和单位准确无误，避免遗漏或错误。翻译应简洁明了，避免复杂句式。例如表 1 和表 2 中，“净重约 24.4 千克（53.8 磅）”可译为“Net Weight. Approx. 24.4kg（53.8lbs）”，通过缩略语形式有效传递了信息。同时，需保持格式和布局整洁一致，确保中英文项目如“型号”与“Model”的对应关系及表格排列方式高度相似，便于对照查看。

表 1　原文

	项目	参数
产品	名称	Ninebot KickScooter MAX
	型号	G65E
	长 × 宽 × 高	约 1 190 × 520 × 1 270 毫米（46.9 × 20.5 × 50 英寸）
	净重	约 24.4 千克（53.8 磅）

表 2　译文

Item		Parameter
Product	Name	Ninebot KickScooter MAX
	Model	G65E
	Length × Width × Height	Approx. 1 190 × 520 × 1 270mm（46.9 × 20.5 × 50in）
	Net Weight	Approx. 24.4kg（53.8lbs）

4 结语

通过此次翻译实践，笔者深切体会到翻译工作的复杂性和重要性。出色的译者既要有扎实的语言功底，又要深入了解相关领域。在说明书翻译中，笔者遵循了语义和交际翻译原则，从词汇、句法、篇章层面保证了语言准确清晰。望本文能为说明书翻译提供有益参考。

参考文献

[1] NEWMARK P. A text book of translation [M]. Shanghai: Shanghai Foreign Language Education Press, 2001.

[2] 廖七一. 当代英国翻译理论 [M]. 武汉：湖北教育出版社，2000.

[3] 喻莹. 信息型文本翻译策略初探 [D]. 上海：上海外国语大学，2011.

文学、文化、教育、社会类

线上中国文化传播新模式探索
——以“云游龙江”冬令营项目为例[①]

蔡　杨[②]　李海洋[③]

摘　要：“云游龙江”是黑龙江外国语学院主办的线上中文冬令营项目，通过分层教学、录播课程、线上直播和实景体验直播等形式，将中文学习与龙江地域文化紧密结合，探索文化传播新模式。本文以此为基础，为国际中文教育线上文化传播、讲好中国故事提出明确教学目标、增加地域性文化体验活动等具体对策。

关键词：云游龙江；文化传播；冬令营

1　引言

国家“十四五”规划提出，“要提升中华文化影响力，加强对外文化交

① 基金项目：黑龙江省高等教育教学改革项目（项目编号：SJGY20220713）。

② 蔡杨，黑龙江外国语学院中文与传媒学院讲师，主要研究方向为国际中文教育、语言政策。

③ 李海洋，黑龙江外国语学院中文与传媒学院讲师，主要研究方向为英语语言文学、国际中文教育。

流和多层次文明对话，创新推进国际传播，利用网上网下，讲好中国故事，传播好中国声音，促进民心相通”。本文在对国际中文在线教学模式创新理论研究的基础上，以黑龙江外国语学院国际中文项目为试点，在文化教学中探索线上文化传播的新模式，以期为国际中文教学提供新思路和实践案例。

2 “云游龙江”项目设计特点

2.1 课堂设计的差异化策略

“云游龙江”冬令营项目首先要根据学生的语言水平和时差情况进行合理分班。该项目对 45 名参与学员进行了详细的背景调查，了解他们的中文学习时长、HSK 等级、学习经历、学习目的、时差等信息。调查结果如下：

（1）语言水平：初级（HSK1–2 级）占 42.2%，中级（HSK3–4 级）占 46.7%，高级（HSK5–6 级）占 11.1%。

（2）学习时长：1 年以下占 33.3%，1~3 年占 51.1%，3 年以上占 15.6%。

（3）学习目的：了解中国文化占 82.2%，提高语言能力占 73.3%，为未来在中国学习做准备占 44.4%（多选题）。

（4）时差差异：泰国——UTC+7；俄罗斯（假设为莫斯科）——UTC+3；韩国——UTC+9；海地——UTC–5；中国——UTC+8。

项目组以学员的统计信息为基础，将语言水平作为班级划分标准，兼顾不同时区学员，选择一个尽可能适合多数学员的统一教学时段。最终分为初级、中级、高级三个班次，授课时间统一为 14：00—17：00。此外，项目组为海地等时差较大国家的学员提供课程录播、补充学习材料和定期灵活辅导，确保学习效果。这种方案既满足了按语言水平分为三个班级的要求，又通过选择一个相对折中的时间段，尽可能照顾到不同国家学员的作息习惯，以保证教学质量和学习效果。

2.2 基于学习者背景的分层教学策略

依据对学生语言水平所掌握的数据，项目组制定了分层教学策略，针对不同班次的学生设计有差异性的教学内容以及实践活动。初级班着重于基础交际用语以及简单文化知识，运用图文并茂的教学方法，增添中文字幕以辅助理解。中级班兼顾语言能力的提升与文化理解，增添互动讨论环节，适度引入原汁原味的文化内容。高级班侧重深入探讨文化内涵，鼓励学员运用中文表达个人见解，组织小组合作项目。这种分层教学策略依照学习者的实际水平与需求给予针对性教学。

2.3　录播课程的开发与应用

录播课程作为“云游龙江”项目里的基础教学资源，主要用于语言基础知识以及文化背景方面的介绍。该项目开发出了20个主题的录播课程，每个主题之中包含3至5个短视频，每个短视频时长为5到15分钟。录播课程的制作需要遵循以下原则：其一，模拟真实课堂，教师以面对面教学形式，模拟课堂互动，以此提高学习者的参与感；其二，精心设计视觉效果，运用专业摄影以及后期制作，保证画面的清晰度以及美观度；其三，配套学习材料，每个录播课程都配备有PPT、学习单、词汇表等辅助材料；其四，内嵌互动测验，在视频里设置互动测验环节，帮助学习者及时检验学习效果。

2.4　线上直播课程的开发与应用

线上直播课运用Zoom以及腾讯会议平台，着重关注师生之间的实时互动情况。为了提高课堂参与度，该项目从以下四个方面制定课堂制度：其一，规定师生在上课的整个时间段都要开启摄像头，以此营造如同面对面交流的氛围；其二，设置小组讨论室，借助Zoom的分组讨论功能，把学员划分成3至5人的小组来展开讨论与协作；其三，运用实时反馈工具，借助投票、举手、聊天等方法收集学员的反馈信息，对教学节奏做出调整；其四，凭借游戏化教学设计来增加学习的趣味性，比如引入语言游戏、文化竞答等互动环节。

2.5　实景体验直播

实景体验直播作为“云游龙江”项目的创新之处，借助移动直播设备引领学员云游黑龙江的特色景点以及文化场所。实景直播覆盖了以下几种类型：一是景点探访，如冰雪大世界、中央大街、黑龙江省博物馆、哈尔滨大剧院等；二是美食体验，如锅包肉制作过程、哈尔滨红肠工坊参观、东北饺子制作体验等；三是民俗体验，如冰灯制作、黏土制作美食等。实景直播运用专业直播设备并进行多机位拍摄，配备专业解说员以及语言教师同步讲解，学员可凭借平台实时提问并互动。

3 “云游龙江”项目评估结果

“云游龙江”项目通过系统设计的评估体系，收集了学员学习效果和项目满意度调研数据，呈现出项目实施的整体成效和发展方向。基于来自泰国、韩国、俄罗斯和海地的不同语言水平学员的反馈，可以有针对性地继续优化策略。

3.1 学员参与度与学习效果

87% 的学员达到了“优秀”或者“良好”的标准，平均缺课次数不超过 1 次。课堂参与的积极程度达到了 75%，大多数学员可主动参与课堂讨论以及活动，录课视频学习完成率的数据证实了此情况。82% 的学员完成了 90% 以上的在线视频学习，尽管部分地区存在网络访问不稳定的状况。

作业完成度上，Vlog 视频推介中国小吃项目的平均得分为 3.8 分。其中，65% 的学员可较为全面地介绍小吃的历史、原料以及制作过程。新春祝福视频和春节文化情景短剧获得了更高的评价，平均得分达到 4.1 分，是所有评估项目里得分最高的部分，83% 的学员在此项作业中对中国春节文化展示准确，显示出其对中国文化的理解已有一定水平。

综合表现评估数据表明，78% 的学员在中文水平方面有明显或较明显提升，65% 的学员能够用中文与他人进行较好的交流。总体学习效果评级中，18% 的学员达到优秀水平，43% 达到良好水平，29% 一般，8% 及格，仅 2% 不及格，整体及格率高达 98%，反映了项目教学质量的整体优势。

3.2 学生对项目整体评估

学员对项目各组成部分的满意度评价全部超过 3.5 分（5 分制），其中实景直播效果获得了最高评分，平均满意度达 4.4 分。实景直播中，黑龙江地方文化展示的真实性得分高达 4.7 分，接近满分，成为整个项目最大的亮点。线上直播课程的平均满意度为 4.3 分，其中教师的教学表达与引导能力评分达到 4.5 分，表明师资质量是项目的核心优势之一。

录课课程资源评估中，视频画面与音频质量获得 4.2 分的较高评价。但录课资源的可访问性与稳定性得分仅为 3.5 分，是所有评估指标中得分最低的项目。项目管理水平评估显示，师资配备的专业性与适宜性得分为 4.4 分，而突发问题的处理能力得分仅为 3.8 分，显示出技术支持和应急响应是项目管理的弱点。

3.3 学员偏好与改进建议

开放性问题所得到的数据清晰地呈现出学员的偏好：有 65% 的学员觉得实景直播给予的帮助最为突出，25% 的学员选择了线上直播课程，仅有 10% 的学员挑选了录课课程资源，这样的数据充分证实了实景体验于语言学习当中所具备的独特价值。从学习成果层面来看，80% 的学员的口语表达能力得到了提升，92% 的学员对黑龙江地方文化有了更深的理解，85% 的学员学习兴趣有了提高。

推荐意愿调查中，88% 的学员称会向朋友推荐本次冬令营，高比例体现出学员对该项目的认可度较高。主要的推荐理由聚焦于实景体验真实、教师专业性强以及文化内容丰富这三个方面，而不推荐的缘由主要和部分地区网络不稳定以及课程时间安排过密存在关联。

学员提出的改进建议集中在三个方面：一是技术支持，包括增加离线下载功能、提供字幕和多语言翻译；二是教学内容，特别是增加小组讨论时间、根据不同语言水平设计分层教学内容；三是互动形式，尤其是增加与当地人交流的互动环节。

3.4 项目优势与挑战

数据分析揭示了项目的四大核心优势：一是实景直播形式真实展现黑龙江地方文化，极具吸引力，65% 的学员将其视为最有帮助的教学方式；二是教师专业水平高，教学表达与引导能力评分达 4.5 分；三是作业设计具有实践性和创新性，新春祝福视频 / 春节文化情景短剧平均得分达 4.1 分；四是文化理解深度的提升，92% 的学员表示对黑龙江文化有了更深入的认识。同时，项目也面临三个主要挑战：一是录课资源访问稳定性问题，满意度评分仅为 3.5 分；二是与当地人的直接交流互动机会不足，满意度为 3.9 分；三是技术问题处理响应速度需改进，评分为 3.8 分。

4 结语

基于调研数据，项目未来发展应着重四个方面：第一，加强技术基础设施建设，提升网络稳定性，增加离线学习功能，解决 3.5 分的低评分问题；第二，根据学员语言水平进行内容分层，满足不同基础的学员的需求；第三，增加与当地人的交流机会，设计更多互动环节，提升当前 3.9 分的满意度；第四，提供多语言字幕和文化背景资料，增加小组合作学习时间，强化实践应用。长期战略上，可考虑建立学员社区，促进学习者之间的持续交流；开发系列化主题课程，深化龙江文化特色教学；利用 92% 学员对文化理解提升的正面反馈，进一步强化文化融入语言教学的特色；探索线上线下混合式教学模式，形成可持续发展机制。

参考文献

［1］刘露翌，周小兵．国际中文线上团组助力地域文化国际传播的理论模型和实现路径：基于扎根理论的分析［J］．河南大学学报（社会科学版），2025（2）．
［2］闻亭，刘晓海．国际中文智慧教育视域下的教学设计［J］．语言教学与研究，2023（7）．

附　录

"云游龙江"中文冬令营项目评估表

第一部分　学习效果评估

1. 学员基本信息

姓名：__________

国籍：□泰国　□韩国　□俄罗斯　□海地

班级：□初级班　□中级班　□高级班

2. 出勤与参与度评估

评估项目	优秀（5 分）	良好（4 分）	一般（3 分）	较差（2 分）	不及格（1 分）	得分
到课率	全勤（100%）	缺课 1 次（≥ 90%）	缺课 2 次（≥ 80%）	缺课 3 次（≥ 70%）	缺课超过 3 次（<70%）	
课堂参与度	积极参与所有讨论和活动	经常参与讨论和活动	有时参与讨论和活动	很少参与讨论和活动	几乎不参与课堂活动	
录课视频点击完成率	完成所有视频学习（100%）	完成大部分视频学习（≥ 90%）	完成较多视频学习（≥ 80%）	完成部分视频学习（≥ 70%）	视频学习完成率低（<70%）	

3. 作业完成质量评估（新春祝福视频 / 春节文化情景短剧）

评估项目	优秀（5 分）	良好（4 分）	一般（3 分）	较差（2 分）	不及格（1 分）
文化理解	对中国春节文化理解深刻，展示全面准确	对中国春节文化理解较好，展示准确	对中国春节文化有基本理解，展示基本准确	对中国春节文化理解有限，展示有误	对中国春节文化理解错误，展示不准确

续表

评估项目	优秀（5分）	良好（4分）	一般（3分）	较差（2分）	不及格（1分）
语言表达	使用正确的节日祝福语，语法准确，发音标准	使用较正确的节日祝福语，语法基本准确，发音较标准	使用简单的节日祝福语，有小错误，发音可接受	祝福语使用不当，有明显错误，发音问题较多	祝福语使用错误，语法混乱，发音不清
表演/呈现效果	表演生动感人，情感充沛，画面构图精美	表演较生动，情感表达较好，画面构图良好	表演基本到位，情感表达一般，画面构图可接受	表演生硬，情感表达不足，画面构图混乱	表演极不自然，几乎无情感表达，画面混乱
团队合作	角色分配合理，配合默契，整体效果出色	角色分配较合理，配合较好，整体效果良好	角色分配基本合理，配合一般，整体效果可接受	角色分配不合理，配合不足，整体效果较差	几乎无合作，表演混乱
创新性	极具创新性，融入个人文化背景与中国文化	有一定创新性，尝试融合不同文化元素	创新性一般，使用常规表达方式	缺乏创新，模仿性强	无创新，完全照搬模板

4. 综合表现评估

评估项目	优秀（5分）	良好（4分）	一般（3分）	较差（2分）	不及格(1分）
中文水平提升	有显著提升	有较明显提升	有一定提升	提升有限	几乎无提升
文化理解深度	对中国文化理解深刻，能举一反三	对中国文化理解较好，能适当应用	对中国文化有基本理解	对中国文化理解有限	对中国文化理解极少

续表

评估项目	优秀（5分）	良好（4分）	一般（3分）	较差（2分）	不及格(1分）
交流互动能力	能主动用中文与他人深入交流	能较好地用中文与他人交流	能基本用中文进行简单交流	中文交流能力有限	几乎无法用中文交流
学习态度	学习态度积极主动，自我要求高	学习态度较积极，有一定自我要求	学习态度一般，按要求完成任务	学习态度较被动	学习态度消极

第二部分　学生对项目整体评估问卷

1. 录课课程资源评估

评估项目	1= 非常不满意	2= 不满意	3= 一般	4= 满意	5= 非常满意
录课内容的系统性与完整性	☐	☐	☐	☐	☐
视频画面与音频质量	☐	☐	☐	☐	☐
课程内容的难度适宜性	☐	☐	☐	☐	☐
配套练习与作业设计	☐	☐	☐	☐	☐
录课资源的可访问性与稳定性	☐	☐	☐	☐	☐

2. 线上直播课程评估

评估项目	1= 非常不满意	2= 不满意	3= 一般	4= 满意	5= 非常满意
教师的教学表达与引导能力	☐	☐	☐	☐	☐
师生互动的频率与质量	☐	☐	☐	☐	☐

续表

评估项目	1= 非常不满意	2= 不满意	3= 一般	4= 满意	5= 非常满意
直播课程的趣味性与吸引力	□	□	□	□	□
课堂活动设计的合理性	□	□	□	□	□
小组讨论与合作学习安排	□	□	□	□	□

3. 实景直播效果评估

评估项目	1= 非常不满意	2= 不满意	3= 一般	4= 满意	5= 非常满意
实景直播的画面质量与稳定性	□	□	□	□	□
龙江地方文化展示的真实性	□	□	□	□	□
实景解说的生动性与专业性	□	□	□	□	□
虚拟参观体验的沉浸感	□	□	□	□	□
与当地人交流互动的机会	□	□	□	□	□

4. 项目管理水平评估

评估项目	1= 非常不满意	2= 不满意	3= 一般	4= 满意	5= 非常满意
整体课程安排的合理性	□	□	□	□	□
活动组织的有序性与流畅度	□	□	□	□	□
师资配备的专业性与适宜性	□	□	□	□	□
学习目标的明确性与达成度	□	□	□	□	□
突发问题的处理能力	□	□	□	□	□

5. 开放性问题

1. 您认为本次冬令营中哪种课程形式对您帮助最大？
2. 您对录课课程资源有哪些改进建议？
3. 您对线上直播课程有哪些改进建议？
4. 您对实景直播活动有哪些改进建议？
5. 通过本次冬令营，您的中文学习和对黑龙江文化的理解获得了哪些提升？
6. 您是否会向朋友推荐本冬令营？原因是什么？

新媒体助推中国文化海外传播的机制与优化路径[①]

蔡　杨[②]　高　飞[③]

摘　要：本文以数字时代新媒体发展为背景，探讨新媒体助推中国文化海外传播的机制。本文首先界定新媒体概念，分析其助力中国文化海外传播的优势和主要的媒介功能，然后以“冰雪尔滨”和《哪吒之魔童闹海》为典型案例，从培育多元传播主体、发展大文娱产业与柔性叙事策略等维度提出优化路径。

关键词：新媒体；中国文化；传播路径

1　引言

新媒体的概念随技术演进不断发展。Fidler（1997）将新媒体定义为“通过数字技术、网络技术、移动技术等支持，具有交互性和创新形态的媒体形

① 基金项目：黑龙江省高等教育教学改革项目（项目编号：SJGY20220713）。

② 蔡杨，北京外国语大学博士研究生，黑龙江外国语学院中文与传媒学院讲师，主要研究方向为国际中文教育、语言政策。

③ 高飞，黑龙江外国语学院中文与传媒学院副教授，主要研究方向为国际中文教育。

态”，强调技术支撑与交互创新的双重特性。国内学者彭兰（2016）则将其界定为“基于数字技术、网络技术及其他现代信息技术或通信技术，具有互动性、融合性的媒介形态和平台”，突出了技术基础与媒介特性的结合。匡文波（2018）以数字化技术底层作为核心判别标准，超越了传统媒体的物理介质划分框架。综合来看，新媒体是相对于传统媒体而言，依托数字技术和互联网发展起来的新型媒介形态，包括社交媒体、短视频平台、直播平台等各种形式。

2 新媒体助推中国文化海外传播的优势

2.1 中国新媒体海外用户数量庞大

根据 Statista 最新数据，截至 2024 年 4 月，抖音海外版 TikTok 的全球月活跃用户数已突破 15.6 亿，遍布 150 多个国家和地区，是全球增长最快的社交媒体平台之一，在全球最受欢迎的社交媒体平台中排名第 5。此外，微信全球月活跃用户数达到 13.82 亿，其中境外用户大部分来自东南亚、欧洲和美国等地区，成为中国文化海外传播的重要渠道。这一庞大的用户基础构成了中国文化海外传播的受众网络，海外用户通过主动选择使用中国新媒体平台满足其娱乐、社交、学习等多元需求，在这一过程中自然接触和吸收中国文化元素，通过点赞、评论、分享等互动行为表达文化认同倾向，呈现出“自下而上”的特征。

2.2 中国网民数量庞大

中国互联网络信息中心（CNNIC）第 55 次《中国互联网络发展状况统计报告》显示，截至 2025 年 1 月，中国网民规模达 11.08 亿，约占全球网民总数的 21%，互联网普及率达 78.6%，这为中国文化的数字化传播提供了坚实的群众基础。中国网民创造的流行语、表情包、短视频等内容，既是中国当代文化的载体，也是中国文化软实力的具体体现。例如，中国美食博主李子柒、王刚等人拥有数亿国际粉丝；中国科技品牌如华为、大疆等在国际市场的成功，与其口碑传播中用户生成内容的跨境传播密切相关，如哔哩哔哩用户发布的“大疆 Neo 无人机开箱评测”视频（2024）被翻译成多语言版本，通过 Reddit 和 YouTube 扩散，最终被大疆官方纳入全球产品宣传素材。中国网民的评测内容通过社交媒体平台的全球化分发，突破了传统广告的单向传播局限，形成了“用户证言—品牌信任—市场扩张”的循环。

2.3 中国新媒体发展的技术支撑

据工业和信息化部统计，截至 2025 年初，中国已建成全球规模最大的 5G 网络，5G 基站的总数已经突破了 425 万个，并且依据《全球数字经济发展指数报告》，中国在数字基础设施领域排名位于全球第 2，数字市场规模处在首位，已有规模给予新媒体传播强大的技术支持。中国在数字技术领域所进行的创新以及应用，提升了传播的效率，扩大了传播的覆盖面，还改变了文化产品的生产、分发以及消费模式。比如，算法推荐技术打破了传统的地域文化方面的限制，让文化传播变得更加个性化、精准化，人工智能翻译技术降低了跨语言传播的难度，云计算和大数据技术为文化内容的储存、分析以及优化创造了可能。

3 新媒体助推中国文化海外传播的主要媒介功能

3.1 促进中国形象的国际传播与舆论引导

一些国际媒体的经验揭示出了数字时代媒体霸权的重构机制。例如，半岛电视台凭借阿拉伯之春报道，成功地把卡塔尔这个地区小国转变成了有全球影响力的媒体强国。中国环球电视网 CGTN 主账号在 Facebook、X、YouTube 三大平台分别拥有 1.2 亿个、1.3 亿个和 300 万个订阅者，到 2024 年，其新媒体总粉丝量超过了 6 亿个，日均全球阅读量突破 1.78 亿次。中国借助新媒体平台开展的国际传播，致力于打破西方主流媒体长时间以来对中国的刻板印象以及偏见，塑造一个真实、立体、全面的中国形象。新媒体传播依靠选择性报道以及话题引导，影响国际受众对中国的评价标准，在

“中美贸易摩擦”“疫情防控”等议题中，CGTN 第一时间发布权威信息，抢占话语权。这种影响并非强制性的，而是依靠提供另外一种视角和叙事，丰富国际受众的信息来源，实现认知多元化。

3.2　国际中文教育通过新媒体途径提升语言传播效力

“中文联盟”数字平台自 2020 年上线以来，各平台注册用户超 1 000 万人。该平台服务全球 212 个国家和地区，提供 3 万多节涵盖 HSK 考试、文化体验等模块的在线课程资源，并通过本地化云服务解决全球资源不均衡问题，在阿拉伯地区推出的知远中文学习网整合了中阿双语教材和虚拟教室。新媒体突破时空限制，通过教学场景化、多模态、低成本化的优势，推动中文教育从传统面授向全球普惠模式转型。例如，短视频可以动态展示汉字演变历史，VR（虚拟现实）技术实现中国文化场景体验等。新媒体还为中文学习者提供了社群基础，学习者可以跨越国界交流，形成学习共同体和兴趣社区。

3.3　新媒体娱乐传播展现中国当代文化

据《2024 年中国游戏出海研究报告》统计，中国自主研发游戏海外实际销售收入同比增长 13.39%，达 185.57 亿美元。娱乐传播呈现出文化协商的过程，也就是本土文化跟全球文化产生碰撞、融合以及创新。中国游戏《黑神话：悟空》保留了中国传统文化元素与美学风格，把佛教的“三世佛”概念运用在场景设计里，凭借摄影测量技术将山西古建筑精准复刻到游戏中，还将国际化的魂类游戏机制和东方叙事相结合。这种文化混合战略既尊重文化差异，又找寻共通之处，能有效减少文化隔阂和排斥感，从长远来讲，娱乐传播改变了国际受众对中国的刻板印象，还塑造出新一代“中国文化粉丝”，这些粉丝群体成为中国文化在全球传播的自发力量。

3.4　中国电商出海凸显中文的经济价值

跨境电商构建起一种“数字丝绸之路”，2024 年中国跨境电商进出口规模达到了 2.63 万亿元，与上一年相比增长幅度为 10.8%，并在北美和欧洲市场实现了快速增长，其月活跃用户量分别超过了 7 000 万以及 5 000 万。这样的渠道实现的不只是商品的流通，还包括文化理念以及生活方式的传播。中文在跨境贸易当中的应用，提升了其作为国际商务语言的地位以及实用价值，越来越多的海外商家和消费者为了抓住中国市场的机会而开始学习中文，形成了语言资本与经济利益之间的良性循环。

4 新媒体助推中国文化传播的案例分析

4.1 新媒体平台呈现中国城乡风貌

在 2024 年至 2025 年的冰雪季期间，黑龙江省哈尔滨市总共接待了 9 035.7 万人次的游客，游客们的总花费达到了 1 372.2 亿元，与上一年相比，游客接待量增长了 9.7%，游客总花费增长了 16.6%，其中，接待入境游客的数量同比增长了 94.2%。这不单单是一种旅游现象，也是一个文化体验以及身份建构的过程，游客们凭借亲身参与以及在社交媒体上进行分享，成为文化传播的主体。这样的参与式传播模式使得远在海外的受众也可产生情感上的共鸣，冰雪文化作为中国北方的传统文化符号，传统媒体和新媒体协同对其进行报道，形成了媒体矩阵，共同搭建起了全球传播网络。另外，政府、媒体、民众、商家等多主体共同参与，形成了文化传播的合力，构成了多元共治模式。普通民众在社交媒体环境下，更容易对其社交网络中的受众产生影响，让文化呈现得更加立体且多元。

4.2 中国影视剧从“借船出海”到“造船出海”

中国动画电影《哪吒之魔童闹海》（以下简称《哪吒 2》）在北美上映首周的票房达到了 1 300 万美元，创造了中国动画电影在海外开画的纪录，这样的成绩说明中国影视出海模式已经从早期依靠国际平台与发行渠道逐渐转变为自主构建传播体系，实现了从“借船出海”到“造船出海”的突破。中国影视的海外传播转型首先在数字平台赋能方面有所体现，作品借助 Netflix、YouTube 等国际媒体平台广泛传播，同时积极谋划自有海外数字渠道 TikTok 的短视频宣发模式，有效触达年轻受众，在内容策略上做到了本土化与全球化并重。《哪吒 2》在保留中国传统文化元素的情况下，融入普适情感与现代叙事手法，解决了文化隔阂问题，电影运用国际化视觉语言和技术标准，使得作品既有文化辨识度又有全球吸引力。同时，IP 生态使单一影片输出转变为全产业链协同，借助周边商品、游戏改编等方式延伸产品生命周期，强化文化印记。

5　新媒体助推中国文化海外传播的优化路径

5.1　培育多元传播主体：以人为本的传播战略

中国文化在海外进行传播时需要培育多种类型的传播主体。中文教师以及中文学习者自身有跨文化理解的能力，他们拥有比较高的教育水平并且对文化有着较高的敏感性，可精准地诠释中国文化的精髓所在，有条件成为文化传播过程当中的“意见领袖”。华侨华人凭借其双重文化身份所有的优势，可自然而然地消除文化之间的隔阂，在社交媒体上实现内容的迁移以及跨文化传播。知华友华人士所进行的观察与体验往往会被认为更加客观可信，他们给出的积极评价更容易获得认同，并且可使用海外受众熟悉的表达方式来解读中国文化。

为充分激发这三类群体的传播潜能，应构建综合支持体系。在资源供给方面，建立“讲好中国故事”主题类别的国际传播资源库，为传播者提供精选中国传统文化素材，并配备多语言翻译和专业摄影剪辑支持。在平台构建方面，应鼓励创建连接国内文化机构与全球华人社区的线上与线下平台，提升互动度。人才储备方面，通过“中国故事－国际叙事者”等项目聚焦知华友华人士的培养，提供中国深度体验与创作支持。这些有机衔接的支持措施可共同构成一个立体化传播体系，将潜在传播者转变为主动的文化传播者和创新者，推动中国文化在全球范围内的深度传播与创新发展。

5.2　大文娱产业与柔性叙事策略

文化娱乐类的内容在跨文化传播过程当中的接受程度往往要高于政治议题。大文娱产品借助情感共鸣、故事叙事、视听体验等方式，创造出了一种跨文化的共通语言，使不同文化背景的受众可在情感以及审美层面建立起连接。

柔性叙事指的是避免进行直接的意识形态灌输，转而从情感体验、生活细节、人文关怀等柔性的角度来呈现文化价值的一种传播策略。为了推动文娱产业以及柔性叙事的发展，首先要坚持“内容为王”的原则，提高产品的艺术水准以及制作质量；其次要发展多样化的文化产品类型，以契合不同受众群体的需求；最后要重视本土化的营销策略，根据不同市场的特点来调整推广的方式，一些中国传统文化纪录片（如《我在故宫修文物》）虽在国内备受好评，但在国际版本中未能调整叙事节奏和展示方式，难以吸引国际观众。因此，本土化营销不仅涉及语言翻译和渠道选择，更需要对内容进行文化重构和叙事调整。

5.3　打造中国文化 IP

敦煌研究院官方数据显示，截至 2024 年底，“数字敦煌”资源库在全球有超过 78 个国家的 2 300 万人次访问。敦煌飞天形象 IP 已发展出数字藏品、时装设计合作、游戏角色、主题展览等多元产品矩阵。因此，IP 已成为文化生产和传播的核心要素。中华文化拥有丰富的 IP 资源，如历史人物、神话传说、文化符号等，这些资源通过现代创意设计和数字技术的赋能可转化为具有国际吸引力的文化产品。例如，故宫文化 IP 同时通过纪录片、游戏、文创产品、数字展览等多种形式呈现，形成立体化的文化体验。为提升文化 IP 的国际传播效果，首先要注重 IP 的现代转化与原创性，避免简单的符号移植；其次要强化 IP 的情感连接和故事性，使抽象的文化符号具有具体的情感寄托；最后要发展 IP 的生态体系，形成“一 IP 多产品”产业链。

5.4 垂直化传播与精准化推送

垂直化传播聚焦特定领域，如中国茶文化、中医药、武术等，能吸引该领域专业人士与爱好者，这些人大多在各自社群里有较高影响力，可成为中国文化二次传播者。精准化推送是垂直化传播的技术支持，人工智能与算法技术让内容依据用户兴趣偏好、浏览历史、地理位置等因素实现个性化分发。技术赋能一方面提高了传播效率，减少资源浪费，另一方面优化了用户体验，使受众能更便利地获取感兴趣的中国文化内容。优化其传播效果可从几方面着手，如建立文化领域细分体系、培育专业化内容创作团队、优化算法逻辑与用户体验、建立垂直社群运营机制等，从而促进用户互动与社区凝聚力。

6 结语

中国新媒体平台朝着全球化方向不断发展，为文化传播奠定了坚实的用户基础，提供了有力的技术支撑。在国际传播、语言教育、娱乐传播以及数字贸易等诸多领域，新媒体已然成为中国文化迈向世界的关键桥梁。中国文化在海外传播方面需要培育多种传播主体，重视大文娱产业以及柔性叙事策略，强化文化 IP 打造，优化传播渠道建设。这一进程并非文化的单向输出，而是跨文化交流的双向互动。

参考文献

[1] FIDLER R.Mediamorphosis：understanding new media [M].Pine Forge Press，1997.
[2] 彭兰.“新媒体”概念界定的三条线索 [J].新闻与传播研究，2016（3）.
[3] 匡文波.新媒体概论 [M].3 版.北京：中国人民大学出版社，2019.

论符号互动理论视角下虚拟仿真平台对大学生跨文化交际能力的培养①

陈怡君②

摘　要：本文基于符号互动理论，选取北京某高校依托国家虚拟仿真实验教学课程共享平台开展的“跨文化商务交际沉浸式虚拟仿真实验”课程作为研究对象，探究多模态符号交互与数智赋能机制对提升大学生跨文化敏感度、强化身份认同意识及培养问题解决能力的作用机制。通过为期六周的教学实验发现：该虚拟仿真平台通过构建符号解码机制、创设情景模拟场域以及建立数据驱动的动态评估体系，不仅深化了学生对文化差异的认知，还有效促进了适应性策略的系统化构建。研究结果为推进高校外语教育数字化转型提供了具有实操价值的实施路径。

关键词：符号互动理论；虚拟仿真；跨文化交际能力；实验教学；数智赋能

① 本文系2024年北京工商大学教育教学改革研究一般项目“数智赋能大学英语跨文化交际能力的培养”（项目编号：jg245228）的阶段性成果。

② 陈怡君，女，北京工商大学语言与传播学院助教，主要研究方向为英语教学法、口语教学。

1 引言

跨文化交际能力在全球化的背景下逐渐成为国际化人才的核心素养。然而，现行英语课堂由于时空与文化情境的抽象性，难以进行真实场景的交互式学习。本文基于符号互动理论，结合某高校英语课程中“哈尔滨国际经济贸易洽谈会”虚拟仿真实验（涵盖机场接机、商务谈判等八大实训模块），通过实证研究检验虚拟仿真技术的高保真符号系统与动态交互机制对学生跨文化能力的培养效果，并提出实践优化方案。

2 符号互动理论框架与跨文化交际能力

符号互动理论认为，个体通过语言、行为和环境符号进行意义协商，社会互动本质上是符号系统的解码与重构过程[1]。跨文化交际的核心挑战在于不同文化符号系统的碰撞与融合。联合国教科文组织将跨文化能力定义为“与不同文化背景者有效互动的复杂技能”，强调倾听、对话与好奇心等三个维度[2]。

虚拟仿真平台的设计需契合以下要素。第一，符号的多模态化，即平台整合语言与非语言（如手势、空间距离）及场景符号（如商务宴请的座次礼仪），构建沉浸式文化情境。例如，“机场接机”场景要求学生基于客户文化背景选择问候礼仪（如握手或合十礼），并通过智能反馈纠正符号误读。第二，角色的身份建构。通过扮演翻译、谈判代表等角色，引导学生在岗位协作中掌握不同符号系统的适用边界。例如，在“工厂参观”场景中，谈判代表需结合技术参数（语言符号）与工程师的肢体语言（非语言符号）调整沟通策略。第三，数智赋能的动态评估，即平台根据行为追踪技术，对决策响应时间、互动频次等进行量化，分析学生的跨文化敏感度与策略有效性[3]。

3 虚拟仿真平台的设计与实施

3.1 实验原理

实验依托“产出导向”理念，通过人工智能技术为跨文化交际教学赋能，打造基于 VR 与 AI 赋能的沉浸式情境的跨文化教学模式[4]。在语言知识层面，通过分析言语交际范畴及语言与文化的关系，帮助学生掌握商务场景中的语言规范与专业术语，提升实际交际能力，规避翻译错误和语用失误。在商务专业知识方面，围绕八个核心商务场景，学习商务管理风格、营销策略、谈判技巧及礼仪知识，强化业务流程中的专业素养。在跨文化交际上，运用跨文化理论解析场景中的文化冲突问题，对比分析 15 国（如美、日、韩、沙特等）的价值观、社会习俗、非言语规则及商务礼仪差异，培养文化适应与决策能力。

3.2 实验流程

实验对象为非英语专业（商学院和食品学院）大一新生，共 117 人。实验分为三个阶段（共 6 周）。准备阶段（1 周），教师导入理论并进行平台操作培训，学生分组体验承担翻译、谈判代表等角色。核心阶段（2—5 周），学生每周完成 2 个场景（如商务谈判、酒店入住），通过 3D 场景识别文化符号（如握手礼仪、餐桌禁忌），系统实时反馈决策正确率与文化敏感度指数。总结阶段（6 周），教师收集学生问卷反馈。

4 实验结果与反馈

本实验共回收有效问卷 105 份。关于平台的使用，86% 的学生认为平台界面直观，3D 场景还原度高；72% 的学生认可实时反馈功能，但也有 14% 的学生反映语音识别偶有延迟（如“商务谈判”中的长句翻译误差）。对于跨文化能力提升，89% 的学生表示通过角色扮演增强文化适应力，如在“酒店入住”场景中学会规避宗教禁忌；78% 的学生认为岗位协作任务强化身份意识，如翻译需兼顾语言准确性与文化隐喻。关于是否提升英语水平，81% 的学生认为场景对话训练提升商务英语表达能力（如谈判术语使用更规范）；67% 的学生指出非语言符号学习（如语调、沉默含义）增强听力理解能力。

5 结语

虚拟仿真平台在跨文化交际能力培养中展现出显著优势，如提高了学生跨文化情境决策的正确率、商务英语流利度与准确度；角色扮演有效增强文化适应力，提升了商务英语表达能力。平台通过多模态交互设计，成功实现了语言能力与文化认知的协同发展。但实验也揭示了诸多问题，如平台仍需提升语音识别系统的容错能力，同时增加多语种支持以适应“一带一路”多元文化需求。就内容扩展而言，建议平台系统整合新兴数字文化符号，如元宇宙社交礼仪，以体现符号系统的时代性。针对评价体系可以结合认知负荷理论，构建“语言能力 + 文化策略”双维评估模型[5]。

参考文献

[1] 冯月季 . 论米德的符号与符号自我理论 [J] . 理论界，2017（1）：8.
[2] 巫锐，袁宏宇，杨静 . 跨文化能力框架与培养路径：以联合国教科文组织为例 [J] . 世界教育信息，2024，37（3）：74-80.
[3] 周燕妮 . 符号学视域下国际化人才跨文化交际能力培养路径研究 [J]. 国际公关，2023（21）：66-68.
[4] 文秋芳 . 专栏引言：“产出导向法”教学流程再解读 [J] . 外语教育研究前沿，2020，3（2）：3.
[5] 袁欣 . 虚拟仿真实验教学中心支持下的大学英语后续课程设置研究 [J] . 疯狂英语（理论版），2018（4）：60-62.

家校社医协同视角下青少年心理支持的家长认知研究①

霍汉哲② 王冰玉③ 陈思伊④

摘　要：家校社医协同机制已成为青少年心理支持的核心路径，然而现有研究对家庭角色实证分析不足。本文基于254份高中家长问卷，发现家长普遍高估子女心理健康状态以及家庭对子女的心理支持效果。本文揭示了家庭在家校社医协同中存在评估盲目性与资源依赖单一化问题，为优化家长认知、突破协同“信息孤岛”提供实证依据。

关键词：家校社医协同；青少年；心理健康

1　引言

青少年心理健康是影响国家人口素质与社会稳定的重要公共卫生议题。《中国青年发展报告》显示，我国17岁以下青少年中，超3 000万人存在

① 项目来源：解构青少年家庭语言暴力:从识别到防治的实证研究(项目编号：2024X008-SXZ)。

② 霍汉哲，北京工商大学语言与传播学院讲师，主要研究方向为心理学、管理学。

③ 王冰玉，女，北京工商大学语言与传播学院硕士研究生。

④ 陈思伊，女，北京科技职业大学基础教育学院讲师，主要研究方向为社会语言学。

不同程度的情绪障碍或行为问题[1]。《中国国民心理健康发展报告（2019—2020）》显示，截至2020年，青少年抑郁检出率达24.6%。这一现状推动政策层面对青少年心理健康的系统性关注，《“十四五”国民健康规划》首次将其纳入国家基本公共卫生服务体系，标志着心理健康从个体问题升级为战略层面的公共卫生议题。

家校社医协同机制作为破解青少年心理支持难题的核心路径，其已在政策设计中予以明确。教育部等十七部门联合印发的《全面加强和改进新时代学生心理健康工作专项行动计划（2023–2025年）》[2]与《家校社协同育人“教联体”工作方案》[1]分别提出“四位一体”心理健康工作体系与“教联体”协同思想，强调学校、家庭、社会与医疗机构的联动作用。然而，现有研究多聚焦学校课程开发或医疗技术优化，对家庭在协同机制中的角色认知与实践效能尚缺乏实证探索。

2 文献综述

青少年心理健康问题呈现多维表现与复杂成因。其表现既包括焦虑、抑郁等内化性困扰，也涵盖攻击行为、自我伤害、网络沉迷等外化问题，且低龄化趋势显著[3]。成因研究显示，教育内卷导致的唯分数论加剧了家庭与社会的焦虑传导，挤压青少年心理调适空间；城市化进程中户外活动与真实社交缺失、家长陪伴不足，加剧情感支持匮乏；网络不良信息因青少年甄别能力有限，进一步放大心理风险[4]。另外，文化冲击和个体差异也与心理健康水平显著相关[3]。

家校社医协同机制以学校为主导[3]，但面临多重实践困境：资源配置失衡，高校及城市学校心理服务显著优于中小学及乡镇地区；与医疗机构、社区的跨系统协作存在信息壁垒，联合干预难以落地；学校心理健康教育方式单一、定位模糊，家长与学生参与度普遍偏低。家庭作为青少年心理发展的核心环境，在学校主导模式中主动性弱化，表现为心理教育资源储备不足、科学干预理念缺乏。此外，目前对该问题的解决更依赖家庭内部调节或学校支持，却忽视了医疗与社区资源的专业价值，导致“学校主动、家庭被动”

的低效协作格局[2]。

本文立足高中家庭样本，旨在填补既有研究对家庭在心理健康认知方面的实证研究空白，为构建更具针对性的协同支持体系提供学理依据。

3 研究发现

本文以 254 份高中家长有效问卷为基础（高三学生家庭占 87.4%，男生家庭占 58.27%），围绕家长心理支持认知展开分析，主要发现如下。

3.1 亲子沟通频率与心理评估的认知偏差

数据显示，近半家长（49.61%）与子女日均沟通时间为 15~30 分钟，仅 18.9% 的家庭的沟通时长超过 30 分钟，反映出亲子互动频率总体偏低。然而，家长自我评估呈现矛盾特征：40.09% 的家长认为对孩子心理状态“比较了解”，42.91% 选择“一般”，超七成家长（79%）将孩子心理状态主观评分为 8~10 分（32.68% 打满分），74% 自认为“重视心理健康知识”。这与《2023 年度中国精神心理健康》蓝皮书揭示的高中生 40% 的抑郁检出率形成显著反差，凸显家长对子女心理状态的主观评估与客观现状存在显著偏差，呈现“盲目乐观”倾向。

3.2 心理支持行为与自我认知的脱节

在应对策略上，65.36% 的家长认可“不应回避情绪问题沟通”，且总体上认为孩子对来自家庭的心理支持感到满意（仅 4.3% 认为孩子对此很不满意或较不满意）。但在行为层面，79.1% 的家庭从未或仅偶尔开展心理健康主题家庭活动，暴露了家长对心理支持的重视仍只停留在认知层面，实际行动投入不足，从而导致“高认知、低实践”的支持断层。

3.3 家校社医资源的认知局限与利用偏好

当子女出现心理问题时，76.77% 的家长首选“家庭内部解决”，66.93% 选择寻求学校帮助，仅 19.29% 和 5.5% 的家长分别考虑医疗与社区资源，说明家庭与学校仍是核心依赖路径，社区与医疗资源被显著边缘化。进一步分析发现，80.3% 的家长不了解医院心理健康服务形式，82% 不清楚就医流程；社区资源认知度更低，50% 的家长表示“社区从未开展心理活动”，43.31% 称“偶尔开展”，说明家长对校外专业资源的服务内容、获取途径存在严重信息缺口，导致协同支持路径单一化。

综上，高中家长在心理支持中表现出“评估高估化、行动滞后化、资源依赖集中化”的特征，家校社医协同机制尚未突破家庭与学校的二元依赖格局，社会医疗资源的认知盲区成为制约协同效能的关键瓶颈。

4 结论与展望

本文揭示了家校社医协同中家长认知与实践的三重特征：心理状态评估显著高估；支持行为存在“认知—实践”断层；资源利用高度集中于家庭与学校，社区与医疗资源严重边缘化，暴露出校外资源认知盲区与协同机制的“信息孤岛”困境。研究表明，提升家长心理健康意识、构建精准评估工具、强化社区医疗资源宣传是破局关键。未来需通过认知干预、资源对接与机制创新，推动协同体系从“家庭 - 学校二元依赖”向“四位一体”联动升级。本研究样本主要来自河南省内的高三家庭，未来可拓展城乡多学段样本，纳入学生视角加以对照分析，为构建覆盖全学段、全场景的青少年心理支持网络提供更具普适性的依据。

参考文献

[1] 边玉芳，田微微 . 加强家校社医“教联体”建设呵护儿童青少年心理健康 [J]. 人民教育，2025（1）：16–19.
[2] 彭敏，黄莹 . 家校社协同推进青少年心理健康教育：问题审视与纾解路径：基于互动仪式链理论的分析 [J]. 当代教育论坛，2023（6）：96–104.
[3] 程路，钱丽欣，宋佳欣 . 加强家校社医协作全社会共同守护青少年心理健康 [J]. 人民教育，2024（6）：12–15.
[4] 吴月 . 家校共育背景下儿童青少年心理健康问题及对策研究 [J]. 公关世界，2025（6）：46–48.

非洲法语国家与国际中文教育研究

吉　山[①]

摘　要：不同文明间的交往更需要语言的互通互达，国际中文教育事业正是打破文明隔阂、实现文明互鉴的重要途径。非洲法语国家幅员辽阔，总面积约占非洲总面积的一半，人口、民族众多，各国间社会经济发展水平、民族文化、宗教信仰具有较大差别。本文根据26个非洲法语国家的不同历史与现状，选取八个非洲法语国家，即加蓬、刚果（布）、科特迪瓦、多哥、布基纳法索、贝宁、尼日尔、塞内加尔为研究对象，综述八国的国情语情，在此基础上尝试分析新时代国际中文教育在该区域的发展。

关键词：非洲；法语国家；国际中文教育

1　引言

2024年9月中非合作论坛北京峰会期间，国家主席习近平就中非携手推进现代化提出一系列重大倡议主张，得到非洲国家的广泛认同。习近平主

① 吉山，北京工商大学语言与传播学院讲师，北京外国语大学在读博士，主要研究方向为语言政策与教学。

席提出的“真、实、亲、诚”的对非政策理念引领着中非人类命运共同体的构建。不同文明间的交往更需要语言的互通互达，国际中文教育事业正是打破文明隔阂、实现文明互鉴、助力中非实现现代化的重要途径。戴曼纯指出，数字化技术的发展为语言教育带来了新的机遇和挑战。语言的发展与数字技术密切相关，从长远看，语言技术不但能解决跨语言交流问题，还有助于语言保护。据不完全统计，在非洲广袤的大地上，语言的种类在 800 种以上。2022 年 9 月，教育部确定将区域国别学纳入第 14 类交叉学科一级学科目录。王春辉认为区域国别化研究成为中国发展的必要支撑，国际中文教育天然具有区域国别性，区域国别国际中文教育研究未来可期。借助数字技术了解非洲法语国家的“同”与“异”，可以更好地推动国际中文教育事业发展。

2　非洲法语国家选取原因及标准

法国在历史上曾是非洲很多国家的宗主国，如果从 1638 年法国在塞内加尔建立贸易站算起，至今已有近 400 年的历史。法语语言文化对非洲大陆的影响广泛且深刻。目前非洲法语国家共 26 个，以法语作为官方语言（之一）的非洲国家有 20 个，以法语作为通用语言（工作语言）的非洲国家则有 6 个。2023 年 7 月马里宣布法语将不再作为该国的官方语言，但仍然是马里的工作语言。从地理上看，非洲法语国家分布在北非、西非、中非、中东非、东非，分布范围较广，且主要集中在北非和西非。然而，这 26 个非洲法语国家对待法语的态度可以说大相径庭。北非三国阿尔及利亚、摩洛哥、突尼斯均不以法语作为官方语言。西非的毛里塔尼亚和马里也不以法语作为官方语言。中非、中东非、东非的法语国家除加蓬外，均将法语列为官方语言之一而不是唯一。从历史上看，非洲法语国家中赤道几内亚将法语作为第二官方语言，其原宗主国是西班牙。卢旺达和刚果（金）原宗主国为比利时，喀麦隆原宗主国为德国。多哥 1884 年沦为德国殖民地，但因其二战后又被法国殖民，受到法国及法语影响更深，故将多哥的原宗主国视为法国。

其中仍以法语作为唯一官方语言且原宗主国为法国的还有十个国家，分别为加蓬、刚果（金）、刚果（布）、科特迪瓦、多哥、几内亚、布基纳法索、贝宁、尼日尔、塞内加尔。上述国家主要位于非洲的西部和中部。从货币使用上看，刚果（金）和几内亚均使用本国央行发行的货币。据此确定本文的研究范围，即以法语作为唯一官方语言、原宗主国为法国且目前该国仍使用非洲法郎作为货币（包括西非法郎和中非法郎，西非法郎和中非法郎可以等币值兑换）的八个非洲法语国家，即加蓬、刚果（布）、科特迪瓦、多哥、布基纳法索、贝宁、尼日尔、塞内加尔（以下简称“非洲八国”）。

在殖民者到来之前，非洲大陆没有严格的边界，西方殖民者通过几次所谓的会议在完全不了解、不尊重非洲民情的情况下，凭借各国的实力和利益划定了非洲边界。这给非洲带来了无尽的苦难，直到今日，当年简单粗暴的国界划分仍是造成非洲多国社会不稳定的主要原因。20 世纪 60 年代，非洲大地的民族解放运动风起云涌，各国纷纷脱离殖民统治，宣布独立。非洲民族主义者反对殖民主义，渴望抛弃殖民地时期划定的边界。但非洲大多数国家领导人知道这会再次引起社会大动荡，只得最终接受现存的边界划分。许多非洲法语国家在官方语言的选择上根据国情确定了两种或两种以上语言，并且明确国语或通用语言为某一种或几种民族语言。然而上述“非洲八国”不同于其他非洲法语国家，在历经殖民之苦后，仍然选择法语作为唯一的官方语言。

法语作为唯一官方语言地位的确定无疑体现在相关非洲国家和地区社会生活的各个层面。官方层面如国家的司法体系、政府的行政事务、传媒、教育、医疗、技术、科研等领域均完全使用法语。个体的生活层面如宗教、娱乐、人际交往等也大多使用法语，且使用范围的深度和广度会随着官方的使用而加强。

经济上，“非洲八国”均使用由法国央行发行的非洲法郎。“非洲八国”的经济命脉并不完全掌握在自己手中，虽然非洲法郎对于维护独立后“非洲八国”的经济稳定有一定作用，但在非洲独立运动将近 80 年的今天且在未来很长一段时间，法国仍将以不同形式、不同程度影响该区域。

综上，可以说上述“非洲八国”的语言文化和社会经济发展同其他非洲法语国家相比，都受到了法国和法语更深程度、更广范围的浸润、影响，具有一定的典型性和特殊性。当前数字化教育技术高速发展，人工智能更为语言教育提供了无限可能，面对法语文化相对强势且与法国社会经济联系密切的“非洲八国”，国际中文教育应做出符合时代要求、符合当地人民需要的发展规划，以助力中非实现共同的梦想。

3 各国国情语情及国际中文教育概况

加蓬位于非洲中部，人口数量约 243 万人①（2023 年）；全国有 50 多个民族，人口较多的民族为芳族，约占 32%。加蓬官方语言为法语，加蓬人口识字率较高，为 85.69%（2023 年），法语使用率也高于其他法语国家。2018 年，加蓬的法语使用人口数量约为 137 万人。因其人口总数较少，故从数字上看讲法语的总人数并不占优势。刚果（布）人口数量为 614 万人（2023 年），全国共有 56 个民族，属班图语系。最大的民族是南方的刚果族。其官方语言为法语。民族语言方面，南方使用刚果语、莫努库图巴语，北方使用林加拉语。刚果（布）虽然经济并不如加蓬发达，然而其识字率高达 80.61%。科特迪瓦有 2 810 万人（2022 年），全国有 69 个民族，分为四大族系。官方语言为法语，各民族均有自己的语言，全国大部分地区通用迪乌拉语，然而该语言并没有文字。科特迪瓦以多语言、多文化著称，来自周边国家的移民较多，人口分布不均，地区发展差异较大。科特迪瓦的识字率居八国之首，达到 89.89%（2022 年），接近 90%。多哥人口数量为 809 万人（2022 年），全国有 41 个部族，官方语言为法语。民族语言以埃维语和卡布列语较为通用，其识字率为 66.53%（2023 年）。布基纳法索的人口也达到了两千万级，截至 2023 年有 2 325 万人。全国共有 60 多个部族，分为沃尔特

① 以下关于人口、民族的数据皆来自中华人民共和国外交部网站，识字率数据来自联合国教科文组织网站。

和芒戴两个族系。法语在其社会生活中始终发挥着重要作用。莫西语是布基纳法索最主要的民族语言，在民族身份认同建构中具有重要地位。然而该国经济发展水平较差，人民识字率为 34.49%（2023 年），为八国中最低。贝宁人口数量有 1 340 万人（2022 年），全国共有 60 多个部族，主要有丰族、阿贾族、约鲁巴族等。官方语言为法语，全国使用较广的语言有丰语、约鲁巴语和巴利巴语。法语在贝宁作为官方语言的地位一直延续，从未中断。议会、司法、行政教育等领域普遍使用法语，为了照顾不会说法语的人，口语使用中允许使用丰语、约鲁巴语和巴里巴语等民族语言，然而书面文件仅允许使用法语。贝宁人口识字率为 66.40%。尼日尔为八国中第二大人口大国，人口数量为 2 707 万人（2023 年）。全国有 5 个主要民族：豪萨族（56%）、哲尔马－桑海族（22%）、颇尔族（8.5%）、图阿雷格族（8%）和卡努里族（4%）。尼日尔官方语言为法语，各民族均有自己的语言，豪萨语可在全国大部分地区通用。尼日尔会说法语的人均接受过较好的教育，大部分聚集在首都尼亚美和行政部门，约占人口总数的 10%，即 270 万人左右。普通民众更多使用豪萨语和哲尔马语进行交流。尼日尔大部分人民不识字，识字率仅为 38.09%。塞内加尔有 1 776 万人。全国有 20 多个民族，主要是沃洛夫族（43%）、颇尔族（24%）和谢列尔族（15%）。官方语言为法语，全国 80% 的人通用沃洛夫语。塞内加尔是最早被法国殖民的国家，塞内加尔的官方语言为法语。法语主要用于非洲国家之间政治、经济、文化和技术的交流，也用于更广泛的国际交流。在塞内加尔的知识阶层，约 15% 的人用法语阅读和写作。大多数人日常用本民族语言，大约有 50% 的塞内加尔人把沃洛夫语作为第一语言，该国的识字率也刚刚过半，为 57.66%。

经济上，非洲这八个国家 2023 年的国内生产总值（GDP）① 分别为：加蓬 205.2 亿美元、刚果（布）153.2 亿美元、科特迪瓦 787.9 亿美元、多哥 91.7 亿美元、布基纳法索 203.2 亿美元、贝宁 196.7 亿美元、尼日尔 168.2 亿

① 各国国内生产总值（GDP）和人均GDP的数据均来自世界银行网站。

美元、塞内加尔 310.1 亿美元。虽然在总量上科特迪瓦国内生产总值较高，但科特迪瓦人口众多，故其人均 GDP 和加蓬差距较大。各国人均国内生产总值如下：加蓬 8 420.1 美元、刚果（布）2 508.8 美元、科特迪瓦 2 728.8 美元、多哥 1 013.0 美元、布基纳法索 847.1 美元、贝宁 1 434.7 美元、尼日尔 618.3 美元、塞内加尔 1 746.0 美元。综上可知，以上八个国家中有 1 个中高等收入国家，即加蓬；3 个中等收入国家，即刚果（布）、科特迪瓦和塞内加尔。这充分显示，非洲各国经济发展不平衡。我们应开展对于某一区域或国家的针对性研究。具体到国际中文教育在非洲八个国家中的情况，本文通过孔子学院 / 课堂的概况做简要说明。刚果（布）有两所孔子学院，分别是马利安·恩古瓦比大学孔子学院（2012 年）和冈波·奥利卢 – 革命中学孔子课堂（2019 年）；加蓬、科特迪瓦、多哥、布基纳法索、贝宁、塞内加尔均有一所孔子学院，其中多哥的洛美大学孔子学院成立的时间最早，为 2008 年；尼日尔目前还未设立孔子学院。

本文选择刚果（布）进行个案分析，主要原因如下：①刚果（布）自 1964 年与我国建交后，从未出现过类似其他一些非洲法语国家与我国断交、复交等波折情况，一直与我国保持友好关系，并长期顺利发展。②根据上文数据，刚果（布）属于中等收入国家，具有较大发展空间。③刚果（布）是八国中唯一有两所孔子学院 / 课堂的国家。孔子课堂是在 2012 年第一所孔子学院成立的七年后建立的，这说明国际中文教育在该国发展较好，需求一直在上升。

刚果（布）的识字率高达 80.61%，这说明该国非常重视教育。该国虽然民族众多，然而南方和北方都有主要民族语言。根据法语国家组织公布的数据，讲法语的人口达到了 61%[①]。法语在刚果（布）人民的官方生活中占有重要地位，如议会、司法、政府行政、教育、商贸往来等都以法语进行。在个人生活领域，如社会交往、家庭生活、休闲娱乐等方面会使用法

① 该数据来自法语国家组织官方网站。

语、基图巴语或林加拉语等民族语言。目前，刚果（布）首都15所公立高中和20多所小学设有中文选修课，黑角、马丁古、奥约的高中也有中文课，马里安·恩古瓦比军事学院开设了汉语课程。2019年华人创立了中文国际学校，提供完整的基础教育；2021年下半年，其本土师资达到35人，中文也进入了刚果（布）的高考科目，设有中文大纲。从基础设施来看，刚果（布）的通电率达到50.6%①（2022年）。贫困人口占总人口的35.40%，根据上文所述（该国的识字率达到80.1%）可知，该国贫困人口中有近16%的人口能够接受学校教育。除此之外，刚果（布）也初步具备了利用网络开展学习的条件。该国3G移动宽带覆盖率为87%，4G移动网络覆盖人口的85%，手机所有率为55.6%，有互联网的住户（家中能上网的住户）为15.8%，网民（使用互联网的个人）为36.2%。根据上述数据可以看出，刚果（布）移动网络覆盖率较高，但使用人数较少，这说明该国的网络使用资费较高或信号不够稳定。从另外一个角度看，这说明该国具有良好的基础和较大的发展空间。李宇明指出，人类用民族共同语及方言等进行“通事–通心”沟通，加强本民族的交往与团结，构建起民族共同体；用国家通用语言和本国的其他语言、方言等进行国内的“通事–通心”沟通，建立起国家共同体；用外语、母语等进行国家间的“通事–通心”沟通，促进人类命运共同体的构建。我们或可以刚果（布）为试点，动员更多的人力、物力、财力开发适合其国情、语情的国际中文教材。

4 结语

本文从地理、历史、语言使用、货币等方面作为选取研究国家的标准，以此确定本文研究的八个非洲法语国家，即加蓬、刚果（布）、科特迪瓦、多哥、布基纳法索、贝宁、尼日尔、塞内加尔。之后本文介绍了八国的基本情况，并着重介绍了语情、民情、经济及教育情况。经过对比，以刚果

① 通电率、网络覆盖率、移动手机所有者占比等数据均来自国际电信联盟网站。

（布）为例进行较为详细的介绍与分析，建议加大力度建设针对刚果（布）或其主要民族语言为媒介的国际中文教育教材及数字教材建设。后续研究可在此基础上针对以上八个国家开展更具针对性的研究，并根据该区域国家的异同总结规律，为国际中文教育事业的发展探索更多的发展路径。

参考文献

[1] 戴曼纯. 数字时代的语言技术与语言保护：以欧洲为例 [J]. 语言战略研究，2022（7）.

[2] 李宇明. 语言是文化的鸿沟与桥梁 [J]. 天津师范大学学报(社会科学版)，2023（6）.

[3] 王春辉. 区域国别国际中文教育研究的源起、现状与趋势 [J]. 贵州师范大学学报(社会科学版)，2024（5）.

[4] 李洪峰，等. 非洲国家语言状况与语言政策研究 [M]. 北京：外语教育与研究出版社，2023.

高校非通用语种课程思政建设研究综述
——以法语为例

吉　山[1]

摘　要：近年来，学界对于课程思政探讨颇多，针对外语课程思政建设的研究也有不少论述，然而针对高校非通用语种课程思政建设的研究则相对较少。本文将综述高校非通用语种课程建设的研究情况，并以法语课程思政建设为例提出相关建议。

关键词：外语；法语；课程思政；非通用语

1　引言

当前，国际形势复杂多变，风险与机遇并存。习近平总书记指出，放眼世界，我们面对的是百年未有之大变局。党的二十大报告指出，党的十九大以来的五年，是极不寻常、极不平凡的五年，是党中央统筹中华民族伟大复兴战略全局和世界百年未有之大变局。思政课作为高校思想教育核心阵地，肩负传播党的理念、塑造学生灵魂之重任。从中法关系看，法国在西方大国

① 吉山，北京工商大学语言与传播学院讲师，北京外国语大学在读博士，主要研究方向为语言政策与教学。

中率先同新中国正式建交。国家主席习近平于2024年对法国进行国事访问，并在《费加罗报》发表题为《传承中法建交精神 共促世界和平发展》的署名文章。文章指出，法兰西这片土地具有独特的魅力，曾经诞生众多有世界影响的哲学家、文学家、艺术家，为全人类提供思想启发。百年前中国青年赴法国求学，其中一些有志青年后来为新中国的建立和发展作出了杰出贡献。习近平主席引用中法两国思想家的名言指出，中法作为两个有独立自主精神的大国，在历史长河的每一次相遇都能迸发出巨大能量，影响世界行进方向。

从中非关系看，2024年中非合作论坛北京峰会将中非关系推向新高，非洲54个国家中有26个将法语作为官方语言或通用语言，深受法语及其所承载文化的影响。习近平主席指出，中非面向未来，共筑新时代全天候中非命运共同体，应始终本着真实亲诚理念，从中非友好合作精神中汲取力量，在团结合作的道路上坚定前行，推动中非命运共同体建设迈上新台阶。

当前，世界在经历农耕文明、工业文明后，已经不可逆转地进入了数字文明。大数据、区块链、人工智能技术的不断发展突破给人类生活带来了颠覆性的影响，给语言学科带来了巨大冲击，同时也带来了巨大的机遇。李宇明（2023）指出语言是文化的鸿沟与桥梁，我们要拥抱新时代、新技术，但始终不能忘记根本，语言是思想的载体，是心与心之间沟通的桥梁，是任何工具不可取代的。曼德拉（Mandela）曾这样表达他对语言的看法："如果你用一个人听得懂的语言与他交流，他只会记在脑子里；如果你用他的母语与他交流，他将会记在心中。"文秋芳（2021）指出外语课程能够使学生更加坚定文化自信，更加尊重其他文明，对文明交流互鉴和人类命运共同体构建有更鲜活、更深入的理解。培养学生开阔的国际视野，将中国文化和国际文化有机融合，以外国人愿意听、能听懂的方式传播，才能将中国悠久的文化、先进的技术、成熟的经验更好、更有效地推广到国际大舞台，使世界各族人民受益。想要实现这种有机的结合，我们需要先了解"语情"和"他者"的思想与文化表达方式，才能更好地传递我们自己的思想与文化。

2 非通用语课程思政建设研究现状及问题

截至2025年1月1日，知网中与高校课程思政相关的学术论文达到1.43万篇，其中博士论文865篇，这表明课程思政已成为高校教育研究中的关键议题。众多学者投身其中，研究内容也从理论构建到实践探索，为高校各类课程思政建设奠定了坚实的理论基础和实践参考框架。“高校课程思政 + 外语”的研究成果在近五年呈现明显的增长趋势，最近五年的发文量共计总计179篇，其中2024年发文74篇，2023年发文66篇，2021年发文75篇，2020年发文32篇，2019年发文6篇。这显示出随着课程思政理念的深化和外语教育改革需求的增加，外语课程思政逐渐成为外语教育研究领域的热点方向，越来越多的学者开始关注并积极探索外语教学与思政教育的有机融合路径和模式。

然而，外语课程思政研究中的语种分布不均。基于1.43万篇的检索结果，选择“外国语言文字类”后，共有996篇研究文章。其中无论是主要主题还是次要主题，均为大学英语或专业英语，没有其他语种作为分类出现在该主题下。检索结果中也只有为数不多小语种课程思政的研究，这凸显出非通用语种在课程思政研究方面的滞后性：在早期高校外语课程思政推进过程中，英语凭借其广泛的应用场景和庞大的学习群体，率先成为研究的重点对象，而法语等有助于区域国别研究的非通用语种尚未得到足够的关注和深入研究。

此外，与法语、法国文化相关的课程思政研究相对匮乏。以“中法文化”为关键词搜索，可得到633条相关结果，其中CSSCI期刊105篇，北大核心130篇，占总篇数的近四分之一。这表明学界对于该主题十分重视，且研究水平较高。然而，令人遗憾的是，如果以“高校课程思政 + 法语”为关键词搜索，仅可得到8条结果。其中2022年发文量为4篇，2020年、2021年、2023年、2024年各一篇。当然难能可贵的是，以上4篇文章均受到省级、校级教改项目或人文社科类项目资助。可见各地、各高校均已关注到法语课程思政研究。但无论将法语课程作为专业课还是通识选修课，该类课程在高校课程思政的研究现状与中法、中非交流的紧密程度都极不匹配，且相关主题研究深度和广度不足。以“中法建交 60 周年”为关键词搜索后，仅有 14 项研究成果。这也显示出在这一重大历史背景下，对于法国语言文化与思政教育融合的研究还远远不够，未能充分挖掘其中丰富的思政教育资源和时代价值，难以满足当前法语课程思政建设的实际需求。徐斌（2021）认为应坚持以课程思政为载体，以国家意识为灵魂，积极推进外语课程思政向纵深层面拓展。在此过程中，还应呼吁高校、院系给予外语课程思政以充分的政策保障。

3　结语

面对复杂的国际形势，心与心的交流才能够使国与国之间的友谊行稳致远。而通识选修课作为通识教育的重要组成部分，也肩负着传播中华文化、促进文明交流互鉴的重任。目前高校课程思政研究成果较为丰硕，在外语教育中，与法语国家和地区相关的课程思政研究相对滞后，难以满足新时代国家发展对人才的思政素养需求，故进行相关研究具有相当的必要性和一定的紧迫性。区域国别学于 2022 年纳入一级学科目录，可见国家对于该学科的重视。中法建交 60 周年和中非合作论坛的举办，进一步彰显了国际交流与合作的重要性。作为连接中法乃至中非文化交流的桥梁，法语及相关文化类通识选修课承载着独特的使命与价值。它不仅是学生学习法语、了解法国和法语国家历史文化的窗口，也是培养学生人文素养、国际视野和跨文化理解力的有效途径。

参考文献

[1] 文秋芳 . 大学外语课程思政的内涵和实施框架［J］. 中国外语，2021（2）.

[2] 李宇明 . 语言是文化的鸿沟与桥梁［J］. 天津师范大学学报（社会科学版），2023（6）.

[3] 徐斌 . 高校外语课程思政中的国家意识培育［J］. 当代外语研究，2021（4）.

拔尖创新人才培养中思政引领机制的作用研究

李雯玉[①]

摘　要：本文聚焦拔尖创新人才培养中的思政引领机制，探讨其在价值导向、精神激励、道德约束和文化传承等方面的重要作用；通过分析当前拔尖创新人才培养的现状与挑战，提出优化思政引领机制的策略，旨在为教育实践提供理论支持，助力培养具有高尚品德、创新精神和家国情怀的拔尖创新人才。

关键词：思政引领；道德约束；价值导向；精神激励；文化传承

1　引言

在当今全球化与科技飞速发展的时代，拔尖创新人才的培养已成为国家发展的关键。习近平总书记强调，要“坚持教育发展、科技创新、人才培养一体推进”，形成良性循环。思政引领机制作为培养拔尖创新人才的重要环节，不仅能够引导人才树立正确的价值观，还能激发其爱国热情和创新精神，增强社会责任感。通过思政教育，可以培养出既具备卓越专业素养又能

① 李雯玉，北京工商大学数字书院团委书记、辅导员，研究方向为英语教育、思政教育。

为国家和社会发展贡献力量的拔尖创新人才。

2 文献综述

拔尖创新人才的培养是当前教育领域的重要课题。许多研究指出，思政教育在人才培养中具有不可替代的作用。例如，李小娟等（2021）提出，通过专业思政和课程思政引领，可以创新高质量人才培养模式。张梦（2013）认为，思政课在人才培养中具有重要作用，应推动高校思想政治教育的改革与创新。赵文静（2014）指出，高校思政课教学在培养创新型人才中具有重要功能。然而，现有研究多集中在理论探讨上，对于思政引领机制在拔尖创新人才培养中的具体作用和实践路径的探讨较少。因此，本文旨在填补这一空白，通过分析思政引领机制在价值导向、精神激励、道德约束和文化传承等方面的作用提出优化策略。

3 思政引领机制在拔尖创新人才培养中的作用

3.1 价值导向作用

3.1.1 树立正确的价值观

思政引领机制为拔尖创新人才的价值观奠定基础。在当今全球化和多元化的时代背景下，各种思想文化相互碰撞，拔尖创新人才面临诸多价值选择。思政引领机制通过系统的思想政治教育，帮助人才树立正确的价值观，使其在面对复杂多变的社会环境和重大科研挑战时能够坚守正确的价值取向。例如，在科研领域，思政教育可以引导人才树立科学精神和人文关怀，使他们在追求科学真理的同时关注科研成果对社会、对人类的影响，确保创新成果能够真正造福人类。

3.1.2 培养家国情怀与社会责任感

思政引领机制通过爱国主义教育和社会责任教育，激发拔尖创新人才的爱国热情，使他们深刻认识到个人的成长与国家的发展紧密相连。这种家国情怀和社会责任感会转化为强大的内驱力，促使他们在国家重大战略需求领域积极投入，勇于担当。例如，在航天领域，许多拔尖创新人才正是在思政教育的引导下，将个人理想与国家航天事业紧密结合，为我国航天事业的发展做出了巨大贡献。

3.1.3 解决价值冲突

思政引领机制通过价值观教育，帮助拔尖创新人才明确价值优先顺序，使其能够在复杂的利益关系中做出符合社会整体利益的选择。这种能力对拔尖创新人才尤为重要，因为他们往往掌握着关键的技术和资源，其决策和行为会对社会产生深远影响。通过思政教育，他们能够更好地平衡个人与社会的关系，将个人的创新成果与社会的发展需求相结合，实现个人价值与社会价值的统一。

3.2 精神激励作用

3.2.1 激发爱国热情和奋斗精神

爱国主义是中华民族精神的重要核心，也是思政教育的重要内容。通过爱国主义教育，拔尖创新人才能够深刻认识到国家的繁荣富强与个人的成长发展息息相关，从而激发他们为国家发展而努力奋斗的热情。在科研工作中，这种爱国热情会转化为强大的动力，促使他们勇于挑战前沿科学问题，攻克关键技术难题。

3.2.2 培养创新精神和探索精神

思政引领机制通过有针对性的教育引导拔尖创新人才树立创新意识和探索精神。思政教育不仅关注知识的传授，更注重培养人才的批判性思维和独立思考能力。通过教育，他们突破传统思维的束缚，敢于质疑权威，勇于尝试新的方法和技术。这种创新精神和探索精神将使他们在专业领域不断实现突破，取得具有国际领先水平的科研成果。

3.2.3 增强面对困难和挑战时的韧性

思政引领机制通过有的放矢的教育引导拔尖创新人才树立正确的挫折

观和奋斗观，增强他们在面对困难时的韧性。通过思政教育，他们能够认识到困难和挫折是成长过程中不可避免的一部分，从而以更加积极的态度面对挑战。这种韧性使他们在面对困难时能够坚持不懈，最终实现自己的创新目标。

3.3 道德约束作用

3.3.1 规范职业道德行为

职业道德是拔尖创新人才在专业领域内必须遵守的行为规范，它直接关系到人才的职业声誉和行业的健康发展。通过思政教育，拔尖创新人才能够明确自身的职业责任和义务，树立正确的职业行为准则。例如，在医学领域，职业道德要求医生尊重患者、保护患者隐私、不进行过度医疗等。通过思政引领，医学专业的拔尖创新人才能够深刻理解这些职业道德规范，并在实际工作中严格遵守。

3.3.2 培养社会公德意识

思政引领机制通过教育引导拔尖创新人才树立良好的社会公德意识，使其在社会生活中主动遵守公共秩序、尊重社会公德、关爱他人。例如，在环境保护方面，思政教育可以引导拔尖创新人才关注环境问题，积极参与环保行动，推动可持续发展理念的落实。

3.3.3 提升个人品德修养

品德修养是拔尖创新人才综合素质的重要体现，也是思政引领机制的重要目标之一。通过思政教育，拔尖创新人才能够树立正确的道德观念，培养良好的道德品质，如诚实守信、正直公正、谦逊合作等。这些品德修养不仅会在职业生活中发挥重要作用，也会在个人的日常生活和社会交往中得到充分体现。

3.4 文化传承作用

3.4.1 传承中华优秀传统文化

中华优秀传统文化是中华民族的瑰宝，蕴含着丰富的哲学思想、道德观念和人文精神。思政引领机制通过教育引导拔尖创新人才深入学习和理解中华优秀传统文化，促使其在创新过程中充分汲取传统文化的智慧和力量。例如，传统文化中的“天人合一”思想可以为现代环境科学和生态学研究提供有益的启示。

3.4.2 弘扬革命文化

革命文化是中国共产党在革命战争年代创造的宝贵精神财富，蕴含着坚定的理想信念、高尚的道德情操和伟大的奋斗精神。思政引领机制通过教育引导拔尖创新人才学习革命文化，传承红色基因，能够激发他们的爱国热情和奋斗精神，使其在创新工作中继承和发扬革命文化的精髓。

3.4.3 传播社会主义先进文化

社会主义先进文化是中国特色社会主义事业的重要组成部分，体现了社会主义核心价值观和时代精神。思政引领机制通过教育引导拔尖创新人才积极传播社会主义先进文化，使其在创新成果中充分体现社会主义核心价值观的要求。例如，在文化艺术领域，拔尖创新人才可以通过创作反映社会主义核心价值观的优秀作品，传播正能量，提升社会大众的文化素养。

4 结语

思政引领机制在拔尖创新人才培养中发挥着不可替代的作用。它不仅为人才的成长提供了价值导向，还通过精神激励、道德约束和文化传承等多方面的作用，助力人才全面发展。未来，应进一步深化思政教育改革，优化教育内容与方法，加强师资队伍建设，完善评价机制，以更好地发挥思政引领机制的作用，为国家培养更多德才兼备的拔尖创新人才。

参考文献

［1］李小娟，陈镜宇，徐丽艳，等．以专业思政、课程思政引领的高质量人才培养模式创新研究［J］．现代职业教育，2021（20）：60-61.

［2］张梦 . 从思政课在人才培养中的作用看高校思想政治教育的改革与创新［J］. 文教资料，2013（2）：3.
［3］赵文静 . 高校思政课教学在培养创新型人才中的功能［J］. 文教资料，2014（12）：2.

社交媒体影响下大学生思想行为特征与思政对策研究

李雯玉[①]

摘　要：在数字化浪潮中，社交媒体深刻融入大学生活。本文聚焦社交媒体影响下大学生思想行为特征的变化，通过大量调研与案例分析，深入剖析当前大学生思想行为的表现；从认知层面的信息摄取、情感维度的情绪波动到社交领域的互动模式，全方位梳理社交媒体对大学生产生的影响；结合教育实践与理论研究，针对性地提出思政教育的创新策略。本文旨在提升思政教育的实效性，引导大学生在社交媒体环境下形成正确的价值观和行为准则，助力大学生健康成长。

关键词：社交媒体；大学生；思想行为特征；思政教育

1　引言

随着互联网的快速发展，社交媒体已成为大学生日常生活不可或缺的一部分。从微信、微博到抖音等，各类社交平台以其丰富的内容、便捷的互动方式吸引了众多大学生。社交媒体在为大学生提供丰富信息、拓展社交空间

① 李雯玉，北京工商大学数字书院团委书记、辅导员，研究方向为英语教育、思政教育。

的同时，也对他们的思想观念和行为模式产生了深刻影响。大学生正处于世界观、人生观和价值观形成的关键时期，其思想行为具有较强的可塑性。社交媒体的介入，改变了传统的信息传播模式，打破了时空限制，使大学生接触到多元的思想文化。在这样的环境下，大学生的思想观念、价值取向、行为方式等方面都出现了新的变化。因此，深入研究社交媒体影响下大学生思想行为特征，并提出相应的思政对策，不仅有助于提升高校思政教育的针对性和实效性，也对培养社会主义合格建设者和可靠接班人具有重要意义。

2 社交媒体影响下大学生思想行为特征

2.1 思想观念呈现多元化与个性化

2.1.1 多元化思想观念

社交媒体打破了传统信息传播的壁垒，各种思潮和观点得以在网络空间迅速传播。大学生通过社交媒体接触到不同国家、不同文化的信息，这使得他们的思想观念更加多元化。这种多元化的趋势给高校思政教育带来了挑战。部分大学生在面对多元的思想观念时缺乏辨别能力，容易受到错误思潮的影响，如拜金主义、享乐主义等[1]。

2.1.2 个性化表达需求

社交媒体为大学生提供了展示自我的平台，他们通过发布动态、分享生活等方式表达个性。这种个性化表达不仅满足了大学生的自我实现需求，也反映了他们在思想观念上的独立性和自主性。然而，过度的个性化表达可能导致部分大学生忽视集体利益和社会规范，从而影响其价值观的正确形成。

2.2 信息获取与处理能力提升，但存在信息甄别不足等问题

2.2.1 信息获取渠道的拓展

在社交媒体环境下，大学生获取信息的渠道更加广泛，获取信息的速度也大大加快。他们能够通过各种社交媒体平台快速了解国内外的时事新闻、

学术动态等。同时，大学生在长期接触社交媒体的过程中逐渐掌握了一定的信息处理技巧，能够对信息进行筛选和整理。

2.2.2　信息甄别能力的不足

社交媒体上的信息鱼龙混杂，部分虚假信息、谣言也在网络上广泛传播。部分大学生缺乏系统的信息甄别能力，难以从海量的信息中辨别真伪，容易被不实信息误导，影响其价值观的正确形成。

2.3　社交行为网络化，现实人际交往能力弱化

2.3.1　网络化社交的优势

社交媒体为大学生提供了便捷的社交平台，打破了传统社交的时空限制。大学生可以通过社交媒体随时随地与朋友、家人保持联系，还能结识来自不同地区的陌生人。这种网络化的社交方式满足了大学生的社交需求，拓宽了他们的社交圈子。

2.3.2　现实社交能力的弱化

过度依赖社交媒体可能导致部分大学生现实人际交往能力弱化。在虚拟社交中，大学生往往可以隐藏自己的真实身份，以一种较为轻松的方式进行交流。而在现实生活中，他们在与人面对面沟通时，可能会出现紧张、表达不畅等问题，甚至产生社交恐惧心理。

3　社交媒体影响下大学生思想行为特征与思政对策

3.1　创新思政教育内容，贴近大学生实际需求

3.1.1　贴近时代脉搏

在社交媒体蓬勃发展的当下，思政教育必须紧密贴合时代脉搏，深度融合社交媒体环境下大学生独特的思想行为特征，全面推进教育内容的创新变革。教师可以大学生兴趣点与实际需求，如人工智能、饭圈文化等为切入点，组织学生展开热烈讨论，引导他们运用马克思主义的立场、观点和方法，对这些现象进行理性剖析。

3.1.2 专业特色思政教育

根据不同专业特性开展特色思政教育，如对法学专业学生，可结合真实法律案件进行思政渗透，助力学生在专业学习中树立正确职业观，让思政教育与学生专业学习、职业规划紧密相连，真正提高思政教育的实效性，培养全面发展的新时代人才。

3.2 拓展思政教育平台，充分利用社交媒体优势

3.2.1 线上思政教育

高校应积极拓展思政教育平台，充分利用社交媒体的优势，打造线上线下相结合的思政教育模式。在线上，教师可以利用微信公众号、微博、抖音等社交媒体平台发布思政教育内容，如理论知识讲解、时事热点分析、优秀案例分享等，通过图文、视频动画等形式吸引学生的注意力，提高思政教育内容的传播效果。

3.2.2 线下思政教育

在线下，高校可以开展丰富多彩的思政教育活动，如主题班会、演讲比赛、社会实践等，将线上学习的理论知识与线下实践相结合，增强学生的体验感和参与感[2]。

3.3 提升教师的新媒体素养，增强思政教育的实效性

3.3.1 教师新媒体培训

在社交媒体时代，思政教育成效与教师新媒体素养紧密相连。高校应高度重视对教师的新媒体培训，助力教师全面提升运用新媒体技术开展思政教育的能力。教师需熟练掌握微信公众号、微博、抖音等社交媒体平台的操作，利用剪辑软件、图文编辑工具等新媒体手段，精心制作集趣味性与思想性于一体的高质量思政教育资源。

3.3.2 信息洞察力与互动交流

教师要具备敏锐的信息洞察力，时刻留意社交媒体上的热点话题，如社会民生事件、新兴科技发展等，密切关注学生的思想动态，及时将这些元素

融入教学，让思政教育紧跟时代步伐。同时，教师应尊重学生主体地位，在互动交流中以平等姿态倾听学生想法，耐心解答疑惑，营造和谐融洽的师生关系，增强思政教育的亲和力和感染力。

3.4 培养学生的网络素养，提高信息甄别能力

3.4.1 网络素养教育

高校应开设专门课程，将网络知识、信息甄别技巧以及网络道德规范等内容进行系统传授。课堂上深入讲解信息传播原理，通过案例分析，拆解虚假信息传播路径，再安排实践操作，让学生在模拟情境中识别信息真伪，全方位培养其网络思维与辨别能力。

3.4.2 树立正确网络观

引导学生树立正确网络观，借助主题讲座、线上推送文章等形式，使学生清晰认识到网络的两面性，明白它既能提供海量学习资源与便捷社交，也充斥着不良信息。鼓励学生在享受便利时，筑牢思想防线，自觉抵制不良内容。

3.4.3 网络素养主题教育活动

开展丰富多样的网络素养主题教育活动，如举办网络安全知识竞赛，激发学生学习热情，强化知识掌握；组织网络文明宣传，以海报展示、志愿宣讲等形式营造积极健康的校园网络文化氛围，助力学生提升网络素养。

4 总结

社交媒体的发展给大学生的思想行为带来了深刻的影响，也给高校思政教育带来了新的机遇和挑战。通过深入研究社交媒体影响下大学生思想行为特征，采取创新思政教育内容、拓展思政教育平台、提升教师新媒体素养、培养学生网络素养等针对性的思政对策，能够有效提升高校思政教育的实效性，引导大学生在社交媒体环境下健康成长。在未来的发展中，随着社交媒体技术的不断更新迭代，高校思政教育工作者要持续关注社交媒体的发展动

态，不断探索新的教育方法和途径，为培养德智体美劳全面发展的社会主义建设者和接班人不懈努力。

参考文献

[1] 冯春艳，陈慧明，赵宇新 . 社交媒体环境下大学生思政教育的创新着力点研究 [J]. 才智，2024（21）.

[2] 邓丽霞 . 社交媒体对高校思政教育的影响及对策研究 [J]. 淮南职业技术学院学报，2023，23（4）：4-6.

日本动漫对日语学习的影响

李晓晴[①]　李香春[②]

摘　要：日本是世界上最大的动漫制作和输出国，其水平处于全球领先地位。自20世纪80年代以来，日本动漫逐渐登陆中国市场。随着动漫在中国的传播，越来越多的年轻人对日语产生了浓厚的兴趣。日本动漫激发了年轻人学习日语的兴趣，但对日语学习产生的问题也是不容忽视的。本文主要分析日本动漫对日语学习产生的影响及存在的问题。

关键词：日本动漫；日语学习；影响；问题

日本是世界上最大的动漫制作和输出国，其动漫和漫画均处于全球领先地位，拥有完善的动漫产业链，受众遍及所有年龄段，题材涵盖范围广。自20世纪80年代以来，日本动漫逐渐登陆中国市场，《七龙珠》《美少女战士》《哆啦A梦》《蜡笔小新》《灌篮高手》《樱桃小丸子》等作品传入了中国，极大地吸引了年轻人的关注与喜爱。近年来，《凉宫春日的忧郁》《进击的巨人》《鬼灭之刃》等作品凭借丰富的想象与独特的剧情，以极高的人气

① 李晓晴，女，北京工商大学法学院2019级学生。

② 李香春，女，北京工商大学语言与传播学院讲师，主要研究方向为日语语言文化、教学法。

成为火遍全球的“现象级动漫”，进一步加强了日本动漫在年轻人之间的传播与影响。

精致优良的背后是无数动漫公司的努力和付出。日本优秀的动漫公司层出不穷，比如成立于1985年的宫崎骏吉卜力工作室，为全世界贡献了《龙猫》《千与千寻》等广受好评的动漫电影，奠定了日本动漫在世界上的地位。2010年左右开始，如trigger（代表作《kill la kill》）、SHAFT（代表作《魔法少女小圆》）等个性鲜明、出片精良的动漫公司开始涌现，而J.C.stuff、A-1 pictures等动漫公司也通过大量的动漫产出提高了动漫业界的水平。就在这个百花齐放的时期，2009年由京都动画制作的《凉宫春日的忧郁》、2013年由WIT studio制作的《进击的巨人》和2019年由UFO table制作的《鬼灭之刃》在国内大火，成为许多人接触日本动漫的契机，并由此产生了大量的日本动漫爱好者。由此，动漫在中国成了日本文化最突出的代表。根据调查[1]，非常喜欢日本动漫的人中有62.7%想学日语或去日本，而讨厌日本动漫的人全部都不想学日语或去日本。而由这几次热度爆发产生的日本动漫爱好者人群成为中国日语学习者的主要构成部分。

1　日本动漫对日语学习产生的影响

很多日本动漫的内容由充满想象力的架空世界观、跌宕起伏的剧情发展以及校园生活等要素组成，所以最开始接触日本动漫的人群中中学生居多。2014年日本动漫被大规模正式引进前，动漫爱好者主要通过网络下载的形式观看动漫，所以很依赖民间的翻译组。如果下载不到翻译过的片源，那么就无法理解动漫的内容。所以“想要具备不需要翻译也可以自由观看动漫的能力”就成了很多动漫爱好者学习日语的初衷。

2015—2020年，日本动漫正式引入并出现了多款爆款动漫，动漫爱好者人群扩大，讨论动漫的“圈子”也随之产生，这给了爱好者们更加深入了解日本动漫产业内容的机会，很多人选择去日本的网站和节目上深挖更多自己感兴趣的内容，并分享至国内的论坛上。同时国内动漫产业的发展也使日本的从业人员开始重视中国观众，日本艺人来到中国参加活动或者在中国的网站上进行直播活动的情况变得非常频繁。这使得中文互联网上出现了更多的日语内容，也使学习日语成为爱好者的必修课。同时，也有很多人观看过大量的动漫后，通过比对音频、字幕和动漫场景的形式，已经掌握了一定程度的日语。这使得学习日语的人数井喷式上涨。

2 日本动漫对日语学习成果的影响

观看日本动漫学习日语的方法与视听学习法很相似。没有经过系统学习、仅通过观看日本动漫学习日语的人有其一定的优势，同时也存在一些问题。

（1）通过日本动漫开始学习日语的学生，经常不通过对适用场景进行归类并引用语法的形式进行动词变形，而将自己从动漫里看到听到的内容当作样本进行归类并直接使用。这样可以比其他初学者更快速地具备完成动词变形并组成长句的能力，但是缺少对语法规律的体验会使这些学生在面对难度更高的语法题目时难以辨别变形方式。

（2）通过日本动漫学习日语的学生，已经做过大量发音练习和听力练习，很多爱好者也有一定发音功底，喜欢模仿动漫中的台词。这就使得很多动漫爱好者的日语发音和口语相比起没有看过动漫的学生要流利很多。但是动漫内经常出现的方言和口癖会影响动漫爱好者的口语标准度。

（3）动漫爱好者通常拥有更多且更偏门的词汇储存。日本动漫的题材五花八门，日本古代用语、专有名词、生僻词语在动漫中出现的频率非常高，使得很多动漫爱好者对这些词汇了如指掌。但仅依靠偏门词汇扩大日语词汇量有一定的局限性，如果不进行正确的学习，会导致很多动漫爱好者对于这些词汇的使用无法正确理解，在现代日语的用词上容易出错。

（4）日本动漫作为一种文化输出，有着浓厚的日本文化的烙印，其中蕴含着日本文化的岛国根性、耻感文化、集团意识等特点[2]。日本动漫有别于美国动漫对于超级英雄的塑造和中国动漫的教育意味，经常着重于描写日常生活[3]，在非日常题材中主角也经常以安稳的日常生活为追求，这体现了日本民族的特点和喜好。对日本人的文化特点和民族喜好更加了解后，日语专业的学生也可以更加理解日语对话的语境以及由日本的民族特色引申出的特殊语法，从而学到更地道的日语。

日本动漫激发了学生学习日语的兴趣，但对日语学习产生的问题也是不容忽视的。通过日本动漫接触日语的学生们，在日语学习上经常表现出积累有余而正确性不足的问题。仅仅通过观看日本动漫学到的日语是片面的，不能一味依赖动漫，而是需要适当地改变日语学习方法。

参考文献

[1] 吴新兰.日本动漫在日语学习中的作用与影响[J].贵州民族大学学报（哲学社会科学版），2013（1）：144-147.
[2] 林婷婷.日本动漫的文化特征及对日语学习的影响[J].考试周刊，2011（29）：113-114.
[3] 李励宇.浅论日本动漫文化对日语学习的影响[J].才智，2013（23）：237.

均势相关理论综述

刘思含①

摘　要：均势（balance of power）是现实主义国际关系理论中的重要概念及学说。本文结合汉斯·摩根索、约瑟夫·奈、肯尼斯·华尔兹等学者对均势的论述进行梳理和综述，有助于在“重回大国竞争”的时代，更好理解国家之间的分合亲疏，丰富拓展外语学习的内涵和外延。

关键词：均势；现实主义；大国竞争

1　引言

均势（balance of power，亦称权力均衡）是现实主义当中的重要概念、规律、学说，因其普遍性、长期性、深刻性而被现实主义广为称道；同时也因其至关重要的影响而吸引了包括自由主义在内的诸多学者的广泛关注[1]。

2　汉斯·摩根索对均势的论述[2]

汉斯·摩根索所著的《国家间政治：权力斗争与和平》一书为现实主义

① 刘思含，北京工商大学语言与传播学院讲师，主要研究方向为英汉翻译、区域国别研究。

国际关系理论的奠基性著作。在该书中，摩根索对权力均衡（均势）进行了详细的论述。摩根索提出，国家为追逐权力而试图维护或推翻现状的斗争，势必造成权力均衡的态势以及各国旨在维护这种态势的政策。权力均衡的实现有直接对抗（战争）和竞争（国家竞争）两种模式。

balance 一词也有天平之意，也同现实生活中的天平类似，实现均势可以有两种方式：一是减轻天平较重一侧的分量，如分而治之；二是增加较轻一方的分量，比如通过（领土）补偿、军备竞赛和裁军以及联盟政策。第二次世界大战之后，美国通过其复杂完备的联盟体系，维持其全球的霸权地位，也印证了摩根索的论述，即国家通过采取联盟政策把其他国家的权力添加在自己的权力之上或者阻止权力为对手所获得，以确保或提高其自身相对的权力地位。

如果整个国际社会为一个大的天平，在国际均势中，国家面临制衡（balancing）和搭便车（band-wagoning）的政策选择，而国家会以联盟对抗世界霸权或者对抗反联盟，以制衡的方式维护权力均衡。

3　约瑟夫·奈对均势的论述

约瑟夫·奈认为，均势有着四重含义。首先，均势可以用来描述权力分布，以及主要国家间不均等的权力分布状况的变化；其次，均势可以作为一种精心设计的平衡政策，即其他国家会采取行动阻止一国发展成为主导国家（如 19 世纪的英国采取均势政策，避免欧洲大国出现主导性霸权）；再次，均势可以作为一种理论，描述国际体系中权力的自动平衡，认为国家将更多采取制衡政策而非搭便车政策；最后，均势可以用来描述历史上的多极体系，如“19 世纪欧洲均势”[3]。约瑟夫·奈为自由主义学者，他对均势的论述，一方面体现出均势在国际关系与交往中的重要影响，另一方面也厘清了该概念的丰富指涉，有助于从均势出发对现实国际交往做出更有针对性的分析。

4　肯尼斯·华尔兹对均势的论述[4]

肯尼斯·华尔兹作为结构性现实主义的代表学者，重点关注国际体系权力结构对各国政策行为的决定、约束作用，如美苏冷战期间，美苏两强争霸格局对中小国家政策选择的决定性影响导致世界分裂为彼此对立的两大阵营。就均势而言，肯尼斯·华尔兹提出，追随强者和势力均衡是截然相反的两种行为，而政治行为体选择彼此制衡还是追随强者取决于系统（国际体系）的结构。在无政府状态下，权力只是手段而非目的，因此国家倾向于加入两个联盟中较弱的一方，因为系统鼓励国家追求的目标是安全，均势是系统引发的行为。

5 结论

本文综合梳理了汉斯·摩根索、约瑟夫·奈和肯尼斯·华尔兹三位学者对均势的相关论述：摩根索从权力斗争的角度阐述了均势及其实现方式，奈从多重视角丰富了均势的定义，而华尔兹则从国际体系结构出发，解释了均势行为的系统逻辑。在全球化遭遇逆流、“重回大国竞争”的时代，均势相关理论有助于我们更好地理解国家之间分合亲疏的关系，有助于拓展外语学习者对国际政治的深度认知。

参考文献

[1] 王帆，曲博．国际关系理论：思想、范式与命题［M］．北京：世界知识出版社，2013：101.

[2] 摩根索．国家间政治：权力斗争与和平［M］．徐昕，郝望，李保平，译．北京：北京大学出版社，2006：205–230.

[3] 奈，韦尔奇．理解全球冲突与合作：理论与历史［M］．张晓明，译．10 版．上海：上海人民出版社，2018：100–107.

[4] 华尔兹．国际政治理论［M］．信强，译．上海：上海人民出版社，2008：133–136.

《仲夏夜之梦》与《逍遥游》浪漫精神实质比较

全凤霞①

摘　要：《仲夏夜之梦》和《逍遥游》都充满了浪漫的气氛，但其蕴含的浪漫精神实质有所不同。《仲夏夜之梦》里的浪漫人物处于“入世”状态，让戏剧充满独特的艺术气氛和喜剧色彩；《逍遥游》里的浪漫人物则与世隔绝，处于“出世”状态，带有浓厚的消极出世主义态度。

关键词：浪漫；出世；入世

1　引言

《仲夏夜之梦》是英国文艺复兴时期莎士比亚的代表性喜剧作品，《逍遥游》是我国战国中晚期庄周所著《庄子》一书的首篇，二者皆通过丰富的想象、巧妙的构思，把天地鬼神、鸟兽虫鱼以及诸多社会现象和人的心理统统纳入自己的创作，别开生面，而且通过使用夸张、虚构、幻想等手法，使作品极具浪漫色彩。但二者所蕴含的浪漫精神实质有所不同。《仲夏夜之梦》

① 全凤霞，女，北京工商大学语言与传播学院副教授，主要研究方向为英美文学，主攻莎士比亚戏剧。

里的浪漫人物处于“入世”状态，让戏剧充满独特的艺术气氛和喜剧色彩；《逍遥游》里的浪漫人物则与世隔绝，处于“出世”状态，带有浓厚的消极出世主义态度。这从莎士比亚剧中的精灵迫克、林中各路神仙等形象与庄子笔下的大鹏、藐姑射神人等形象的比较中不难看出。

2 “出世”与“入世”

庄子的大鹏是由“北冥”（北海）之鱼幻化而成的，“海运则将徙于南冥”。大鹏漫漫逍遥于南北，高高在上，远离人世，去到那幽远苍茫的“北冥”和“南冥”，离人世越远越好。《逍遥游》里的另外一些神人（如藐姑射神人）深居深山，“不食五谷，吸风饮露”。《逍遥游》里的这些理想人物和浪漫人物都与世隔绝，可以说处于“出世”状态，“我自缥缈动人”，任凭“下界”仰慕崇拜或猜疑嘲笑。在《仲夏夜之梦》里，浪漫人物不仅在林间宇宙逍遥浪漫，还与现实人物相结合，经常处于“入世”状态，让戏剧充满独特的艺术气氛和喜剧色彩。本文选取两组人物进行对比：一组为精灵迫克漫游于人间，与人同乐；另一组为林中仙后、飞蛾、蛛网、芥子等浪漫人物，与现实俗人即织工波顿相爱和打成一片，发生了情趣盎然的故事。

精灵迫克是林中仙王奥布朗的伴驾，他不仅飘忽于林间仙境，在仙王跟前说种种笑话逗其发笑，还把欢笑带给人间。对于精灵迫克的“融于世”，莎士比亚着实笔墨细致而又生动，既塑造了一个快乐又淘气的精灵，亦让人从中领略到了惬意闲适的英国民间生活。在这些描述中，出现了丰富的反映现实生活的词汇，如“老太婆的酒碗”“肥胖精壮的马儿”“焙熟的野苹果”“三脚的凳子”“人情世故”“大元宝”“磨谷”“牛乳”“咳呛”“搅奶油”等，足见作者对乡间生活的了解和熟悉程度，更可感受到作者对普通民众的深情和对生活的热爱。

让我们看看这个快乐而又淘气的精灵对自己在人间的游历是多么得意：“看见一头肥胖精壮的马儿，我就学着雌马的嘶声把它迷昏了头；有时我化作一颗焙熟的野苹果，躲在老太婆的酒碗里，等她举起碗想喝的时候，我就啪地弹到她的嘴唇上，把一碗麦酒都倒在她那皱瘪的喉咙里；有时我化作三脚的凳子，满肚皮人情世故的婶婶刚要坐下来一本正经讲她的故事，我便从她的屁股底下滑走，把她翻了一个大元宝，一头喊‘好家伙！’一头咳呛个不住，于是周围的人大家笑得前仰后合，他们越想越好笑，鼻涕眼泪都笑了出来，发誓说从来不曾逢到过比这更有趣的事。”精灵有时“暗中替人家磨谷，有时弄坏了酒使它不能发酵；夜里走路的人，把他们引入了迷路，自己却躲在一旁窃笑”；有时“吓唬乡村的女郎，在人家的牛乳上撇去了乳脂，使那气喘吁吁的主妇整天也搅不出奶油来”。

莎士比亚在作品里还生动地描绘了四位小仙与俗人织工打成一片的情景。当仙后吩咐小仙们向她的爱人鞠一个深深的躬时，她们齐声问候道“万福，凡人”；织工在回敬的同时，还充分展示了凡人的不同凡响。他对蛛网小仙说：“很希望跟您交个朋友，好蛛网先生；要是咱指头儿割破的话，咱要大胆用用您。”织工对芥子小仙的问候更是让人咋舌，他说：“好芥子先生，咱知道您是个饱历艰辛的人；那块庞大无比的牛肉曾经把您家里好多人都吞去了。不瞒您说，您的亲戚们方才还害得我掉下几滴苦泪呢。”

莎士比亚笔下这些快乐的精灵和小仙为民间的日常生活增添了无穷的喜剧色彩，这是浪漫与现实的完美的结合，给作品平添了无穷的生活魅力和人情味，使莎士比亚的作品在浪漫中充满了现实感。莎士比亚运用浪漫的笔法描绘了一幅幅乡间谐趣图：人们辛勤劳动，白天各自忙于生计，充实快乐；夜间他们围坐着讲故事，快乐悠然，享受着美好的生活。

3 结语

不论是《逍遥游》里大鹏的出世、藐姑射神人的与世隔绝，还是《仲夏夜之梦》里浪漫与现实的交织和融合，都渗透着深刻的现实内容。庄子和莎士比亚之所以在浪漫人物的性格处理上会有如此大的区别，是因为其深刻的社会历史背景。莎士比亚所处的社会是一个太平盛世，当时人们的精神面貌都比较乐观向上，莎士比亚通过精灵等文学形象生动地映现了自己根源于现实感受和经验的深层心理历程。庄子生活在战国中晚期，是中国历史上一个变革纷乱的时代，政治动荡，社会混乱。庄子有感于现实的苦难、人生的艰险，不满现实，追求浪漫，想在生之无限痛苦与现实的凄楚中超脱而出，拥有一个自由而快乐的境界，培育一个充满无限自然和谐的广大精神世界。庄子热切向往并极度追求无所待而游于无穷的绝对自由——“逍遥游”，摆脱一切束缚，带有浓厚的消极出世主义态度。

参考文献

[1] 莎士比亚.莎士比亚全集[M].朱生豪，译.北京：人民文学出版社，2010.

[2] 刘生良.鹏翔无疆：《庄子》文学研究[M].北京：人民出版社，2004.

[3] 朱立元.当代西方文艺理论[M].上海：华东师范大学出版社，1997.

教育人工智能系统中的性别偏见：表现形式、成因机制与治理策略

唐亦庄[①]

摘　要：随着人工智能技术在教育领域的广泛应用，教育AI系统中的性别偏见问题逐渐显现。本文分析了教育AI中性别偏见的表现形式，如学科推荐偏差、互动方式差异、评价标准不公等，探讨其技术与社会成因，并提出去偏见策略。鉴于教育AI的性别偏见可能加剧现实教育不平等，须通过数据优化、算法改进、教师培训与政策监管协同治理，从而构建促进平等的智能教育环境。

关键词：教育AI；性别偏见；算法公平；教育平等

1　引言

如今教育领域AI赋能被推广，AI正在重塑学习方式，从个性化推荐、自动化评分系统到职业推荐系统，都极大地助力了学习。但AI是否可能隐含性别偏见，从而进一步加深性别刻板印象？研究表明，一些数学辅导软件更频繁地向男生推送高阶内容；职业规划AI则将女生导向文科而非STEM

---

① 唐亦庄，北京工商大学语言与传播学院讲师。

（science，technology，engineering，mathematics）领域。联合国教科文组织（UNESCO）性别平等部门主任在 2019 年的一份声明中指出："世界需要更加密切关注人工智能技术如何、何时以及是否被性别化，最关键的是要关注谁在主导这种性别化过程。"UNESCO 进一步呼吁学者们研究为何人工智能的输出有时会复制有害的刻板印象，并提示这种复制有可能放大现实教育中的性别差距[1]。本文将结合案例，分析教育类 AI 体现出的性别刻板印象，并尝试提出针对性解决方案。

2 教育 AI 中性别偏见的表现

2.1 学科推荐与内容呈现的偏差

首先，在学习内容推送方面，不少平台显示出明显的性别差异。国外知名自适应数学学习平台 Dream Box Learning 被发现向女生推荐基础算术练习的概率比男生高 15%，而向男生推荐代数几何的概率高出 20%[2]。我国的猿辅导 AI 规划系统向女生推送艺术鉴赏课程的频率是男性的 2.3 倍（来自北京邮电大学人机交互实验室模拟实验数据）。现在，猿辅导已下架该功能，在 2023 年版本中改为由"兴趣标签"主导推荐。

其次，很多平台的学习内容本身也存在性别化差异体现。如在 Duolingo 语言学习 App 中，女性角色对话场景中 78% 与家庭、购物相关，而男性角色对话中 62% 涉及职场、科技话题。腾讯 ABCmouse（低龄段英语学习 App）在游戏化任务中，男性角色更多扮演探险家等，女性角色则主要为护士等。

2.2 互动反馈的差异

很多 AI 软件可以模仿真实教学互动场景，这样的场景也被发现有性别差异反馈倾向。ClassDojo 行为管理系统将女生"帮助同学"的行为标记为"友善"，而有同样行为的男生则被标记为"领导力"[3]。在系统评分时，这类差异仍然存在。如 2021 年美国教育研究协会的一份报告显示，ETS 的

e-rater 作文评分系统对署名为“Emily”的议论文平均打分比“Michael”低 0.4 分（满分 6 分），尤其在科技类话题上差异显著（Educational Measurement，2021）。科大讯飞英语口语评测系统在部分方言场景下（如粤语区），女性用户的英语发音评分平均比男性高 5%~8%（华南师范大学 2022 年实验研究，样本量 N=200）。

2.3 职业导向的刻板印象

职业推荐系统也存在一些刻板印象，如 Naviance 大学规划系统向女生推荐教育、护理类职业的概率是男生的 3 倍，即使她们的数学成绩优异[4]。

3 产生偏见的根源分析

3.1 数据层面的问题

数据层面可能本身就存在历史数据偏差。在 Khan Academy 的用户数据中，高阶数学课程女生参与率仅为 32%，导致推荐系统不断延续这一模式。Quizlet 的智能复习系统中女生更频繁使用文科类学习集，导致系统总向新注册女生优先推荐文科内容[5]。上文提到的网易有道 AI 作文评分系统评分问题，其原因是在议论文训练数据中的优秀范文本身存在职业性别关联偏差。科大讯飞口语测试评分出现的性别偏差则很可能是由训练数据中女性标准发音样本占比过高导致的，科大讯飞公开的数据显示，女性录音员占比高达 70%。

3.2 算法设计的局限性

Coursera 的推荐算法基于“相似用户”选择课程，导致女生更难发现 STEM 课程，从而进一步加剧偏差。此外，评估标准也存在单一化的问题，如 Turnitin 的写作风格检测将 " 技术术语密度 " 作为科学写作质量指标，而这不利于偏好描述性表达的学习者。

3.3 社会文化因素的嵌入

社会文化因素是导致 AI 教学系统出现一些性别刻板印象的重要方面。

AI 产生的偏见是传统教育理念中的刻板印象的延续。此外，开发者团队的性别比例也比较失衡，主流教育 AI 开发团队中女性工程师占比不足 25%，产品经理占比不足 35%[6]。处于技术开发端从业者的性别立场、价值倾向及其伦理实践的后果都还缺乏深入细致的讨论。

4　去偏见策略

4.1　技术与数据改进

在去性别偏见方面，Google 的 Teachable Machine 教育版新增了 200 万条平衡性别数据，使图像识别中”科学家”识别为女性的准确率从 58% 提升至 92%。调整评估体系也很有帮助，如 ETS 在托福评分中加入协作能力维度后，女生在口语部分的平均分提高了 0.7 分。

4.2　政策与行业标准

如果要遏制性别偏见对学习者造成的可能影响，还可以对 AI 教育产品进行严格把关，比如增加教育 AI 公平性认证，以及对平台的数据透明度进行要求等。欧盟“AI 教育产品认证”要求通过包括性别平等在内的 12 项测试，已有 37% 产品因未达标被要求整改[7]。美国加州通过法案，要求教育 AI 公司公布性别影响评估报告，从而使 Duolingo 等公司修改了 15% 的对话内容。还可以建立跨学科审查委员会，如美国国家卫生基金会（NSF）资助的“公平教育 AI”项目组包括 12 位性别研究专家参与算法审计。从政策方面引起重视，也是去偏见的重要策略。

4.3　技术端开发者、教师培训与学生的参与反馈

培养技术从业者的性别敏感性可以在人工智能技术产生的源头部分解决问题[8]。芬兰教育部自 2022 年起对芬兰的 AI 教育计划培训教师识别 AI 偏见，试点学校女生选择编程课程的比例从 28% 升至 45%。Code.org 平台增设学生反馈机制，即增加”偏见报告”按钮，并根据收到的 12 000 多条反馈调整了 30% 的编程挑战描述。

5 挑战与未来方向

去性别偏见在未来面临的挑战之一是偏见与个性化之间存在的矛盾问题。Pearson 发现完全中性的推荐使学习效果下降 7%，即男女差异真实存在，需开发更精细的平衡算法[9]。如何在维持推送准确度的前提下不加大差距，是开发者需要考虑的问题。此外，研究还需要更长的追踪时间。麻省理工学院（MIT）已启动 10 年追踪研究，观察使用去偏 AI 的学生职业选择变化。涉及性别的伦理问题时，还需要考虑到非二元性别用户情况，如可汗学院新增”性别中立”模式，使用 they/them 代词，覆盖 3% 的用户。

6 结论

教育 AI 的性别偏见不仅是技术问题，更是社会价值观的镜像。该问题长期发展下去可能会产生诸多不良影响，甚至引发“蝴蝶效应”，例如，加剧机会不平等、对女性造成冒犯或者在人机互动的过程中加深性别刻板印象等。解决这一问题需要技术开发者、教育者与政策制定者协同努力，从而构建真正促进平等的智能教育环境。

参考文献

[1] UNESCO.Artificial Intelligence and Gender Equality：Key Findings and Recommendations.Paris：UNESCO，2019.

[2] NWEA.Gender Disparities in Adaptive Learning Platforms：A Case Study of DreamBox Learning.Portland：NWEA，2022.

[3] Stanford CEPA.Behavioral Feedback Bias in AI Classroom Management Systems. Stanford：Center for Education Policy Analysis，2020.

[4] AAUW.Career Recommendation Systems and Gender Stereotypes：An Analysis of Naviance.Washington，D.C.：American Association of University Women，2022.

[5] University of Wisconsin–Madison.Algorithmic Bias in Quizlet’s Smart Review System. Madison：UW–Madison Learning Sciences，2021.

［6］AI Now Institute.The Gender Gap in AI Development Teams：Implications for Educational Technology.New York：AI Now Institute，2022.

［7］European Union.AI in Education：Certification Standards for Gender Fairness.Brussels：EU Commission.，2023.

［8］赵宇超，周旅军 . 人工智能性别歧视的伦理治理：基于 AI 从业者技术性别价值观的实证调查［J］. 计算机与社会，2024，15（3）：45–62.

［9］Pearson.Balancing Personalization and Fairness in AI–Driven Learning Recommendations.London：Pearson Research，2023.

文化资本与阶级壁垒
——《了不起的盖茨比》中“美国梦”的幻灭

余慧敏[①] 赵嘉竑[②]

摘　要：菲茨杰拉德的《了不起的盖茨比》通过主人公对“美国梦”的追寻与幻灭，揭示了20世纪20年代美国社会中阶级固化与价值异化的深层矛盾。该小说以盖茨比的悲剧展现物质成功与文化资本的断裂：“老钱”阶层通过世袭的文化资本（教育、社交网络等）垄断特权，而底层个体的奋斗难以突破结构性壁垒。作者批判了“美国梦”中阶层流动的虚幻性，指出其平等神话的崩塌源于社会固有的阶级鸿沟。盖茨比的梦想幻灭不仅是个人命运的悲剧，更映射了“美国梦”与阶级固化的根本悖论。

关键词：美国梦；情感异化；文化资本；社会阶层固化

《了不起的盖茨比》是美国作家弗朗西斯·斯科特·菲茨杰拉德创作的一部经典小说，以20世纪20年代的美国社会为背景，通过讲述财富、爱情

① 余慧敏，女，北京工商大学语言与传播学院商务英语专业2022级本科生。

② 赵嘉竑，女，北京工商大学语言与传播学院讲师，主要研究方向为英语文学、世界文学。

和欲望的故事，深刻探讨了“美国梦”与其背后的社会真相。

盖茨比对黛西的爱是小说的核心情感线索。他出身贫寒，在少年时期与黛西产生爱情，却在残酷的现实下被迫分离。重逢之际，盖茨比已拥有豪车、豪宅，获得“世俗”的成功，他渴望通过财富将黛西吸引到自己身边。与盖茨比初遇之际，黛西是一个不谙世事的单纯少女，相信爱情、追求爱情。但是对爱情的渴望被现实打败，她在父亲的安排下嫁给了身份地位相当的汤姆。与盖茨比重逢之时，黛西不再纯真，而变得世故、自私。我们或许可以指责此时的黛西以金钱衡量感情，将情感变为一场精心计算的交易。但这无法解释黛西为何偏向她的丈夫汤姆，因为要是选择如今的盖茨比，她似乎既可以获得年少时的爱情，又可以拥有由巨额财富所支撑的奢靡生活。如果说，黛西在小说里是“美国梦”的化身，那么她最终对盖茨比的背叛便意味着这一梦想的破灭。剖析黛西的选择，可让我们看清“美国梦”的局限性。

“美国梦”萌芽于17世纪的清教精神，经《独立宣言》和淘金热而发展。在此期间，一些人通过个人奋斗实现了从贫困到富裕的转变。然而比起很小部分人的成功，更多的人则梦想破碎，客死异乡。盖茨比正是底层人民追求“美国梦”的真实写照。出身贫穷的盖茨比改名换姓，学习技能，通过非法手段积累了巨额的财富，但他仍无法摘去“暴发户”的帽子，巨大的豪宅也始终被禁锢在西卵这样代表低地位的区域。东西卵的地理区隔正是阶级鸿沟的隐喻——海湾对岸的绿灯近在咫尺却遥不可及。与之形成对比的是汤姆的人生。家世显赫的汤姆，一出生便赢在起跑线上，一切都唾手可得，无须任何努力就能“挥霍得令人发指”[1]。“美国梦”所强调的核心价值观是阶层间的“向上移动性”[2]。然而，当我们纵观盖茨比和汤姆的人生轨迹，便会赫然发现，在20世纪20年代的美国，贫富差距与阶级差距很大，底层群体向上流动的难度极大。盖茨比这样的普通人很难通过正当清白的勤劳与奋斗实现财富的积累，相反，他的巨额财富是通过投机和非法手段获得的。这种不平等的社会结构与“美国梦”所倡导的平等机会背道而驰，使得“美国梦”逐渐成为少数人的专利。盖茨比虽然积累了大量的物质财富，实现了经济地位的跃升，但他始终未真正被上流社会接纳，并没有真正实现“美国梦”。小说里汤姆拥有耶鲁大学的学历，并质疑了盖茨比模糊的牛津大学学历。从表面上看，教育无关经济，个人通过学习获取知识，完成自己的“造化”。但事实上，教育之类披着文化外衣的事物早已被嵌入资本逻辑中，形成了文化资本。“文化资本”是指通过家庭、教育等过程积累的“非经济性资源”，虽然不表现为金钱或财产，但是能在社会竞争中转化为象征权力。汤姆出生于东卵的“老钱家庭”，拥有的耶鲁学历与上流社交圈等，这些使他具备了丰厚的文化资本。而盖茨比通过非法手段积累财富，模仿贵族，都是表演性的，本质上并没有突破文化资本的隐形壁垒。提出文化资本概念的布尔迪厄认为：“家庭作为文化资本的主要传承机制，通过其特有的排他逻辑运作。”[3] 盖茨比与汤姆在教育方面的差异展现了上流社会对文化资本的垄断与文化资本的继承性，他们通过教育、社交和文化活动传递和积累文化资本，从而维持其社会地位，这构成了排斥其他阶级的无形障碍。文化资本的渗透也说明了“美国梦”的天然局限性。黛西最终背弃了盖茨比，意味着阶级区隔的不可逾越。“美国梦”在社会固有的阶级因素、文化资本等影响下，逐渐失去其最初的目的，不再是单纯的平等、自由与民主的梦想。

爱情追求的破灭、理想与现实的鸿沟、社会现实的残酷、“美国梦”与生俱来的悖论，共同编织了这个注定破碎的幻梦。菲茨杰拉德在对盖茨比一生的建构中暗示着自己对“美国梦”的反思。作者曾给予盖茨比成功的希望：他拥有豪车豪宅，与黛西再度相遇。但残酷的真相终究打破了美好的泡沫。盖茨比的财富是通过投机生意获得的，黛西最终也未与他在一起。一切美好不过是黄粱一梦。盖茨比最后的死亡悲剧，标志着“美国梦”的最终破灭。小说以尼克的视角展开，表达作者的感慨，他在盖茨比死后感叹道：“盖茨比信仰着那盏绿灯，那令人兴奋的未来，年复一年在我们面前退却。”[1] 在这里，“绿灯”代表希望与信仰，而对梦想的追求却鲜有未来，反而不断后退，永远无法真正实现。“我们奋力前行，小船逆流而上，不断被浪潮推回过去”[1]，即“我们”努力追求“美国梦”，在时代的逆流中搏击，但是收获与付出的天平早已失衡，一切都会退回至原点。菲茨杰拉德在小说的最后以尼克之口表达自己的内心想法，总结对“美国梦”的反思。它在时代的发展中失去其本色，不再是通过勤奋努力能平等实现的梦想，而是被异化和改变了，变得虚幻与功利。

《了不起的盖茨比》通过对20世纪20年代美国社会的深刻剖析，揭示了“美国梦”背后的情感异化、阶层固化、文化资本垄断等问题。机会平等的神话正在破灭，制度性障碍难以逾越，“人人生而平等”的承诺逐渐变成了空洞的口号，这正是当时美国的社会弊病。人们对“美国梦”的追捧更体现了社会的僵化，在物欲横流的时代，人们将物质作为成功的唯一标准。但梦想难道只能被限制在肤浅的物质层面？对精神方面的梦想也应该被尊重支持，各种各样的梦想都可以追求，这样的社会才能具有活力。

参考文献

[1] 菲茨杰拉德. 了不起的盖茨比［M］. 李佳纯，译. 上海：文汇出版社，2018.

[2] 郭粒粒，陈欣. “美国梦”的当下困境及其对“中国梦”的启示：2013版《了不起的盖茨比》电影作品评析［J］. 四川戏剧，2015（9）：108-112.

[3] BOURDIEU P，PASSERON J.Reproduction in education，society and culture［M］. London：Sage，1977：72.

国家法律形象建构的研究现状及展望

张冬雪[①] 田 莉[②]

摘 要：国家法律形象的建构不仅影响国内民众对法治的认知与信任，还在国际舞台上影响着其他国家和国际组织对本国法治状况的评价。本文综述了国家形象和国家法律形象的内涵及其研究现状，以期在未来研究中能加强跨学科研究，结合翻译学、法学、跨文化研究等多学科视角，深入探讨国家法律形象建构背后的文化、社会和历史因素。

关键词：国家法律形象；国家法律形象建构；国家形象

1 引言

作为国家治理与社会秩序的基石，法律形象在国家形象构建中具有重要地位。从国内视角看，积极的法律形象有助于提升公众对法治的认同与信任，构建稳定和谐的社会秩序，为经济社会的可持续发展提供法治保障。从国际层面看，良好的法律形象不仅是国家对外交往的名片，也是提升国际影

① 张冬雪，女，北京工商大学语言与传播学院国际法商英语专业2024级研究生。

② 田莉，女，北京工商大学语言与传播学院副教授，主要研究方向为话语分析和二语习得。

响力的重要工具。基于此，本文聚焦国家法律形象建构的研究现状与展望，旨在通过梳理与分析现有成果，总结经验、发现问题，为未来国家法律形象的进一步优化与提升提供理论参考和借鉴。

2 国家法律形象

2.1 国家形象内涵

“国家形象”最初是美国经济学家博尔丁（Boulding）于1959年在其著述中提出的一个概念，是指一个国家对自身的认知以及国际体系中其他行为体对其认知的结合，被认为是国家“软实力”的重要组成部分之一，体现了一个国家综合实力和影响力[1]。斯科特（Scott）又进一步解释道，国家形象包含人们对该国进行思考时认知（或想象）的总体属性，涵盖了认知、情感和行为等三方面[2]。因此，国家形象是一个国家整体实力的体现[3]。

2.2 国家法律形象内涵

戴拥军认为，对一个国家法律的颁布、施行、主要观念，以及与该国的法律传统、法律典籍相联系的各种认知，构成了一个国家的国家法律形象[4]。国家法律形象依赖具有法的效力的法律文本而形成，是现代国家建构的产物，具有鲜明的民族性特征[5]。

2.3 国家法律形象研究

目前，国内学者刘泓呈等从跨文化视角研究欧洲社会对中国法律形象的历史构建和演变[6]，并指出要深入理解欧洲人对中国法律形象的塑造，不能局限于法学领域，还要结合人类学、跨文化等多学科视角，探究其背后深层次的时代背景和文化内涵等因素；李栋则纵观法学历史，分析19世纪前中西法律形象的相互认知和态度，并分析了认知反差背后的文化原因[7]。

相反，胡波、董晓波（2024）从法律史和比较法学的角度去探讨中国法律形象在域外的塑造和传播。胡波等人分析了19世纪前后西方对中国法律形象产生不同认知的原因，提出新时代中国法律形象的“自塑”应建立在宏大叙事的基础上，通过多主体、多渠道、多形式的传播，如通过法典翻译和学术研究等，向世界展现全面、真实、立体的中国法治形象，以实现与西方平等对话的主体性[8]。

中国法律形象传播的方式与路径不仅需要法律、法治概念和理念创新的意识，还需要翻译与传播的整体、多元化的形式和途径。历史表明，“翻译不仅可以直接参与民族形象和国家形象的构建，还可以推动民族形象和国家形象的传播”。其原因在于翻译是一种特殊的传播形式，“翻译中国”就是在向世界传播中国，构建中国的国家形象，而翻译中国的法律、法规、规章、制度，本质上就是在构建中国的国家法律形象[4]。

截至目前，国内有部分学者从翻译学视角研究国家法律形象的重塑。例如：唐军、王丽丽通过对我国宪法（2018 年修订版）司法部英译本的分析，探讨了宪法英译对中国法律形象的塑造[9]。屈文生、徐琨捷和戴拥军、黄李坤等人则聚焦从法家典籍和法律典籍等切入点进行探究。屈文生和徐琨捷主要分析《大理院判例要旨汇览正集》的英译本，探讨了典籍翻译对中国法律形象的塑造[10]，认为《汇览》英译本通过展示中国法律与司法的革新性，成功塑造了中国法的正面形象，打破了“法律东方主义”的话语桎梏。

而戴拥军等学者则通过对具体语段的翻译在语气和信息量、语用身份构建、形象塑造焦点等方面的对比，分析《管子・禁藏》篇的两个英译本（汉学家李克和中国学者翟江月的两个版本）对国家法律形象构建的不同影响。研究强调，典籍中的法律话语翻译不仅是语言的转换，也是构建中国国家法律形象的过程[11]。之后，戴拥军等人又从法律精神传递、形象塑造侧重点、语言风格及立意高度等方面，对比分析《中华人民共和国民法典》物权编的三个英译本（人大版、北大法宝版以及秘塔 AI 版）中法律术语翻译与国家法律形象建构之间存在的内在关联。

总之，尽管已有研究涉及法学、比较法学和翻译学等领域，但从翻译学领域的研究中看，大多数从术语的角度研究中国某个法律文本英译和国家法律形象塑造之间的关联性，鲜有从中外两个法律语境对同一法律文本的译文去分析差异的研究。因此，研究的角度和深度还有待拓展和挖掘。

3 结论

综上所述，现有研究虽从多学科视角对国家法律形象进行了探讨，但研究大多还集中在术语翻译和具体法律文本的英译上，缺乏全方位、多维度的解读。此外，不同国家与文化背景下的法律形象认知存在显著差异，如何在全球多元文化语境中精准塑造并传播本国法律形象，使之既符合国际通用的法治理念，又能彰显本国特色与优势，也是亟待研究的重要课题。因此，未来研究应结合翻译学、法学、跨文化研究等多学科视角，深入探讨国家法律形象构建背后的文化、社会和历史因素，为其提供更全面的理论支持。同时，还应在翻译策略、传播渠道和受众认知等方面进行系统研究，以实现精准传播与文化适应，推动国家法律形象的优化与提升。

参考文献

[1] BOULDING K E.National images and international systems [J] .The journal of conflict resolution，1959（2）：120–131.

[2] SCOTT W A. Psychological and social correlates of international images [M] // KELMAN H C.International behaviour：a socio–psychological analysis.New York：Holt，Rinehart & Winston，1965.

[3] 魏卫 . 自信与他信：中国国家形象的维度构建与感知 [J] . 社会科学家，2024（6）：23–32.

[4] 戴拥军，黄李坤 . 法律术语翻译中的国家法律形象建构研究：以《中华人民共和国民法典》物权编术语英译为例 [J] . 语言与法律研究，2023（2）：1–16.

[5] 耿思远 . 中国语境中“国家”的法律形象 [D] . 长春：吉林大学，2022：13.

[6] 刘泓呈 . 欧洲的中国法律形象研究引论 [J] . 学理论，2011（2）：163–164.

[7] 李栋 .19 世纪前中西法律形象的相互认知及其分析 [J] . 学术研究，2017（8）：64–72.

［8］胡波，董晓波．从他塑到自塑："东方主义"视角下中国法律形象的域外传播［J］．法治现代化研究，2020，4（6）：91–106.
［9］唐军，王丽丽．《宪法》英译与中国国家形象塑造［J］．北京印刷学院学报，2019，27（8）：55–57.
［10］屈文生，徐琨捷．法律知识的全球环流与近代中国法形象的重塑：以《大理院判例要旨汇览正集》英译为中心［J］．探索与争鸣，2023（10）：81–92，178.
［11］戴拥军，黄李坤，赵燕宁．典籍翻译中的国家法律形象建构研究：以《管子·禁藏》篇为例［J］．外语研究，2023，40（4）：66–71.

孤独的抗争
——萨冈的世界

赵 聃[①]

摘 要：弗朗索瓦丝·萨冈以《你好，忧愁》开启文学生涯，其作品因道德争议与孤独抗争的主题备受关注。本文通过分析萨冈的创作，揭示其笔下人物在古典与现代价值观冲突中的挣扎，以及她以现代叙事手法重构传统主题的独特风格。萨冈的文学世界既是对非道德表象的呈现，也是对人性孤独本质的深刻探索。她的作品在赞誉与批评中确立了“永恒性美学”，成为现代心灵困境的见证。

关键词：弗朗索瓦丝·萨冈；《你好，忧愁》；道德争议；孤独抗争；古典与现代

从《你好，忧愁》[②]进入文坛的萨冈，一生创作了四十三部作品，被誉为“迷人的小魔鬼”。法国总统希拉克称她“引领潮流”，总理拉法兰赞其文风“简洁而看破红尘”。然而，梵蒂冈周刊《多明我观察家》批判其小说“如毒

① 赵聃，女，北京工商大学语言与传播学院讲师，主要研究方向为英语教学、英语文学等。

② 本文中所有对弗朗索瓦丝·萨冈《你好，忧愁》（*Bonjour Tristesse*）的译文引用均出自余中先所译版本，人民文学出版社，2006年1月）。

药”，米歇尔·德翁指责她描绘的阶层“平庸虚假”。弗朗索瓦·莫利亚克评价她“见证恶”，一语道破萨冈作品中道德争议与人性挣扎的核心。

1　道德表象下的孤独抗争

《你好，忧愁》中，少女塞茜尔与父亲雷蒙随性自由的生活因安娜的介入被打破。安娜象征秩序与道德，其存在“威胁”到了塞茜尔的“无忧无虑”。塞茜尔的诡计导致安娜死亡，但父女的生活“像往昔一样从头开始”。表面看，这是非道德的故事，实则呈现了塞茜尔与自我的抗争。她的内心独白揭示了矛盾：“我受到内心痛苦的百般折磨，却并不因此和解。”在计划实施过程中，塞茜尔不断自我怀疑：“生平第一次，这个‘我’仿佛分了身……我老半天老半天地在卧室里自我搏斗着。”这种分裂的内心挣扎，暗示道德与非道德的界限在人性中本就模糊。

安娜之死看似是塞茜尔的胜利，实则暴露了现代性价值观的虚无。安娜的古典爱情隐忍深沉——作为雷蒙亡妻的挚友，她“声调慌乱、身体虚弱”地追问雷蒙与爱尔莎的关系，多年隐忍终被欲望击溃。而雷蒙的现代爱情观则充满享乐主义的轻浮：“爱情的复杂性纯粹是想象出来的……它们都是随意而定的，毫无生命力可言。”萨冈通过这一对比，暗示古典价值观的崩塌并非源于道德缺陷，而是现代人对“瞬时快感”的盲目追逐。

2　古典与现代的文学重构

在《你喜欢勃拉姆斯吗……》中，西蒙与罗捷的较量进一步深化这一主题。西蒙如同勃拉姆斯，追求纯洁的爱情，守护宝珥的睡眠“像贞女守护圣火”，其爱情是精神性的古典理想。而罗捷的“露水情缘”则充满现代人的虚无——他一边声称深爱宝珥，一边却与女明星交往，甚至认为“不忠行为既没有时间限制，也没有空间限制”。宝珥最终回归罗捷的怀抱，这一选择并非出于爱情，而是对现代性妥协的隐喻。

萨冈的现代性叙事手法强化了这一冲突。她摒弃古典小说对人物外貌的具象描写，塞茜尔、雷蒙等人的形象始终模糊，性格亦非善恶分明。雷蒙“轻浮却善良，慷慨却善变”，这种矛盾性消解了传统道德评判的权威。叙事结构上，《你好，忧愁》中的事件发展猝不及防：安娜的死亡、塞茜尔的悔恨与复归放纵，均缺乏因果铺垫。这种断裂感暗示现代生活的无序——正如《局外人》中默尔索的荒诞遭遇，萨冈笔下的人物同样被困在“平滑流动的时间”中。

3 永恒与瞬时的美学较量

萨冈的语言风格是其美学观的核心体现。《你好，忧愁》开篇以诗性语言定义“忧愁”：“在这种陌生的感情面前……我踌躇良久，想为它安上一个名字，一个美丽而庄重的名字：忧愁。”这种简练、明快的语言风格贯穿全书，如弗朗索瓦·勒格力所言，“行文流畅，没有任何一个音符走调”。第一人称叙事进一步消解全知视角的权威，塞茜尔的独白既是自我剖白，又是对读者道德预设的巨大挑战。

尽管批评者称萨冈为“瞬时性美学”的代表，但其作品的持久影响力证明“永恒性”的胜利。《你好，忧愁》全球畅销 500 万册，被译成 20 余种语言，甚至成为“法国政治危机中的灵丹妙药”。萨冈本人亦化身“青春代言人”，一生沉溺于飙车与派对，用疯狂对抗生命的空虚。她在《毒》中写道：“我是一头野兽，窥伺着另外一头野兽，内心深处的野兽。”这种自我撕裂的生存状态，与萨特“人是被判孤独的”哲学理念形成共鸣。萨冈坚信自己与萨特存在“奇妙的缘分”——两人同月同日生，她更在萨特去世后坦言：“不愿在没有他的世上多活 30 年。”①

---

① 1978 年，萨冈在公开发表的《让-保罗·萨特的情书》中写道：“我本想让您在六月二十一日这一天收到这封信。这是法国的一个吉日，相隔几年多，诞生了您和我，再过些年又诞生了普拉蒂尼，三位优秀人物，因过分的荣誉或他们不予解释的不体面行为而被捧至辉煌或遭野蛮践踏的优秀人物——感谢上帝，您和我只是受到转义上的践踏。”另外，在萨特去世时，萨冈悲痛地说，既然那个早她30年来到了这个世界上的人离去了，那她也不愿意在没有他的世上再多活30年（而事实上，果真如此，萨特去世25年之后，萨冈也去世了，并且在那25年间身体每况愈下）。

4 结语

萨冈的孤独抗争既是文学主题，又是生命底色。她在访谈中坦言："孤独是书中永恒的主题……人物通过自我斗争忍受孤独。"在《你好，忧愁》结尾，塞西尔在巴黎的喧嚣中低唤"安娜"与"忧愁"，暗示抗争永无终结。萨冈拒绝为现代人的困境提供解答，而是以冷峻笔触呈现道德废墟上的人性真实。她的作品既是对古典价值观的哀悼，又是对现代性宿命的清醒认知。正如莫利亚克所言，萨冈"见证恶"，而这份见证本身，便是文学最深刻的救赎。

参考文献

[1] 萨冈．你好，忧愁［M］．余中先，等译．北京：人民文学出版社，2006.

[2] 萨冈．你喜欢勃拉姆斯吗……［M］．李玉民，余中先，译．北京：人民文学出版社，2006.

[3] 萨冈．毒［M］．布斐绘，王加，译．北京：人民文学出版社，2010.

[4] 维尔龚德莱．萨冈：一个迷人的小魔鬼［M］．段慧敏，译．南京：江苏人民出版社，2007.

[5] 巴特．批评与真实［M］．上海：上海人民出版社，1999.

[6] 袁筱一．文字·传奇：法国现代经典作家与作品［M］．上海：复旦大学出版社，2008.

二十世纪欧洲流亡诗歌中的故乡重构与身份困境

赵嘉竑①

摘　要：在二十世纪的三次流亡浪潮中，诗人们通过感官记忆与象征物件将故土升华为“可携带的故乡”，以此对抗时间流逝与现实疏离。然而，流亡者陷入双重异化：既无法回归故土，亦难以融入新环境，导致文化身份断裂。但在部分诗人的创作中，乡愁从私人情感转向公共责任，诗歌在批判性书写中转化为见证历史暴力、捍卫人性尊严的精神力量。

关键词：流亡诗歌；乡愁；故乡重构；身份困境

二十世纪的欧洲曾掀起过三次流亡浪潮。20 年代前后，大约有 300 万至 400 万俄罗斯人移居国外，其中不乏重要的文化界人士，随后苏联政府将一批知识界名流遣送出国[1]，这一举动令更多的人坚定了离开的决心。第二次流亡大潮发生在第二次世界大战纳粹统治时期，德国及周边国家的知识分子纷纷出走，而逃亡中的犹太作家处境更为艰险。战后，苏联、东欧的文化人

① 赵嘉竑，女，北京工商大学语言与传播学院讲师，主要研究方向为英语文学、世界文学。

陆续离境，包括米沃什、昆德拉、索尔仁尼琴等具有世界影响力的作家，这是第三次流亡浪潮[2]。乡愁作为流亡诗人创作的核心母题之一，既是一种对物理空间丧失的哀悼，也是一种在精神上重构故土家园的尝试，但往往体现了身处异乡的流亡者的身份困境。

流亡诗人失去的是作为空间存在的故乡的实体，于是他们以具体物象为载体，在诗歌中复现感官记忆里的故乡风貌。波兰诗人伏·布罗涅夫斯基在《图画》一诗中勾勒出童年时故乡的“房屋”“门廊”“篱笆”，又添上了五月清晨的“丁香花”、绿草掩映下的“铃兰花”、树枝编成的“长凳”、“永远不变的大栎树”，将物理空间的消逝转化为未被时间观念所侵扰的童年记忆中的永恒世界。而唐·阿米纳多则在《小城丁香》中通过嗅觉意象，将离别时刻的气味编码为记忆：“哦，我记得，我记得！……火车在鸣叫。/ 散发着薄荷与煤烟的味道。/ 那种呛出眼泪的味道，/ 亲切，独特，不可重复。// 种子膨胀的那种清新，/ 被灰尘覆盖的小城丁香味，/ 习惯了很晚开花的 / 俄罗斯的春天的气息。”[3]

当物理故乡被战争或政治剥夺，流亡者将怀乡之情凝结于某一物什，升华为“可携带的故乡”。阿·米·列米佐夫随身携带装着祖国泥土的小布袋直到客死他乡。一百年前的钢琴家肖邦也有一个装着波兰泥土的小银杯。波兰诗人卡·维耶任斯基有一只箱子，里面藏着关联着自己与祖国的凭证——“护照”、“国籍”和“移民证”。第二次世界大战中，他辗转至西欧，又在美国长岛隐居近二十年，晚年返回欧洲，但死后他的骨灰才回到祖国入土。这只随诗人不断迁徙的箱子，见证了他半生漂泊与战乱中的世界，如他所说，它装着“不幸的正常的开头”和“发了疯的结局”：“箱子的主人是一群天真老朽，/ 越来越蠢，越来越糊涂，/ 在一些毫无用处的破烂之中 / 藏着莫名的孤独和苦涩的乡愁，/ 这破烂最令人痛心疾首。”[4] 这些看似无用的“破烂”实则是流亡者故国身份仅存的证明，箱子封存的不仅是记忆，也是对故土主权的象征性占有。

乡愁的重构背后是流亡者与现实在时间维度上的根本冲突，并指向其所处的身份困境。布罗茨基认为，流亡者频频对往昔回顾“并不是为了珍藏或握紧过去（最终，我们既不会珍藏也不会握紧过去），而是为了推迟现在的来临——换句话说，就是为了延缓时间的流逝”[5]。相较于流亡的困顿境遇，过往简直是带着光环的美好存在，其原因在于“无论过去是愉快还是悲伤，它永远是一块安全的领地，这仅仅因为它已经被体验过了；人类复归、回头的能力——尤其是在思想或睡梦中，因为在思想和睡梦中我们同样是安全的——非常之强，简直能使我们无视我们所面临的现实”[5]。对这段话的理解，应把重点放在过去的对立面，即当下艰苦的流亡生活上。语言的障碍可能被轻易克服，但靠写作所得支持着的生活却常常陷入难以为继的境地，而最不可忍受的是无法融入异乡的那种疏离感：以往的身份业已丧失，对新身份又尚有抵触之情，文人最终沦为边缘人。赫尔曼·奈塞在《从前我是一位德国的诗人》中写道：“可是在这里无人读我的诗，/ 我吐露出的心声全等于零；/ 从前我是一位德国的诗人，/ 如今我的生命和诗都变成幽灵。”[6] 他吐露的“心声全等于零”，不仅指语言在异乡的失效，也暗示文化身份的断裂——作为“德国的诗人”的合法性在流亡中被彻底瓦解。

流亡者的身份困境体现在“双重异化”中：既无法回归故土，又难以融入新环境。维耶任斯基的箱子象征着这种矛盾：“这箱子封得真严实，/ 我什么也拿不出来，/ 只好空手走完人生的路：/ 我的阁楼便是我的归宿，/ 也是我的灭亡我的爱，/ 我既不知怎样去毁灭它，/ 也不知怎样同它厮守。”[4]“封得真严实”的箱子既是记忆的庇护所，也是自我囚禁的牢笼。他“空手走完人生的路”，暗示精神重构的故土家园与现实生存的割裂：诗歌的重构无法改善物质困境，反而加深了“苦涩的乡愁”。

每一位诗人都想成为祖国的歌者，但许多人像奈塞一样遭到了祖国的“背叛”，只得远离它那副堕落后的嘴脸。他们身处异乡时所发的疾呼与悲悯的倾吐得不到周围人的应和，歌者的身份最终随国家的变质而丧失。但当流亡进行到末期，一些诗人似乎能更好地缝合过去与当下的经历。于 1979 年开始侨居美国的俄罗斯诗人德·博贝舍夫认为自亚当被逐出天堂以后的每一个人都是流亡者，并且“谁辞别了天堂，谁就在意识中 / 根除了愚昧”[3]。这种表述将流亡升华为人类普遍的生存境遇，乡愁由此超越地域与个体，成为对人类存在本质的哲学叩问：当“两种体验（故土与异乡）合拢成一个完全”，乡愁便从私人情感转化为知识分子的公共责任。乡愁在此不再局限于地理意义上的回归，而指向对历史暴力的见证与疗愈。流亡者对故土的批判性书写实则是在捍卫记忆的最后堡垒。乡愁的终极意义在于“迫使”诗人成为时代的见证者，在语言中重建被暴力摧毁的人性尊严。

二十世纪欧洲流亡诗歌的乡愁书写，展现了诗人们在极端处境中重构故乡的复杂性。它既是脆弱的——依赖记忆的碎片与物的象征；又是坚韧的——在时间的废墟上建立起新的意义之维。当诗人将个人的乡愁转化为对人类命运的共情时，这种情感便成为抵抗遗忘与异化的永恒力量。

参考文献

［1］汪介之．流亡者的乡愁：俄罗斯域外文学与本土文学关系评述［M］．桂林：广西师范大学出版社，2008：10–14.

［2］周冰心．病重的祖国：二十世纪的流亡作家们：索尔仁尼琴终结一个时代［J］．西湖，2009（3）：83–92.

［3］伊万诺夫，等．二十世纪俄罗斯流亡诗选［M］．汪剑钊，译．石家庄：河北教育出版社，2003.

［4］泰特迈耶尔，等．波兰二十世纪诗选［M］．易丽君，译．上海：译文出版社，1992：84–85.

［5］布罗茨基．我们称为“流亡”的状态，或浮起的橡实［M］// 刘文飞，唐烈英，译．文明的孩子：布罗茨基论诗和诗人．北京：中央编译出版社，2007：41–53.

［6］福格威德，等．德国抒情诗选［M］．钱春绮，顾正祥，译．西安：陕西人民出版社，1988：347–348.

美国特朗普政府和拜登政府的拉美非法移民政策对比

朱　婕[①]

摘　要：美国拉美非法移民问题自 1924 年起已进入公众视野，且近年来移民数量持续增长，美国长期受到该问题的困扰。2017 年特朗普第一次就任美国总统时，将该问题视作其政策的核心部分，并采取了一系列强硬措施，但成效甚微。2021 年拜登击败特朗普入主白宫，采取了截然不同的态度和政策，但并未从根本上解决这个问题。未来拉美非法移民问题仍将作为美国政治、社会、安全的核心议题，成为美国共和党和民主党竞争的重要筹码。

关键词：美国；拉美非法移民；移民政策

1　美国拉美移民问题概述

美国非法移民问题越来越成为美国国家安全问题的痛点。历史上，美国曾出现四次拉美“移民潮”。1924 年的《移民法案》创立了备受质疑的移民限额制度，同时出台一系列移民选择性项目，从而引起了第一次拉美非法移

① 朱婕，女，北京工商大学语言与传播学院讲师，主要研究方向为西班牙语翻译。

民潮。1965 年美国废除了种族来源配额制度，实行国别划分限额制度及家庭优先制度，引发了第二次拉美移民潮。1986 年美国颁布《移民控制和改革法》，内容既有限制又有宽限，其结果是拉美移民人数仍处于增长态势，形成第三次拉美移民潮。新冠疫情结束后，由于美国政府采取宽松的移民政策，美国非法移民数量激增，形成第四次拉美移民潮[1]。据美国国土安全部的数据，至 2022 年美国非法移民数量达 1 100 万人，其中拉美裔非法移民数量达到将近 800 万人[2]，成为美国非法移民的“主力军”。

在这样的大背景下，美国政府认为非法移民问题愈发成为影响美国安全的重要问题，并且移民问题也愈发成为民主党与共和党竞争的筹码，两党在该问题上采取的摇摆态度也使得这一问题更加难以获得全面的解决。

2 特朗普政府和拜登政府的拉美非法移民政策

2.1 特朗普政府的拉美非法移民政策

特朗普于 2017 年就职美国总统，他十分关注非法移民问题，出台了诸如“穆斯林禁令”“零容忍”“骨肉分离”“留在墨西哥”等政策，一方面在国内严格实施修墙、遣返等较为极端的措施，通过废止前任移民政策填补政策漏洞；另一方面向拉美国家施压，逼迫各国加强边境管控[3]。他采取的措施客观来说体现了美国民众对移民的态度愈发消极的现实情况，即担心移民人数激增会对本国人民工作、福利、文化、安全等方面产生影响。然而特朗普政府并未成功控制非法移民的数量，反而关闭了不少合法移民进入美国的渠道，减少了合法移民的数量，且其对移民的强硬态度引起了广泛的人道主义问题，引发许多批评和抗议。

2.2 拜登政府的拉美非法移民政策

2021 年拜登上台后，针对非法移民问题采取了有别于特朗普的态度和政策：向拉美国家进行价值观输出和民主制度构建，暂停或终止特朗普政府“留在墨西哥”“修筑边境墙”等移民政策。这主要是因为拜登政府重视发展美国与拉美国家的关系，同时民主党的多元价值观要求其重视拉美裔移民的选票，加之特朗普严格的移民政策引发了人道主义批评。但拜登政府的移民政策仍然是失败的，边境未能得到控制，移民法律法规也未能得到加强。其价值观输出和民主制度构建实则是对拉美国家内政的直接干涉，引发了这些国家的不满。且拜登政府所谓“根源性”政策并未触及问题根本，非法移民仍然是威胁美国安全的严峻问题[4]。

3 美国拉美非法移民问题的未来走向

不论是特朗普政府的强硬政策还是拜登政府的柔性政策，都未能彻底为拉美非法移民问题提供有效的解决方案。随着特朗普再次入主白宫，其倡导的“美国优先”政策导致美国政府再次在拉美非法移民问题上转向，采取严格的限制措施和遣返政策。可以说，这一问题仍旧是美国社会的顽疾，且随着共和党和民主党之间的竞争加剧，拉美非法移民问题被“工具化”，最终可能成为政治斗争的牺牲品，美国社会不同阶层、党派和族裔间的矛盾也将因此持续增加，成为影响其国家安全的重要因素。

参考文献

［1］沈镇．美国与墨西哥边境非法移民问题探析［J］．美国研究，2024，38（5）：9–35，5.

［2］BACKER B，WARREN R.Estimates of the unauthorized immigrant population residing in the United States：January 2018–January 2022［EB/OL］.（2024–04–01）［2025–04–04］.https：//ohss.dhs.gov/sites/default/files/2024–06/2024_0418_ohss_estimates–of–the–unauthorized–immigrant–population–residing–in–the–united–states–january–2018%25E2%2580%2593january–2022.pdf.

［3］严谨．特朗普执政以来美国对拉美政策的调整及其影响［J］．拉丁美洲研究，2020，42（2）：22–39，154–155.

［4］李庆四，许鸿波．拜登政府移民政策的调整及影响［J］．美国研究，2022，36（2）：133–159，8.